한국산업 인력공단

필기시험

실력평가 모의고사

한국산업인력공단

필기시험 **[실력평가 모의고사]**

초판 1쇄 발행 2022년 8월 5일
개정판 1쇄 발행 2023년 8월 16일

편 저 자 | 취업적성연구소
발 행 처 | ㈜서원각
등록번호 | 1999-1A-107호
주 소 | 경기도 고양시 일산서구 덕산로 88-45(가좌동)
교재주문 | 031-923-2051
팩 스 | 031-923-3815
교재문의 | 카카오톡 플러스 친구[서원각]
홈페이지 | goseowon.com

머리말

우리나라 기업들은 1960년대 이후 현재까지 비약적인 발전을 이루었다. 이렇게 급속한 성장을 이룰 수 있었던 배경에는 우리나라 국민들의 근면성 및 도전정신이 있었다. 그러나 빠르게 변화하는 세계 경제의 환경에 적응하기 위해서는 근면성과 도전정신 이외에 또 다른 성장 요인이 필요하다.

한국의 기업들은 지속가능한 성장을 하기 위해 혁신적인 제품 및 서비스 개발, 기술 선도를 위한 R&D, 새로운 비즈니스 모델 개발, 효율적인 기업 합병 · 인수, 신사업 진출 및 새로운 시장 개발 등 다양한 대안을 구축해 볼 수 있다. 하지만, 이러한 대안들 역시 훌륭한 인적자원을 바탕으로 할 때에 실현 가능하다. 최근 기업체들은 자신의 기업에 적합한 인재를 선발하기 위해 학벌 등 스펙 위주였던 기존의 채용에서 탈피하여 기업 고유의 인 · 적성검사제도를 도입하고 있다.

본서는 한국산업인력공단 채용을 준비하는 수험생을 대상으로 제작된 모의고사 형태의 문제집으로, 출제 유형을 반영한 다양한 문제를 수록함으로써 단기간에 최상의 학습 효과를 얻을 수 있도록 하였다.

합격을 향해 고군분투하는 당신에게 힘이 되는 교재가 되기를 바라며,
달려가는 그 길을 서원각이 진심으로 응원합니다.

특징 및 구성

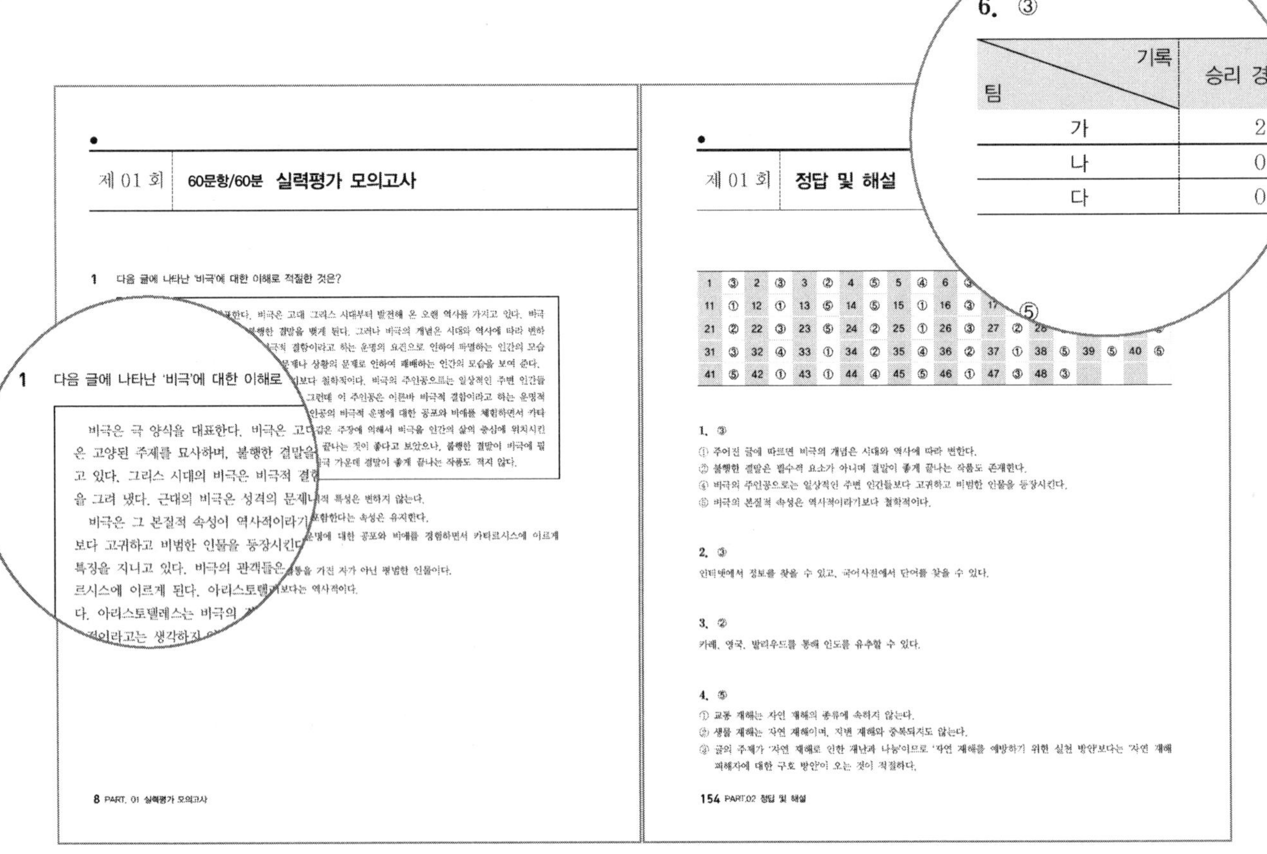

실력평가 모의고사

실제 시험과 동일한 유형의 모의고사를 5회분 수록하여 충분한 문제풀이를 통한 효과적인 학습이 가능하도록 하였습니다.

정답 및 해설

정 · 오답에 대한 명쾌한 해설을 깔끔하게 담아 효율적이고 확실한 학습이 가능하도록 하였습니다.

차례

1 실력평가 모의고사

2 정답 및 해설

3 부록

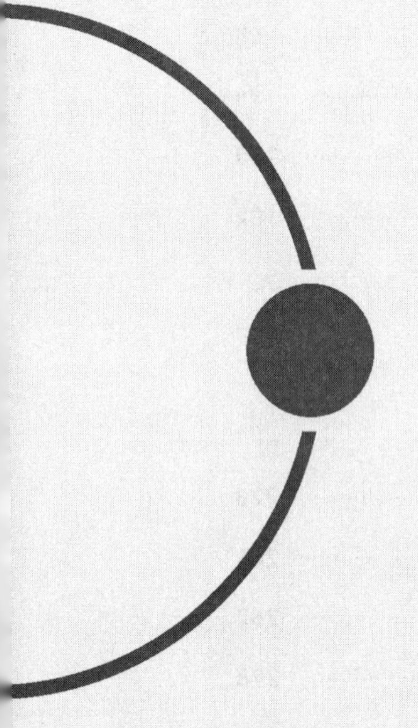

Chapter 제01회 실전 모의고사

Chapter 제02회 실전 모의고사

Chapter 제03회 실전 모의고사

Chapter 제04회 실전 모의고사

Chapter 제05회 실전 모의고사

PART 01

실력평가 모의고사

제 01 회 60문항/60분 실력평가 모의고사

※ 직업능력(40문항), 한국사(20문항)를 수록하여 임의로 시험시간을 설정하였습니다. 실제 시험은 총 80문항/80분으로 진행되는 점 참고하시기 바랍니다.

직업능력

1 조직의 개념을 다음과 같이 구분할 때, 비공식 조직(A)과 비영리 조직(B)을 알맞게 짝지은 것은?

> 조직은 공식화 정도에 따라 공식조직과 비공식조직으로 구분할 수 있다. 공식조직은 조직의 구조, 기능, 규정 등이 조직화되어 있는 조직을 의미하며, 비공식조직은 개인들의 협동과 상호작용에 따라 형성된 자발적인 집단 조직이다. 즉, 비공식조직은 인간관계에 따라 형성된 것으로, 조직이 발달해 온 역사를 보면 비공식조직으로부터 공식화가 진행되어 공식조직으로 발전해 왔다.
>
> 또한 조직은 영리성을 기준으로 영리조직과 비영리조직으로 구분할 수 있다. 영리조직은 기업과 같이 이윤을 목적으로 하는 조직이며, 비영리조직은 공익을 추구하는 기관이나 단체 등이 해당한다.
>
> 조직을 규모로 구분하여 보았을 때, 가족 소유의 상점과 같이 소규모 조직도 있지만, 대기업과 같이 대규모 조직도 있으며, 최근에는 다국적 기업도 증가하고 있다. 다국적 기업이란 동시에 둘 이상의 국가에서 법인을 등록하고 경영활동을 벌이는 기업을 의미한다.

	(A)	(B)
①	사기업	시민 단체
②	병원	대학
③	계모임	종교 단체
④	대기업	소규모 빵집
⑤	정부조직	노동조합

풀이종료시간 : [ ] – [ ]
풀이소요시간 : [ ]분 [ ]초

2 다음 그림과 같은 형태의 조직체계를 유지하고 있는 기업에 대한 설명으로 적절한 것은?

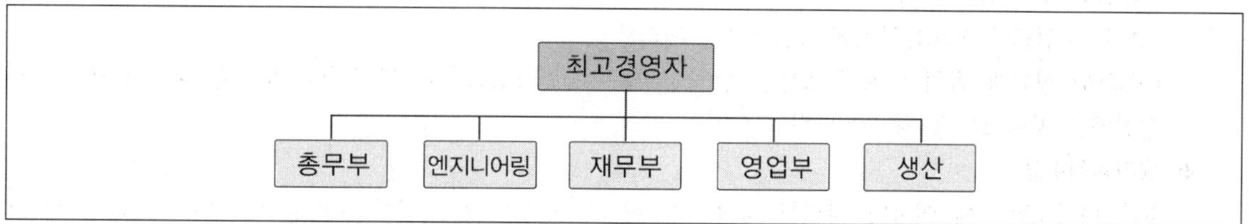

① 다양한 프로젝트를 수행해야 할 필요성이 커짐에 따라 조직 간의 유기적인 협조체제를 구축하였다.
② 의사결정 권한이 분산되어 더욱 전문적인 업무 처리가 가능하다.
③ 각 부서 간 내부 경쟁을 유발할 수 있다.
④ 조직 내 내부 효율성을 확보할 수 있는 조직 구조이다.
⑤ 의사결정까지 시간이 오래 걸리기 때문에 각 부서장의 역할이 매우 중요한 조직 구조이다.

❙3~4❙ 수당과 관련한 다음 글을 보고 이어지는 물음에 답하시오.

〈수당 지급〉

◆ 자녀학비보조수당

○ 지급 대상 : 초등학교 · 중학교 또는 고등학교에 취학하는 자녀가 있는 직원(부부가 함께 근무하는 경우 한 쪽에만 지급)

○ 지급범위 및 지급액

– (범위) 수업료와 학교운영지원비(입학금은 제외)

– (지급액) 상한액 범위 내에서 공납금 납입영수증 또는 공납금 납입고지서에 기재된 학비 전액 지급하며 상한액은 자녀 1명당 월 60만 원

◆ 육아휴직수당

○ 지급 대상 : 만 8세 이하의 자녀를 양육하기 위하여 필요하거나 여직원이 임신 또는 출산하게 된 때로 30일 이상 휴직한 남 · 녀 직원

○ 지급액 : 휴직 개시일 현재 호봉 기준 월 봉급액의 40퍼센트

– (휴직 중) 총 지급액에서 15퍼센트에 해당하는 금액을 뺀 나머지 금액

※ 월 봉급액의 40퍼센트에 해당하는 금액이 100만 원을 초과하는 경우에는 100만 원을, 50만 원 미만일 경우에는 50만 원을 지급

– (복직 후) 총 지급액의 15퍼센트에 해당하는 금액

※ 복직하여 6개월 이상 계속하여 근무한 경우 7개월 째 보수지급일에 지급함. 다만, 복직 후 6개월 경과 이전에 퇴직하는 경우에는 지급하지 않음

○ 지급기간 : 휴직일로부터 최초 1년 이내

◆ 위험근무수당

○ 지급 대상 : 위험한 직무에 상시 종사하는 직원

○ 지급 기준

1) 직무의 위험성은 각 부문과 등급별에서 정한 내용에 따름

2) 상시 종사란 공무원이 위험한 직무를 일정기간 또는 계속 수행하는 것을 의미. 따라서 일시적 · 간헐적으로 위험한 직무에 종사하는 경우는 지급대상에 포함될 수 없음

3) 직접 종사란 해당 부서 내에서도 업무 분장 상에 있는 위험한 작업 환경과 장소에 직접 노출되어 위험한 업무를 직접 수행하는 것을 의미

○ 지급방법 : 실제 위험한 직무에 종사한 기간에 대하여 일할 계산하여 지급함

3 다음 중 위의 수당 관련 설명을 잘못 이해한 내용은?

① 위험한 직무에 3일간 근무한 것은 위험근무수당 지급 대상이 되지 않는다.
② 자녀학비보조수당은 수업료와 입학금 등 정상적인 학업에 관한 일체의 비용이 포함된다.
③ 육아휴직수당은 휴직일로부터 최초 1년이 경과하면 지급받을 수 없다.
④ 부부가 함께 근무해도 자녀학비보조수당은 부부 중 한 쪽에게만 지급된다.
⑤ 초등학교 고학년에 재학 중인 자녀가 있는 부모에게는 육아휴직수당이 지급되지 않는다.

4 월 급여액 200만 원인 C대리가 육아휴직을 받게 되었다. 이에 대한 다음의 설명 중 올바른 것은?

① 3월 1일부로 복직을 하였다면, 8월에 육아휴직수당 잔여분을 지급받게 된다.
② 육아휴직수당의 총 지급액은 100만 원이다.
③ 복직 후 3개월째에 퇴직을 할 경우, 휴가 중 지급받은 육아휴직수당을 회사에 반환해야 한다.
④ 복직 후에 육아휴직수당 총 지급액 중 12만 원을 지급받을 수 있다.
⑤ 육아휴직일수가 한 달이 되지 않는 경우는 일할 계산하여 지급한다.

5 다음은 한국산업인력공단에서 실시하고 있는 외국인고용지원 사업의 세부 내용이다. 이를 바르게 이해하지 못한 것은?

> [외국인고용지원]
>
> ■ 외국인 고용! 중소기업 성장의 밑거름! 외국인 고용허가제 통합서비스 지원
>
> ■ 사업목적
>
> 외국인근로자를 체계적으로 도입, 관리함으로써 원활한 인력수급 및 국민경제의 균형 있는 발전을 도모
>
> ■ 사업목표
>
> 외국인 근로자의 체계적 도입 및 관리, 사업인력수급의 원활화
>
> • 외국인근로자 고용 사업주 지원
>
> –외국인근로자 채용 및 체류 지원
>
> –외국국적 동포 채용 지원
>
> –외국인근로자 재고용 지원
>
> • 외국인근로자 지원
>
> –한국어능력시험 및 기능수준평가 시행
>
> –외국인근로자 입국 지원
>
> –외국인근로자 취업교육 시행
>
> –외국인근로자 귀국 지원
>
> ■ 주요사업
>
> • 중소기업과 외국인 근로자의 동반성장을 지원
>
> • 외국인력선발 : 외국인력선발체제 현장성 강화를 통해 국내산업현장에서 필요로 하는 능력을 갖춘 외국 인력을 선발
>
> • 고용체류 : 외국인근로자 사업장 내 부적응 방지, 사업주와의 애로 해소 지원을 통하여 중소기업 생산성을 제고
>
> • 외국인력도입 : 안정적이면서 신속한 외국인력 공급으로 중소기업의 원활한 생산활동을 지원
>
> • 귀국지원 : 다양한 귀국지원서비스를 통한 자발적 귀국촉진 노력으로 고용허가제 선순환을 도모
>
> ■ 기타 통계
>
> • 2021년 입국인원 : 10,501명
>
> • 2021년 사업장애로해소 지원 : 31,830명
>
> • 2021년 한국어능력시험 시행인원 : 72,580명

① 외국인근로자의 입국과 귀국 모두를 지원하고 있다.

② 2021년의 한국어능력시험 시행인원은 입국인원의 약 7배이다.

③ 사업장애로해소 지원을 받는 사람은 해마다 증가하고 있다.

④ 외국인근로자를 통해 인력난을 해소하기 위한 사업이다.

⑤ 외국인근로자뿐만 아니라 외국인근로자를 고용한 사업주도 지원을 받을 수 있다.

6 다음 글의 밑줄 친 ㉠으로 가장 적절한 것은?

> [1] 오늘날 유전 과학자들은 유전자의 발현에 관한 ㉠물음에 관심을 갖고 있다. 맥길 대학의 연구팀은 이 물음에 답하려고 연구를 수행하였다. 어미 쥐가 새끼를 핥아주는 성향에는 편차가 있다. 어떤 어미는 다른 어미보다 더 많이 핥아주었다. 많이 핥아주는 어미가 돌본 새끼들은 인색하게 핥아주는 어미가 돌본 새끼들보다 외부 스트레스에 무디게 반응했다. 게다가 많이 안 핥아주는 친어미에게서 새끼를 떼어내어 많이 핥아주는 양어미에게 두어 핥게 하면, 새끼의 스트레스 반응 정도는 양어미의 새끼 수준과 비슷해졌다.
>
> [2] 연구팀은 어미가 누구든 많이 핥인 새끼는 그렇지 않은 새끼보다 뇌의 특정 부분, 특히 해마에서 글루코코르티코이드 수용체(Glucocorticoid Receptor, 이하 GR)들, 곧 GR들이 더 많이 생겨났다는 것을 발견했다. 이렇게 생긴 GR의 수는 성체가 되어도 크게 바뀌지 않았다. GR의 수는 GR 유전자의 발현에 달려있다. 이 쥐들의 GR 유전자는 차이는 없지만 그 발현 정도에는 차이가 있을 수 있다. 이 발현을 촉진하는 인자 중 하나가 NGF 단백질인데, 많이 핥아진 새끼는 그렇지 못한 새끼에 비해 NGF 수치가 더 높다.
>
> 스트레스 반응 정도는 코르티솔 민감성에 따라 결정되는데 GR이 많으면 코르티솔 민감성이 낮아지게 하는 되먹임 회로가 강화된다. 이 때문에 똑같은 스트레스를 받아도 많이 핥아진 새끼는 그렇지 않은 새끼보다 더 무디게 반응한다.

① 코르티솔 유전자는 어떻게 발현되는가?
② 유전자는 어떻게 발현하여 단백질을 만드는가?
③ 핥아주는 성향의 유전자는 어떻게 발현되는가?
④ 후천 요소가 유전자의 발현에 영향을 미칠 수 있는가?
⑤ 유전자 발현에 영향을 미치는 유전 요인에는 무엇이 있는가?

Ⅰ7~9Ⅰ 다음 글을 읽고 물음에 답하시오.

우리나라 옛 문헌에 따르면 거북 또는 남생이는 '귀'라 하고 자라는 '별'이라 칭하였다. 또한 문학작품이나 문헌에서 현의독우 · 현령성모 · 원서 · 청강사자 · 강사 · 동현선생 · 녹의여자 · 옥령부자 · 현부 · 현갑 · 장륙 등과 같은 표현이 나오는데 이는 모두 거북 또는 남생이를 일컫는다.

거북은 세계적으로 12과 240종이 알려져 있고 우리나라에서는 바다거북, 장수거북, 남생이, 자라 등 총4종이 알려져 있는데 앞의 2종은 해산대형종이고 뒤의 2종은 담수산소형종이다. 거북목(目)의 동물들은 모두 몸이 짧고 등껍질과 배 껍질로 싸여 있으며 양턱은 부리 모양을 이루고 각질의 집으로 싸여 있다. 또한 이빨은 없고 눈꺼풀이 있으며 목은 8개의 목등뼈를 가지고 있어 보통 껍질 속을 드나들 수 있다. 다리는 기본적으로는 오지형으로 되어 있다. 서식지로는 온대 · 열대의 육상 · 민물 · 바다 등에서 사는데 산란은 물에서 사는 것도 육상으로 올라와 한다.

「규합총서」에서 "자라찜을 왕비탕이라 하는데 매우 맛이 좋다. 벽적(뱃속에 뭉치 같은 것이 생기는 병)에 성약이나 그 배에 王자가 있어 그냥 고기와 같지 않고 또 예전에 자라를 살려주고 보은을 받았다는 말이 전하니 먹을 것이 아니다. 비록 「맹자」에 물고기와 자라가 하도 많아 이루 다 먹을 수가 없었다는 말이 있으나 역시 먹지 않는 것이 좋다."라고 한 것으로 보아 식용되고는 있었으나 약이성 식품으로 사용된 듯하다.

거북은 오래 산다는 의미에서 <u>십장생</u> 중 하나에 들어갔으며 민화의 소재로도 많이 사용되었고 용이나 봉황과 함께 상서로운 동물로도 인식되었다. 그리하여 집을 짓고 상량할 때 대들보에 '하룡' · '해귀'라는 문자를 써 넣기도 했고 귀뉴라 하여 손잡이 부분에 거북 모양을 새긴 인장을 사용하기도 했으며 귀부라 하여 거북 모양으로 만든 비석의 받침돌로도 이용되었다. 또한 동작이 느린 동물로서 많은 이야기의 소재가 되기도 하였다.

대표적인 예로 「삼국유사」 가락국기에는 <구지가>라는 노래가 한역되어 수록되어 있는데 여기서 거북은 가락국의 시조인 수로왕을 드러내게 하는 동물로 등장하고 같은 책의 수로부인조(條)에도 〈해가〉라는 노래가 들어 있다. 이 노래에서도 역시 거북은 바다로 납치된 수로부인을 나오도록 하는 동물로 나타난다.

그리고 옛날 중국에서는 하나라의 우임금이 치수를 할 때 낙수에서 나온 거북의 등에 마흔다섯 점의 글씨가 있었다고 하는데 이를 '낙서'라 하여 '하도'와 함께 「주역」의 근본이 되었다는 기록도 있다. 이 외에도 중국의 초기문자인 갑골문 또한 거북의 등에 기록된 것으로 점을 칠 때 쓰였는데 오늘날에도 '거북점'이라는 것이 있어 귀갑을 불에 태워 그 갈라지는 금을 보고 길흉을 판단한다. 이처럼 거북은 신령스러운 동물로서 우리나라뿐 아니라 동양 일대에서 신성시하던 동물이었다.

7 다음 중 옳지 않은 것은?

① 우리나라에서는 예부터 거북목(目)의 한 종류인 자라를 식용 및 약용으로 사용하기도 하였다.

② 옛 문헌의 기록으로 말미암아 거북은 고대 우리 민족에게 수신이나 주술매체의 동물로서 인식되었다.

③ 거북은 세계적으로 많은 종이 있는데 바다거북 · 장수거북 · 남생이 · 자라 등 4종은 우리나라에서만 서식하는 고유종이다.

④ 거북은 동양 일대에서 용이나 봉황과 함께 상서로운 동물로 인식되었으며 특히 중국에서는 거북의 등을 이용하여 점을 치기도 하였다.

⑤ 오늘날에도 거북점을 통해 길흉을 판단한다.

8 다음 문학작품 중 거북과 관련이 없는 것은?

① 귀토지설 ② 청강사자현부전

③ 죽부인전 ④ 별주부전

⑤ 토생원전

9 다음 중 밑줄 친 '십장생'에 속하지 않는 것은?

① 대나무 ② 바람

③ 소나무 ④ 사슴

⑤ 거북

10 다음은 신입 사원이 작성한 기획서이다. 귀하가 해당 기획서를 살펴보니 수정해야 할 부분이 있어서 신입사원에게 조언을 해 주고자 한다. 다음 기획서에서 수정해야 할 부분이 아닌 것은 무엇인가?

> [행사 기획서]
>
> 제목 : 홍보 행사에 대한 기획
>
> 2007년부터 지구 온난화에 대한 경각심을 일깨우기 위해 호주에서 시작된 지구촌 불끄기 행사는 세계 최대 규모의 민간자연보호단체인 세계자연보호기금(WWF)에서 약 한 시간가량 가정과 기업이 소등을 해 기후에 어떠한 변화로 나타나는지 보여주기 위한 행사입니다. 본 부서는 현재 135개국 이상 5000여 개의 도시가 참여를 하고 있는 이 운동을 알리고, 기후변화에 대한 인식을 확산하며 탄소 배출량을 감축시키기 위해 다음과 같은 홍보 행사를 진행하려고 합니다.
>
> – 다음 –
>
> 1) 일정 : 2022년 4월 22일
> 2) 장소 : 광화문 앞 광장
> 3) 예상 참여인원 : ○○명
>
> 2022년 3월 2일
> 홍보팀 사원 김○○

① 행사 담당 인원과 담당자가 누구인지 밝힌다.

② 행사를 진행했을 때 거둘 수 있는 긍정적 기대효과에 대한 내용을 추가한다.

③ 구체적으로 어떤 종류의 홍보 행사를 구성하고자 하는지 목차에 그 내용을 추가한다.

④ 제목에 가두 홍보 행사라는 점을 드러내어 제목만으로도 기획서의 내용을 예상할 수 있도록 한다.

⑤ 기획서는 상대방이 채택하게 하는 것이 목적이므로 설득력을 높이기 위해 근거를 보강하고 세부 행사 기획 내용은 별첨한다.

11 한국○○㈜의 대표이사 비서인 甲은 거래처 대표이사가 새로 취임하여 축하장 초안을 작성하고 있다. 다음 축하장에서 밑줄 친 부분의 맞춤법이 바르지 않은 것끼리 묶인 것은?

> 귀사의 무궁한 번영과 발전을 기원합니다.
> 이번에 대표이사로 새로 취임하심을 진심으로 기쁘게 생각하며 ⓐ 축하드립니다. 이는 탁월한 식견과 그동안의 부단한 노력에 따른 결과라 생각합니다. 앞으로도 저희 한국○○㈜와 ⓑ 원할한 협력 관계를 ⓒ 공고이 해 나가게 되기를 기대하며, 우선 서면으로 축하 인사를 대신합니다.
> ⓓ 아무쪼록 건강하시기 바랍니다.

① ⓐ, ⓑ
② ⓐ, ⓒ
③ ⓑ, ⓒ
④ ⓑ, ⓓ
⑤ ⓒ, ⓓ

12 다음은 한국산업인력공단의 고객서비스헌장이다. 밑줄 친 ㉠~㉤을 한자로 잘못 옮긴 것은?

> [한국산업인력공단 고객서비스헌장]
>
> 한국산업인력공단은 전 국민의 평생 교육 역량을 키우는 NO.1 HRD 파트너로서 일을 통해 행복한 나라를 만드는데 앞장서기 위해 다음과 같이 ㉠ 실천하겠습니다.
> 하나, 우리는 고객의 입장에서 모든 업무를 신속 · ㉡ 공정 · 친절 · 적법하게 처리하겠습니다.
> 하나, 우리는 고객의 입장에서 기업과 근로자의 인적자원개발 ㉢ 역량 향상을 위한 전문적인 HRD 서비스를 제공하겠습니다.
> 하나, 우리는 고객의 불편을 최소화하고 잘못된 서비스 제공에 대해 ㉣ 시정 및 보상체계를 마련하겠습니다.
> 하나, 우리는 고객 행복을 최우선으로 하여 고객의 다양한 의견을 적극적으로 ㉤ 경청하겠습니다.

① 實薦
② 公正
③ 力量
④ 是正
⑤ 傾聽

Ⅰ13~14Ⅰ 다음은 연도별 대기오염물질 배출량 현황 자료이다. 이어지는 물음에 답하시오.

〈연도별 대기오염물질 배출량 현황〉

(단위 : 톤)

구분	황산화물	일산화탄소	질소산화물	미세먼지	유기화합물질
2017	401,741	766,269	1,061,210	116,808	866,358
2018	433,959	718,345	1,040,214	131,176	873,108
2019	417,645	703,586	1,075,207	119,980	911,322
2020	404,660	696,682	1,090,614	111,563	913,573
2021	343,161	594,454	1,135,743	97,918	905,803

13 다음 중 각 대기오염물질의 연도별 증감 추이가 같은 것끼리 짝지어진 것은?

① 일산화탄소, 유기화합물질

② 황산화물, 질소산화물

③ 미세먼지, 유기화합물질

④ 황산화물, 미세먼지

⑤ 일산화탄소, 질소산화물

14 다음 중 2017년 대비 2021년의 총 대기오염물질 배출량의 증감률로 올바른 것은?

① 약 4.2%

② 약 3.9%

③ 약 2.8%

④ 약 -3.9%

⑤ 약 -4.2%

15 다음은 어느 해 7월의 달력이다. 색칠된 날짜의 합이 135일 때, 7월 31일은 무슨 요일인가?

<7월>

日	月	火	水	木	金	土

① 월요일
② 화요일
③ 수요일
④ 목요일
⑤ 금요일

16 어떤 이동 통신 회사에서는 휴대폰의 사용 시간에 따라 매월 다음과 같은 요금 체계를 적용한다고 한다.

요금제	기본요금	무료 통화	사용 시간(1분)당 요금
A	10,000원	0분	150원
B	20,200원	60분	120원
C	28,900원	120분	90원

예를 들어, B요금제를 사용하여 한 달 동안의 통화 시간이 80분인 경우 사용 요금은 다음과 같이 계산한다.

$$20{,}200+120\times(80-60)=22{,}600(\text{원})$$

B요금제를 사용하는 사람이 A요금제와 C요금제를 사용할 때 보다 저렴한 요금을 내기 위한 한 달 동안의 통화 시간은 a분 초과 b분 미만이다. 이 때, $b-a$의 최댓값은? (단, 매월 총 사용 시간은 분 단위로 계산한다)

① 70
② 80
③ 90
④ 100
⑤ 110

17 어느 인기 그룹의 공연을 준비하고 있는 기획사는 다음과 같은 조건으로 총 1,500장의 티켓을 판매하려고 한다. 티켓 1,500장을 모두 판매한 금액이 6,000만 원이 되도록 하기 위해 판매해야 할 S석의 티켓 수를 구하면?

> ㈎ 티켓의 종류는 R석, S석, A석 세 가지이다.
> ㈏ R석, S석, A석 티켓의 가격은 각각 10만 원, 5만 원, 2만 원이고, A석 티켓의 수는 R석과 S석 티켓의 수의 합과 같다.

① 450장
② 600장
③ 750장
④ 900장
⑤ 1,050장

18 다음은 2012 ~ 2021년 5개 자연재해 유형별 피해금액에 관한 자료이다. 이에 대한 설명으로 옳은 것만을 모두 고른 것은?

〈5개 자연재해 유형별 피해금액〉

(단위 : 억 원)

유형 \ 연도	2012	2013	2014	2015	2016	2017	2018	2019	2020	2021
태풍	3,416	1,385	118	1,609	9	0	1,725	2,183	8,765	17
호우	2,150	3,520	19,063	435	581	2,549	1,808	5,276	384	1,581
대설	6,739	5,500	52	74	36	128	663	480	204	113
강풍	0	93	140	69	11	70	2	0	267	9
풍랑	0	0	57	331	0	241	70	3	0	0
전체	12,305	10,498	19,430	2,518	637	2,988	4,268	7,942	9,620	1,720

㉠ 2012 ~ 2021년 강풍 피해금액 합계는 풍랑 피해금액 합계보다 적다.
㉡ 2020년 태풍 피해금액은 2020년 5개 자연재해 유형 전체 피해금액의 90% 이상이다.
㉢ 피해금액이 매년 10억 원보다 큰 자연재해 유형은 호우뿐이다.
㉣ 피해금액이 큰 자연재해 유형부터 순서대로 나열하면 2018년과 2019년의 순서는 동일하다.

① ㉠, ㉡
② ㉠, ㉢
③ ㉢, ㉣
④ ㉠, ㉡, ㉣
⑤ ㉡, ㉢, ㉣

19 다음은 갑국의 최종에너지 소비량에 대한 자료이다. 이에 대한 설명으로 옳은 것들로만 바르게 짝지어진 것은?

〈2019 ~ 2021년 유형별 최종에너지 소비량 비중〉

(단위 : %)

연도 \ 유형	석탄		석유제품	도시가스	전력	기타
	무연탄	유연탄				
2019	2.7	11.6	53.3	10.8	18.2	3.4
2020	2.8	10.3	54.0	10.7	18.6	3.6
2021	2.9	11.5	51.9	10.9	19.1	3.7

〈2021년 부문별 유형별 최종에너지 소비량〉

(단위 : 천TOE)

부문 \ 유형	석탄		석유제품	도시가스	전력	기타	합
	무연탄	유연탄					
산업	4,750	15,317	57,451	9,129	23,093	5,415	115,155
가정 · 상업	901	4,636	6,450	11,105	12,489	1,675	37,256
수송	0	0	35,438	188	1,312	0	36,938
기타	0	2,321	1,299	669	152	42	4,483
계	5,651	22,274	100,638	21,091	37,046	7,132	193,832

※ TOE는 석유 환산 톤수를 의미한다.

㉠ 2019 ~ 2021년 동안 전력 소비량은 매년 증가한다.
㉡ 2021에는 산업부문의 최종에너지 소비량이 전체 최종에너지 소비량의 50% 이상을 차지한다.
㉢ 2019 ~ 2021년 동안 석유제품 소비량 대비 전력 소비량의 비율이 매년 증가한다.
㉣ 2021년에는 산업부문과 가정 · 상업부문에서 유연탄 소비량 대비 무연탄 소비량의 비율이 각각 25% 이하이다.

① ㉠, ㉡
② ㉠, ㉣
③ ㉡, ㉢
④ ㉡, ㉣
⑤ ㉢, ㉣

20 다음은 2019～2021년 동안 ○○지역의 용도별 물 사용량 현황을 나타낸 표이다. 이에 대한 설명으로 옳지 않은 것을 모두 고른 것은?

〈○○지역의 용도별 물 사용량〉

(단위 : m^3, %, 명)

용도 \ 구분 \ 연도	2019		2020		2021	
	사용량	비율	사용량	비율	사용량	비율
생활용수	136,762	56.2	162,790	56.2	182,490	56.1
가정용수	65,100	26.8	72,400	25.0	84,400	26.0
영업용수	11,000	4.5	19,930	6.9	23,100	7.1
업무용수	39,662	16.3	45,220	15.6	47,250	14.5
욕탕용수	21,000	8.6	25,240	8.7	27,740	8.5
농업용수	45,000	18.5	49,050	16.9	52,230	16.1
공업용수	61,500	25.3	77,900	26.9	90,300	27.8
총 사용량	243,262	100.0	289,740	100.0	325,020	100.0
사용인구	379,300		430,400		531,250	

※ 1명당 생활용수 사용량(m^3/명)$=\frac{\text{생활용수 총 사용량}}{\text{사용인구}}$

㉠ 총 사용량은 2020년과 2021년 모두 전년대비 15% 이상 증가하였다.
㉡ 1명당 생활용수 사용량은 매년 증가하였다.
㉢ 농업용수 사용량은 매년 증가하였다.
㉣ 가정용수와 영업용수 사용량의 합은 업무용수와 욕탕용수 사용량의 합보다 매년 크다.

① ㉠, ㉡
② ㉡, ㉢
③ ㉡, ㉣
④ ㉠, ㉡, ㉣
⑤ ㉠, ㉢, ㉣

21 서원기업에서는 영업팀 6명의 직원(A~F)과 관리팀 4명의 직원(갑~정)이 매일 각 팀당 1명씩, 총 2명이 당직 근무를 선다. 2일 날 A와 갑 직원이 당직 근무를 서고 팀별로 순서(A~F, 갑~정)대로 돌아가며 근무를 선다면, E와 병이 함께 근무를 서는 날은 언제인가? (단, 근무를 서지 않는 날은 없다고 가정한다)

① 10일
② 11일
③ 12일
④ 13일
⑤ 14일

22 G 음료회사는 신제품 출시를 위해 시제품 3개를 만들어 전 직원을 대상으로 블라인드 테스트를 진행한 후 기획팀에서 회의를 하기로 했다. 독창성, 대중성, 개인선호도, 세 가지 영역에 총 15점 만점으로 진행된 테스트 결과가 다음과 같을 때, 기획팀 직원들의 발언으로 옳지 않은 것은?

	독창성	대중성	개인선호도	총점
시제품 A	5	2	3	10
시제품 B	4	4	4	12
시제품 C	2	5	5	12

① 우리 회사의 핵심가치 중 하나가 창의성 아닙니까? 저는 독창성 점수가 높은 A를 출시해야 한다고 생각합니다.
② 독창성이 높아질수록 총점이 낮아지는 것을 보지 못하십니까? 저는 그 의견에 반대합니다.
③ 무엇보다 현 시점에서 회사의 재정 상황을 타개하기 위해서는 대중성을 고려하여 높은 이윤이 날 것으로 보이는 C를 출시해야 하지 않겠습니까?
④ 저도 대중성과 개인선호도가 높은 C를 출시해야 한다고 생각합니다.
⑤ 그럼 독창성과 대중성, 개인선호도 점수가 비슷한 B를 출시하는 것이 어떻겠습니까?

23 다음은 ○○전시회의 입장료와 할인 사항에 관한 내용이다. 〈보기〉의 사항 중 5인 입장권을 사용하는 것이 유리한 경우를 모두 고르면?

〈전시회 입장료〉

(단위 : 원)

구분	평일 (월~금)	주말(토 · 일 및 법정공휴일)
성인	25,800	28,800
청소년(만 13세 이상 및 19세 미만)	17,800	18,800
어린이(만 13세 미만)	13,800	13,800

- 평일에 성인 3명 이상 방문 시 전체 요금의 10% 할인(평일은 법정공휴일을 제외한 월~금요일을 의미함)
- 성인, 청소년, 어린이를 구분하지 않는 5인 입장권을 125,000원에 구매 가능(요일 구분 없이 사용 가능하며, 5인 입장권 사용 시 다른 할인 혜택은 적용되지 않음)
- 주말에 한하여 통신사 할인 카드 사용 시 전체 요금의 15% 할인(단, 통신사 할인 카드는 乙과 丙만 가지고 있음)

〈보기〉

㉠ 甲이 3월 1일(법정공휴일)에 자신을 포함한 성인 4명 및 청소년 3명과 전시회 관람
㉡ 乙이 법정공휴일이 아닌 화요일에 자신을 포함한 성인 6인과 청소년 2인과 전시회 관람
㉢ 丙이 토요일에 자신을 포함한 성인 5명과 청소년 2명과 전시회 관람
㉣ 丁이 법정공휴일이 아닌 목요일에 자신을 포함한 성인 5명 및 어린이 1명과 전시회 관람

① ㉠
② ㉡
③ ㉡, ㉢
④ ㉢
⑤ ㉢, ㉣

24 다음 내용과 전투능력을 가진 생존자 현황을 근거로 판단할 경우 생존자들이 탈출할 수 있는 경우로 옳은 것은? (단, 다른 조건은 고려하지 않는다)

- 좀비 바이러스에 의해 라쿤 시티에 거주하던 많은 사람들이 좀비가 되었다. 건물에 갇힌 생존자들은 동, 서, 남, 북 4개의 통로를 이용해 5명씩 탈출을 시도한다. 탈출은 통로를 통해서만 가능하며, 한쪽 통로를 선택하면 되돌아올 수 없다.
- 동쪽 통로에 11마리, 서쪽 통로에 7마리, 남쪽 통로에 11마리, 북쪽 통로에 9마리의 좀비들이 있다. 선택한 통로의 좀비를 모두 제거해야만 탈출할 수 있다.
- 남쪽 통로의 경우, 통로 끝이 막혀 탈출을 할 수 없지만 팀에 폭파전문가가 있다면 다이너마이트를 사용하여 막힌 통로를 뚫고 탈출할 수 있다.
- 전투란 생존자가 좀비를 제거하는 것을 의미하며 선택한 통로에서 일시에 이루어진다.
- 전투능력은 정상인 건강상태에서 해당 생존자가 전투에서 제거하는 좀비의 수를 의미하며, 질병이나 부상상태인 사람은 그 능력이 50%로 줄어든다.
- 전투력 강화에는 건강상태가 정상인 생존자들 중 1명에게만 사용할 수 있으며, 전투능력을 50% 향상시킨다. 사용 가능한 대상은 의사 혹은 의사의 팀 내 구성원이다.
- 생존자의 직업은 다양하며, 아이와 노인은 전투능력과 보유품목이 없고 건강상태는 정상이다.

〈전투능력을 가진 생존자 현황〉

직업	인원	전투능력	건강상태	보유품목
경찰	1명	6	질병	–
헌터	1명	4	정상	–
의사	1명	2	정상	전투력 강화제 1개
사무라이	1명	8	정상	–
폭파전문가	1명	4	부상	다이너마이트

	탈출 통로	팀 구성 인원
①	동쪽 통로	폭파전문가 – 사무라이 – 노인 3명
②	서쪽 통로	헌터 – 경찰 – 아이 2명 – 노인
③	남쪽 통로	헌터 – 폭파전문가 – 아이 – 노인 2명
④	북쪽 통로	경찰 – 의사 – 아이 2명 – 노인
⑤	남쪽 통로	헌터 – 사무라이 – 의사 – 아이

25 다음 글의 내용과 날씨를 근거로 판단할 경우, 종아가 여행을 다녀온 시기는?

- 종아는 선박으로 '포항 → 울릉도 → 독도 → 울릉도 → 포항' 순으로 3박 4일의 여행을 다녀왔다.
- '포항 → 울릉도' 선박은 매일 오전 10시, '울릉도 → 포항' 선박은 매일 오후 3시에 출발하며, 편도 운항에 3시간이 소요된다.
- 울릉도에서 출발해 독도를 돌아보는 선박은 매주 화요일과 목요일 오전 8시에 출발하여 당일 오전 11시에 돌아온다.
- 최대 파고가 3m 이상인 날은 모든 노선의 선박이 운항되지 않는다.
- 종아는 매주 금요일에 술을 마시는데, 술을 마신 다음날은 멀미가 심해 선박을 탈 수 없다.
- 이번 여행 중 종아는 울릉도에서 호박엿 만들기 체험을 했는데, 호박엿 만들기 체험은 매주 월 · 금요일 오후 6시에만 할 수 있다.

〈날씨〉

日	月	火	水	木	金	土
16 ㉑ 1.0m	17 ㉑ 1.4m	18 ㉑ 3.2m	19 ㉑ 2.7m	20 ㉑ 2.8m	21 ㉑ 3.7m	22 ㉑ 2.0m
23 ㉑ 0.7m	24 ㉑ 3.3m	25 ㉑ 2.8m	26 ㉑ 2.7m	27 ㉑ 0.5m	28 ㉑ 3.7m	29 ㉑ 3.3m

※ ㉑ : 최대 파고

① 19일(水) ~ 22일(土)
② 20일(木) ~ 23일(日)
③ 23일(日) ~ 26일(水)
④ 25일(火) ~ 28일(金)
⑤ 26일(水) ~ 29일(土)

26 다음은 '갑'지역의 친환경농산물 인증심사에 대한 자료이다. 2021년부터 인증심사원 1인당 연간 심사할 수 있는 농가수가 상근직은 400호, 비상근직은 250호를 넘지 못하도록 규정이 바뀐다고 할 때, 〈조건〉을 근거로 예측한 내용 중 옳지 않은 것은?

〈2020년 '갑' 지역의 인증기관별 인증현황〉

(단위 : 호, 명)

인증기관	심사 농가수	승인 농가수	인증심사원		
			상근	비상근	합
A	2,540	542	4	2	6
B	2,120	704	2	3	5
C	1,570	370	4	3	7
D	1,878	840	1	2	3
계	8,108	2,456	11	10	21

※ 1) 인증심사원은 인증기관 간 이동이 불가능하고 추가고용을 제외한 인원변동은 없음.
2) 각 인증기관은 추가 고용 시 최소인원만 고용함.

〈조건〉

- 인증기관의 수입은 인증수수료가 전부이고, 비용은 인증심사원의 인건비가 전부라고 가정한다.
- 인증수수료 : 승인농가 1호당 10만 원
- 인증심사원의 인건비는 상근직 연 1,800만 원, 비상근직 연 1,200만 원이다.
- 인증기관별 심사 농가수, 승인 농가수, 인증심사원 인건비, 인증수수료는 2020년과 2021년에 동일하다.

① 2020년에 인증기관 B의 수수료 수입은 인증심사원 인건비 보다 적다.

② 2021년 인증기관 A가 추가로 고용해야 하는 인증심사원은 최소 2명이다.

③ 인증기관 D가 2021년에 추가로 고용해야 하는 인증심사원을 모두 상근으로 충당한다면 적자이다.

④ 만약 정부가 '갑'지역에 2020년 추가로 필요한 인증심사원을 모두 상근으로 고용하게 하고 추가로 고용되는 상근 심사원 1인당 보조금을 연 600만 원씩 지급한다면 보조금 액수는 연간 5,000만 원 이상이다.

⑤ 인증기관 C는 인증심사원을 추가로 고용할 필요가 없다.

27 다음은 영업사원인 윤석씨가 오늘 미팅해야 할 거래처 직원들과 방문해야 할 업체에 관한 정보이다. 다음의 정보를 모두 반영하여 하루의 일정을 짠다고 할 때, 순서가 바르게 배열된 것은? (단, 장소 간 이동시간은 없는 것으로 가정한다)

〈거래처 직원들의 요구 사항〉

- A거래처 과장 : 회사 내부 일정으로 인해 미팅은 10시~12시 또는 16~18시까지 2시간 정도 가능합니다.
- B거래처 대리 : 12시부터 점심식사를 하거나, 18시부터 저녁식사를 하시죠. 시간은 2시간이면 될 것 같습니다.
- C거래처 사원 : 외근이 잡혀서 오전 9시부터 10시까지 1시간만 가능합니다.
- D거래처 부장 : 외부일정으로 18시부터 저녁식사만 가능합니다.

〈방문해야 할 장소와 가능시간〉

- E서점 : 14~18시, 소요시간은 2시간
- F은행 : 12~16시, 소요시간은 1시간
- G미술관 관람 : 하루 3회(10시, 13시, 15시), 소요시간은 1시간

① C거래처 사원 – A거래처 과장 – B거래처 대리 – E서점 – G미술관 – F은행 – D거래처 부장
② C거래처 사원 – A거래처 과장 – F은행 – B거래처 대리 – G미술관 – E서점 – D거래처 부장
③ C거래처 사원 – G미술관 – F은행 – B거래처 대리 – E서점 – A거래처 과장 – D거래처 부장
④ C거래처 사원 – A거래처 과장 – B거래처 대리 – F은행 – G미술관 – E서점 – D거래처 부장
⑤ C거래처 사원 – A거래처 과장 – G미술관 – B거래처 대리 – F은행 – E서점 – D거래처 부장

28 다음 점수표를 통해 확인할 수 있는 결과로 옳지 않은 것은?

甲, 乙, 丙이 자유투 대결을 한다. 대결은 총 5회까지 진행하며, 회마다 자유투를 성공할 때까지 자유투 시도 횟수를 합산하여 그 값이 가장 작은 사람이 게임에서 우승한다. 다음은 세 사람의 점수를 회차 별로 기록한 것인데, 4회와 5회의 결과가 실수로 지워졌다. 그 중 한 회차에서 세 사람의 점수가 모두 같았고, 다른 한 라운드에서 한 번에 자유투를 성공한 사람이 있었다.

	1회	2회	3회	4회	5회	합계
甲	2	4	3			16
乙	5	4	2			17
丙	5	2	6			18

① 3회까지 점수를 보면 甲이 1위이다.

② 자유투를 한 번에 성공한 사람이 누군지 알 수 없다.

③ 각 회마다 1위한 사람에게 1점씩 부여하여 최종 점수를 낸다면 丙이 우승한다.

④ 4회와 5회의 점수만 본다면 甲 최하위이다.

⑤ 丙은 매회 다른 점수를 기록하고 있다.

29 원모는 이번에 새로 입사한 회사에서 회식을 하게 되어 팀 동료들과 식사를 할 만한 곳을 알아보고 있다. 그러나 사회초년생인 원모는 회사 회식을 거의 해 본 경험이 없었고, 회사 밖의 많은 선택 가능한 대안(회식장소) 중에서도 상황 상 주위의 가까운 팀 내 선배들이 강력하게 추천하는 곳을 선택하기로 했는데, 이는 소비자 구매의사결정 과정에서 대안의 평가에 속하는 한 부분으로써 어디에 해당한다고 볼 수 있는가?

① 순차식

② 분리식

③ 결합식

④ 사전편집식

⑤ 휴리스틱 기법

30 직장인은 외근 등의 사유로 종종 자동차를 활용하곤 한다. 다음은 자동차 탑승 시에 대한 예절 및 윤리에 관한 설명이다. 이 중 가장 옳지 않은 것을 고르면?

① 승용차에서는 윗사람이 먼저 타고 아랫사람이 나중에 타며 아랫사람은 윗사람의 승차를 도와준 후에 반대편 문을 활용해 승차한다.

② Jeep류의 차종인 경우(문이 2개)에는 운전석의 뒷자리가 상석이 된다.

③ 운전자의 부인이 탈 경우에는 운전석 옆자리가 부인석이 된다.

④ 자가용의 차주가 직접 운전을 할 시에 운전자의 오른 좌석에 나란히 앉아 주는 것이 매너이다.

⑤ 상석의 위치에 관계없이 여성이 스커트를 입고 있을 경우에는 뒷좌석의 가운데 앉지 않도록 배려해 주는 것이 매너이다.

31 다음은 면접 시 경어의 사용에 관한 내용이다. 이 중 가장 옳지 않은 항목은?

① 직위를 모르는 면접관을 지칭할 시에는 "면접위원"이 무난하고 직위 뒤에는 "님"자를 사용하지 않는다.

② 친족이나 친척 등을 지칭할 때는 "아버지", "어머니", "언니", "조부모" 등을 쓰고 특별한 경칭을 붙이지 않는다.

③ 극존칭은 사용하지 않으며 지원회사명을 자연스럽게 사용한다.

④ 지망하고자 하는 회사의 회장, 이사, 과장 등을 지칭할 시에는 '님'자를 붙인다.

⑤ 자신을 지칭할 때는 "나"라는 호칭 대신에 "저"를 사용한다.

32 다음 중 이메일 네티켓에 관한 설명으로 부적절한 것은?

① 대용량 파일의 경우에는 압축해서 첨부해야 한다.

② 메일을 발송할 시에는 발신자를 명확하게 표기해야 한다.

③ 메일을 받을 수신자의 주소가 정확한지 확인을 해야 한다.

④ 영어는 일괄적으로 대문자로 표기해야 한다.

⑤ 상대로부터 수신 받은 메일은 24시간 내에 신속하게 답변을 해야 한다.

33 귀하는 OO토지주택공사의 사업 담당자이다. 아래의 글과 〈상황〉을 근거로 판단할 때, 사업 신청자인 A가 지원받을 수 있는 주택보수비용의 최대 액수는?

- 주택을 소유하고 해당 주택에 거주하는 가구를 대상으로 주택 노후도 평가를 실시하여 그 결과(경 · 중 · 대보수)에 따라 아래와 같이 주택보수비용을 지원

〈주택보수비용 지원 내용〉

구분	경보수	중보수	대보수
보수항목	도배 혹은 장판	수도시설 혹은 난방시설	지붕 혹은 기둥
주택당 보수비용 지원한도액	350만 원	650만 원	950만 원

- 소득인정액에 따라 보수비용 지원한도액의 80%~100%를 차등지원

구분	중위소득 25% 미만	중위소득 25% 이상 35% 미만	중위소득 35% 이상 43% 미만
보수항목	100%	90%	80%

〈상황〉

A는 현재 거주하고 있는 OO주택의 소유자이며, 소득인정액이 중위소득 40%에 해당한다. A 주택의 노후도 평가결과, 지붕의 수선이 필요한 주택보수비용 지원대상이 선정되었다.

① 520만 원
② 650만 원
③ 760만 원
④ 855만 원
⑤ 950만 원

34 아래의 자료를 근거로 판단할 때, OO기업의 홍보 담당자인 갑 사원이 선택할 5월의 광고수단은?

- 주어진 예산은 월 4천만 원이며, 갑 사원은 월별 공고효과가 가장 큰 광고수단 하나만을 선택한다.
- 광고비용이 예산을 초과하면 해당 광고수단은 선택하지 않는다.
- 광고효과는 아래와 같이 계산한다.

$$광고효과 = \frac{총\ 광고\ 횟수 \times 회당\ 광고노출자\ 수}{광고비용}$$ (소수점 셋째 자리에서 반올림 하시오)

- 광고수단은 한 달 단위로 선택된다.

광고수단	광고 횟수	회당 광고노출자 수	월 광고비용(천 원)
TV	월 3회	100만 명	40,000
버스	일 1회	10만 명	30,000
KTX	일 70회	1만 명	45,000
지하철	일 60회	2천 명	35,000
포털사이트	일 50회	5천 명	40,000

① TV
② 버스
③ KTX
④ 지하철
⑤ 포털사이트

35 F기업 기획팀에서는 새로운 프로젝트를 추진하면서 업무추진력이 높은 직원을 프로젝트의 팀장으로 발탁하려고 한다. 성취행동 경향성이 높은 사람을 업무추진력이 높은 사람으로 규정할 때, 아래의 정의를 활용해서 〈보기〉의 직원들을 업무추진력이 높은 사람부터 순서대로 바르게 나열한 것은?

> 성취행동 경향성(TACH)의 강도는 성공추구 경향성(Ts)에서 실패회피 경향성(Tf)을 뺀 점수로 계산할 수 있다(TACH = Ts − Tf). 성공추구 경향성에는 성취동기(Ms)라는 잠재적 에너지의 수준이 영향을 준다. 왜냐하면 성취동기는 성과가 우수하다고 평가받고 싶어 하는 것으로 어떤 사람의 포부수준, 노력 및 끈기를 결정하기 때문이다. 어떤 업무에 대해서 사람들이 제각기 다양한 방식으로 행동하는 것은 성취동기가 다른 데도 원인이 있지만, 개인이 처한 환경요인이 서로 다르기 때문이기도 하다. 이 환경요인은 성공기대확률(Ps)과 성공결과의 가치(Ins)로 이루어진다. 즉 성공추구 경향성은 이 세 요소의 곱으로 결정된다(Ts = Ms × Ps × Ins).
>
> 한편 실패회피 경향성은 실패회피동기, 실패기대확률 그리고 실패결과의 가치의 곱으로 결정된다. 이 때 성공기대확률과 실패기대확률의 합은 1이며, 성공결과의 가치와 실패결과의 가치의 합도 1이다.

〈보기〉

- 갑은 성취동기가 4이고, 실패회피동기가 2이다. 그는 국제환경협약에 대비한 공장건설환경규제안을 만들었는데, 이 규제안의 실현가능성을 0.8로 보며, 규제안이 실행될 때의 가치를 0.3으로 보았다.
- 을은 성취동기가 3이고 실패회피동기가 1이다. 그는 도시고속화도로 건설안을 기획하였는데, 이 기획안의 실패가능성을 0.6으로 보며, 도로건설사업이 실패하면 0.4의 가치를 갖는다고 보았다.
- 병은 성취동기가 4이고 실패회피동기가 3이다. 그는 △△지역의 도심재개발계획을 주도하였는데, 이 계획의 실현가능성을 0.3으로 보며, 재개발사업이 실패하는 경우의 가치를 0.2로 보았다.

① 갑, 병, 을

② 갑, 을, 병

③ 을, 병, 갑

④ 을, 갑, 병

⑤ 병, 갑, 을

36 J회사에서 근무하는 Y팀장은 팀의 사기를 높이기 위하여 팀원들을 데리고 야유회를 가려고 한다. 주어진 상황이 다음과 같을 때, 비용이 저렴한 펜션 순으로 옳게 배열한 것은?

〈상황〉

- 팀장을 포함하여 인원은 5명이다.
- 2박 3일을 다녀오려고 한다.
- 팀장은 나무펜션 1회 이용 기록이 있다.
- 펜션 비용은 1박을 기준으로 부과된다.

〈펜션 비용〉

펜션	가격(1박 기준)	비고
나무펜션	70,000원 (5인 기준)	나무펜션 이용 기록이 있는 경우에는 총 합산 금액의 10%를 할인받는다.
그늘펜션	60,000원 (4인 기준)	• 인원 추가 시, 1인 당 10,000원의 추가비용이 발생된다. • 나무, 그늘, 푸른, 구름펜션 이용 기록이 1회라도 있는 경우에는 총 합산 금액의 20%를 할인 받는다.
푸른펜션	80,000원 (5인 기준)	1박을 한 후 연이어 2박을 할 때는 2박의 비용은 처음 1박의 15%를 할인받는다.
구름펜션	55,000원 (4인 기준)	인원 추가 시, 1인 당 10,000원의 추가비용이 발생된다.

① 그늘펜션 – 구름펜션 – 나무펜션 – 푸른펜션
② 그늘펜션 – 나무펜션 – 구름펜션 – 푸른펜션
③ 나무펜션 – 그늘펜션 – 구름펜션 – 푸른펜션
④ 구름펜션 – 푸른펜션 – 그늘펜션 – 나무펜션
⑤ 구름펜션 – 나무펜션 – 푸른펜션 – 그늘펜션

37 P사에서는 2021년의 예산 신청 금액과 집행 금액의 차이가 가장 적은 팀부터 2022년의 예산을 많이 분배할 계획이다. 4개 팀의 2021년 예산 관련 내역이 다음과 같을 때, 2022년의 예산을 가장 많이 분배받게 될 팀과 가장 적게 분배받게 될 팀을 순서대로 올바르게 짝지은 것은 어느 것인가?

〈2021년의 예산 신청 내역〉

(단위 : 백만 원)

영업2팀	영업3팀	유통팀	물류팀
26	24	32	29

〈2021년의 예산 집행률〉

(단위 : %)

영업2팀	영업3팀	유통팀	물류팀
115.4	87.5	78.1	87.9

* 예산 집행률=집행 금액÷신청 금액×100

① 영업2팀, 유통팀

② 영업3팀, 유통팀

③ 물류팀, 영업2팀

④ 영업3팀, 영업2팀

⑤ 물류팀, 영업3팀

38 다음은 E기업이 지출한 물류비 내역이다. 이 중에서 자가물류비와 위탁물류비는 각각 얼마인가?

㉠ 노무비 6,400만 원	㉡ 전기료 300만 원
㉢ 지급운임 400만 원	㉣ 이자 250만 원
㉤ 재료비 3,000만 원	㉥ 지불포장비 70만 원
㉦ 수수료 70만 원	㉧ 가스 · 수도료 350만 원
㉨ 세금 80만 원	㉩ 상 · 하차용역비 450만 원

① 자가물류비 11,800만 원, 위탁물류비 800만 원
② 자가물류비 10,380만 원, 위탁물류비 900만 원
③ 자가물류비 10,380만 원, 위탁물류비 990만 원
④ 자가물류비 11,450만 원, 위탁물류비 700만 원
② 자가물류비 10,451만 원, 위탁물류비 850만 원

▌39~40▐ 다음은 노트북을 구매하기 위하여 전자제품 매장을 찾은 L씨가 제품 설명서를 보고 점원과 나눈 대화와 설명서의 일부이다. 이어지는 물음에 답하시오.

L씨 : "노트북을 좀 사려고 합니다."

점원 : "네 고객님, 어떤 조건을 원하시나요?"

L씨 : "제 것과 친구에게 선물할 것 두 개를 사려고 하는데요, 두 개 모두 가볍고 배터리 사용시간이 좀 길었으면 합니다. 무게는 1kg까지가 적당할 것 같고요, 저는 충전시간이 짧으면서도 음악재생시간이 긴 제품을 원해요. 선물하려는 제품은요, 일주일에 한 번만 충전해도 음악재생시간이 16시간은 되어야 하고, 용량은 320GB 이상이었으면 좋겠어요.

점원 : "그럼 고객님께는 (   )모델을, 친구 분께 드릴 선물로는 (   )모델을 추천해 드립니다."

〈제품 설명서〉

구분	무게	충전시간	용량	음악재생시간
A	900g	2.3H	300GB	15H
B	1kg	2.1H	310GB	13H
C	1.1kg	3.0H	320GB	16H
D	1.2kg	2.2H	330GB	14H

39 다음 중 위 네 가지 모델에 대한 설명으로 옳은 것을 〈보기〉에서 모두 고르면?

〈보기〉

(가) 충전시간이 길수록 음악재생시간이 길다.
(나) 무게가 무거울수록 용량이 크다.
(다) 무게가 무거울수록 음악재생시간이 길다.
(라) 용량이 클수록 음악재생시간이 길다.

① (가)
② (가), (나)
③ (나), (라)
④ (가), (라)
⑤ (가), (다)

40 다음 중 점원 L씨에게 추천한 빈칸의 제품이 순서대로 올바르게 짝지어진 것은 어느 것인가?

	L씨	선물
①	B모델	A모델
②	A모델	C모델
③	C모델	D모델
④	B모델	C모델
⑤	A모델	D모델

 한국사

1 다음 유물이 만들어진 시대의 사회상으로 옳은 것은?

> • 충북 청주 산성동 출토 가락바퀴
> • 경남 통영 연대도 출토 치레걸이
> • 인천 옹진 소야도 출토 조개껍데기 가면
> • 강원 양양 오산리 출토 사람 얼굴 조각상

① 한자의 전래로 붓이 사용되었다.
② 무덤은 일반적으로 고인돌이 사용되었다.
③ 조, 피 등을 재배하는 농경이 시작되었다.
④ 반량전, 오수전 등의 중국 화폐가 사용되었다.
⑤ 지상 가옥 형태의 움집에서 생활하였다.

2 다음의 내용과 관련이 있는 나라는?

> • 상가, 고추가
> • 제가회의
> • 데릴사위제(서옥제)
> • 추수감사제(동맹)

① 고구려
② 백제
③ 신라
④ 삼한
⑤ 고려

3 밑줄 친 '이 왕'의 재위기간에 있었던 사실로 옳은 것은?

> 이 왕이 원의 제국대장공주와 결혼하여 고려는 원의 부마국이 되었고, 도병마사는 도평의사사로 개편되었다.

① 만권당을 설치하였다.
② 정동행성을 설치하였다.
③ 정치도감을 설치하였다.
④ 입성책동 사건이 일어났다.
⑤ 정방을 설치하였다.

4 발해를 우리 민족사의 일부로 포함시키고자 할 때, 그 증거로 제시할 수 있는 내용으로 옳은 것은?

> ㉠ 발해의 왕이 일본에 보낸 외교문서에서 '고(구)려국왕'을 자처하였다.
> ㉡ 발해 피지배층은 말갈족이었다.
> ㉢ 발해 건국의 주체 세력은 고구려 지배계층이었던 대씨, 고씨가 주류를 이루었다.
> ㉣ 수도 상경에 주작 대로를 만들었다.

① ㉠㉣
② ㉠㉢
③ ㉠㉡
④ ㉡㉢
⑤ ㉡㉣

5 다음에 제시된 개혁을 한 왕은?

> • 전제 왕권 강화
> • 녹읍 폐지
> • 국학 설립
> • 관료전 지급

① 문무왕
② 무열왕
③ 성덕왕
④ 경덕왕
⑤ 신문왕

6 다음의 사건을 일어난 순서대로 바르게 나열한 것은?

㉠ 무신정변	㉡ 위화도회군
㉢ 이자겸의 난	㉣ 귀주대첩
㉤ 개경환도	

① ㉢ – ㉣ – ㉤ – ㉠ – ㉡
② ㉣ – ㉢ – ㉠ – ㉤ – ㉡
③ ㉣ – ㉢ – ㉤ – ㉠ – ㉡
④ ㉤ – ㉣ – ㉢ – ㉠ – ㉡
⑤ ㉤ – ㉢ – ㉣ – ㉡ – ㉠

7 다음 중 통일신라의 무역활동과 관계없는 것은?

① 한강 진출로 당항성을 확보하여 중국과의 연결을 단축시켰다.
② 산둥반도와 양쯔강 하류에 신라인 거주지가 생기게 되었다.
③ 통일 직후부터 일본과의 교류가 활발해졌다.
④ 장보고가 청해진을 설치하고 남해와 황해의 해상무역권을 장악하였다.
⑤ 산둥반도와 양쯔강 하류에 신라방 · 신라촌 · 신라원을 설치하였다.

8 고려시대의 사회 · 경제상에 대한 설명으로 옳지 않은 것은?

① 교환 수단은 대체로 곡물과 포, 쇄은 등을 사용하였다.
② 공공시설에서 사업 경비 충당을 목적으로 하는 보가 발달하였다.
③ 사원에서는 제지, 직포 등의 물품을 제조하기도 하였다.
④ 이암이 화북 농법을 바탕으로 농상집요를 저술하였다.
⑤ 경시서를 설치하여 상행위를 감독하게 하였다.

9 다음 보기의 내용을 순서대로 바르게 나열한 것은?

> ㉠ 세조를 비방한 조의제문을 사초에 기록한 것을 트집 잡아 훈구파가 연산군을 충동질하여 사림파를 제거하였다.
> ㉡ 연산군의 생모 윤씨의 폐출사건을 들추어서 사림파를 제거하였다.
> ㉢ 조광조 등이 현량과를 실시하여 사림을 등용하여 급진적 개혁을 추진하자 이에 대한 훈구세력의 반발로 조광조는 실각되고 말았다.
> ㉣ 인종의 외척인 윤임과 명종의 외척인 윤형원의 왕위계승 문제가 발단이 되었는데, 왕실 외척인 척신들이 윤임을 몰아내고 정국을 주도하여 사림의 세력이 크게 위축되었다.
> ㉤ 심의겸과 김효원 사이에 이조 전랑직의 대립으로 붕당이 발생하여 동인과 서인이 나뉘었다.

① ㉠ - ㉡ - ㉢ - ㉣ - ㉤
② ㉡ - ㉠ - ㉢ - ㉣ - ㉤
③ ㉡ - ㉢ - ㉠ - ㉣ - ㉤
④ ㉤ - ㉢ - ㉡ - ㉣ - ㉠
⑤ ㉤ - ㉣ - ㉢ - ㉡ - ㉠

10 고려시대의 경제 활동에 대한 설명으로 옳지 않은 것은?

① 전기에는 관청 수공업과 소 수공업 중심으로 발달하였다.
② 건원중보, 해동통보, 은병 등 화폐를 발행하였다.
③ 대외 무역에서 가장 큰 비중을 차지한 것은 송과의 무역이었다.
④ 사원에서는 베, 모시, 기와, 술, 소금 등의 품질 좋은 제품을 생산하였다.
⑤ 상업은 촌락을 중심으로 발달하였다.

11 영조 때 실시된 균역법에 대한 설명으로 옳지 않은 것은?

① 군포를 1년에 2필에서 1필로 경감시켰다.
② 균역법의 실시로 모든 양반에게도 군포를 징수하였다.
③ 균역법의 시행으로 감소된 재정은 어장세 · 염전세 · 선박세로 보충하였다.
④ 결작이라 하여 토지 1결당 미곡 2두를 부과하였다.
⑤ 선문군관포를 1년에 1필씩 선문군관에게 부과하였다.

12 고려시대에는 귀족 · 양반과 일반 양민 사이에 '중간계층' 또는 '중류층'이라 불리는 신분층이 존재하였다. 이 신분층에 대한 설명으로 옳지 않은 것은?

① 남반은 궁중의 잡일을 맡는 내료직(內僚職)이다.

② 하급 장교들도 이 신분층에 포함되는 것으로 분류되고 있다.

③ 서리는 중앙의 각 사(司)에서 기록이나 문부(文簿)의 관장 등 실무에 종사하였다.

④ 향리에게는 양반으로 신분을 상승시킬 수 있는 길을 열어 놓지 않았다.

⑤ 중앙관청의 실무를 담당하는 서리, 궁중의 실무를 담당하는 남반, 지방 행정의 실무를 담당하는 향리가 있다.

13 다음 중 신라 하대의 6두품의 성향으로 옳은 것은?

① 각 지방에서 반란을 일으켰다.

② 새로운 정치 질서의 수립을 시도하지만 탄압과 배척을 당하자 점차 反신라적 경향으로 바뀌었다.

③ 화백회의의 기능을 강화시켰다.

④ 중앙관직을 맡아 정치적으로 큰 역할을 하였다.

⑤ 진골세력을 견제하여 왕권 강화에 도움이 되었다.

14 밑줄 친 '농서'가 처음 편찬된 시기의 문화에 대한 설명으로 옳은 것은?

> 「농상집요」는 중국 화북 지방의 농사 경험을 정리한 것으로서 기후와 토질이 다른 조선에는 도움이 될 수 없었다. 이에 농사 경험이 풍부한 각 도의 농민들에게 물어서 조선의 실정에 맞는 농법을 소개한 이 <u>농서</u>가 편찬되었다.

① 현실 세계와 이상 세계를 표현한 「몽유도원도」가 그려졌다.

② 선종의 입장에서 교종을 통합한 조계종이 성립되었다.

③ 윤휴는 주자의 사상과 다른 모습을 보여 사문난적으로 몰렸다.

④ 진경산수화와 풍속화가 유행하였다.

⑤ 홍역에 관한 의학서가 편술되었다.

15 고려말의 진화는 “송은 이미 쇠퇴하고 북방 오랑캐는 아직 미개하니, 앉아서 기다려라. 문명의 아침은 동쪽의 하늘을 빛내고자 한다.”는 내용의 시로 자신감과 자주의식을 나타내었다. 이러한 자주 의식과 관련이 없는 사람은?

① 일연
② 이승휴
③ 김대문
④ 이종휘
⑤ 이이

16 다음의 역사적 사건을 순서대로 나열한 것은?

㉠ 5 · 18 민주화 운동	㉡ 6월 민주 항쟁
㉢ 유신헌법 공포	㉣ 4 · 19 혁명

① ㉣ – ㉠ – ㉡ – ㉢
② ㉣ – ㉡ – ㉠ – ㉢
③ ㉣ – ㉢ – ㉡ – ㉠
④ ㉣ – ㉡ – ㉢ – ㉠
⑤ ㉣ – ㉢ – ㉠ – ㉡

17 (가), (나) 자료에 나타난 사건 사이에 있었던 사실로 옳지 않은 것은?

(가) 우리 국모의 원수를 생각하며 이미 이를 갈았는데, 참혹한 일이 더하여 우리 부모에게서 받은 머리털을 풀 베듯이 베어 버리니 이 무슨 변고란 말인가.
(나) 군사장 허위는 미리 군비를 신속히 정돈하여 철통과 같이 함에 한 방울의 물도 샐 틈이 없는지라. 이에 전군에 전령하여 일제히 진군을 재촉하여 동대문 밖으로 진격하였다.

① 외교권이 박탈되고 통감부가 설치되었다.
② 고종이 강제로 퇴위되고 군대가 해산되었다.
③ 안중근이 하얼빈에서 이토 히로부미를 저격하였다.
④ 헤이그에 이상설, 이준, 이위종을 특사로 파견하였다.
⑤ 민종식, 최익현, 신돌석이 의병장으로 활약한 의병이 일어났다.

18 1950년대 이후 한국사회의 상황에 대한 설명으로 옳은 것은?

① 1950년에 시행된 농지 개혁으로 토지가 없던 농민이 토지를 갖게 되었다.
② 1960년대에 임금은 낮았지만 낮은 물가 덕분으로 노동자들이 고통을 겪지는 않았다.
③ 1970년대에 이르러 정부는 노동 3권을 철저히 보장하는 정책을 채택하였다.
④ 1980년대 초부터는 노동조합을 자유롭게 설립할 수 있게 되었다.
⑤ 1990년대 초부터 금융실명제가 실시되어 모든 금융거래에 실명을 쓰게 되었다.

19 다음 보기의 기본 강령으로 활동한 사회단체에 대한 설명으로 옳은 것은?

> 1. 우리는 정치적 · 경제적 각성을 촉진한다.
> 2. 우리는 단결을 공고히 한다.
> 3. 우리는 기회주의를 일체 거부한다.

① 비밀 결사 조직으로 국외 독립 운동 기지 건설에 앞장섰다.
② 실력양성운동을 전개하였다.
③ 입헌정체와 정치의식을 고취시켰다.
④ 노동쟁의, 고각쟁의를 지원하는 등 노동운동과 농민운동을 지도하였다.
⑤ 삼원보에 경학사를 조직하고, 신흥 강습소를 설립하였다.

20 다음 중 연결이 옳지 않은 것은?

① 한일의정서 – 군사기지 점유
② 제1차 한일협정서 – 사법권, 경찰권박탈
③ 제2차 한일협정서 – 외교권박탈
④ 한일신협약 – 차관정치, 군대해산
⑤ 기유각서 – 사법권 박탈

제 02 회 60문항/60분 실력평가 모의고사

※ 직업능력(40문항), 한국사(20문항)를 수록하여 임의로 시험시간을 설정하였습니다. 실제 시험은 총 80문항/80분으로 진행되는 점 참고하시기 바랍니다.

직업능력

1 다음은 각 지역에 사무소를 운영하고 있는 A사의 임직원 행동강령의 일부이다. 다음 내용에 부합하지 않는 설명은?

> 제5조 【이해관계직무의 회피】
>
> ① 임직원은 자신이 수행하는 직무가 다음 각 호의 어느 하나에 해당하는 경우에는 그 직무의 회피 여부 등에 관하여 지역관할 행동강령책임관과 상담한 후 처리하여야 한다. 다만, 사무소장이 공정한 직무수행에 영향을 받지 아니한다고 판단하여 정하는 단순 민원업무의 경우에는 그러하지 아니한다.
>
> 1. 자신, 자신의 직계 존속·비속, 배우자 및 배우자의 직계 존속·비속의 금전적 이해와 직접적인 관련이 있는 경우
> 2. 4촌 이내의 친족이 직무관련자인 경우
> 3. 자신이 2년 이내에 재직하였던 단체 또는 그 단체의 대리인이 직무관련자이거나 혈연, 학연, 지연, 종교 등으로 지속적인 친분관계에 있어 공정한 직무수행이 어렵다고 판단되는 자가 직무관련자인 경우
> 4. 그 밖에 지역관할 행동강령책임관이 공정한 직무수행이 어려운 관계에 있다고 정한 자가 직무관련자인 경우
>
> ② 제1항에 따라 상담요청을 받은 지역관할 행동강령책임관은 해당 임직원이 그 직무를 계속 수행하는 것이 적절하지 아니하다고 판단되면 본사 행동강령책임관에게 보고하여야 한다. 다만, 지역관할 행동강령책임관이 그 권한의 범위에서 그 임직원의 직무를 일시적으로 재배정할 수 있는 경우에는 그 직무를 재배정하고 본사 행동강령책임관에게 보고하지 아니할 수 있다.
>
> ③ 제2항에 따라 보고를 받은 본사 행동강령책임관은 직무가 공정하게 처리될 수 있도록 인력을 재배치하는 등 필요한 조치를 하여야 한다.
>
> 제6조 【특혜의 배제】 임직원은 직무를 수행함에 있어 지연·혈연·학연·종교 등을 이유로 특정인에게 특혜를 주거나 특정인을 차별하여서는 아니 된다.

풀이종료시간 : [ ] – [ ]
풀이소요시간 : [ ]분 [ ]초

제6조의2 【직무관련자와의 사적인 접촉 제한】

① 임직원은 소관업무와 관련하여 우월적 지위에 있는 경우 그 상대방인 직무관련자(직무관련자인 퇴직자를 포함한다)와 당해 직무 개시시점부터 종결시점까지 사적인 접촉을 하여서는 아니 된다. 다만, 부득이한 사유로 접촉할 경우에는 사전에 소속 사무소장에게 보고(부재 시 등 사후보고) 하여야 하고, 이 경우에도 내부정보 누설 등의 행위를 하여서는 아니 된다.

② 제1항의 "사적인 접촉"이란 다음 각 호의 어느 하나에 해당하는 것을 말한다.

1. 직무관련자와 사적으로 여행을 함께하는 경우
2. 직무관련자와 함께 사행성 오락(마작, 화투, 카드 등)을 하는 경우

③ 제1항의 "부득이한 사유"는 다음 각 호의 어느 하나에 해당하는 경우를 말한다.(제2항 제2호 제외)

1. 직무관련자인 친족과 가족 모임을 함께하는 경우
2. 동창회 등 친목단체에 직무관련자가 있어 부득이하게 함께하는 경우
3. 사업추진을 위한 협의 등을 사유로 계열사 임직원과 함께하는 경우
4. 사전에 직무관련자가 참석한 사실을 알지 못한 상태에서 그가 참석한 행사 등에서 접촉한 경우

① 이전 직장의 퇴직이 2년이 경과하지 않은 시점에서 이전 직장의 이해관계와 연관 있는 업무는 회피하여야 한다.

② 이해관계 직무를 회피하기 위해 임직원의 업무가 재배정된 경우 이것이 반드시 본사 행동강령책임관에게 보고되는 것은 아니다.

③ 임직원이 직무 관련 우월적 지위에 있는 경우, 소속 사무소장에게 보고하지 않는(사후보고 제외) 직무상대방과의 '사적인 접촉'은 어떠한 경우에도 허용되지 않는다.

④ 지역관할 행동강령책임관은 공정한 직무수행이 가능한 직무관련자인지의 여부를 본인의 판단으로 결정할 수 없다.

⑤ 직무관련성이 있는 대학 동창이 포함된 동창회에서 여행을 가게 될 경우 사무소장에게 보고 후 참여할 수 있다.

2 다음과 같은 팀장의 지시를 받은 오 대리가 업무를 처리하기 위해 들러야 하는 조직의 명칭이 순서대로 올바르게 나열된 것은?

> "오 대리, 갑자기 본부장님의 급한 지시 사항을 처리해야 하는데, 나 좀 도와줄 수 있겠나? 어제 사장님께 보고 드릴 자료를 완성했는데, 자네가 혹시 오류나 수정 사항이 있는지를 좀 확인해 주고 남 비서에게 전달을 좀 해 주게. 그리고 모레 있을 바이어 미팅은 대형 계약 성사를 위해 매우 중요한 일이 될 테니 계약서 초안 검토 작업이 어느 정도 되고 있는지도 한 번 알아봐 주게. 오는 길에 바이어 픽업 관련 배차 현황도 다시 한 번 확인해 주고, 다음 주 선적해야 할 물량 통관 작업에는 문제없는지 확인해서 박 과장에게 알려줘야 하네. 실수 없도록 잘 좀 부탁하네."

① 총무팀, 회계팀, 인사팀, 법무팀
② 자금팀, 기획팀, 인사팀, 회계팀
③ 기획팀, 총무팀, 홍보팀, 물류팀
④ 기획팀, 비서실, 회계팀, 물류팀
⑤ 비서실, 법무팀, 총무팀, 물류팀

【3~4】 다음 S사의 업무분장 표를 보고 이어지는 물음에 답하시오.

팀	주요 업무	필요 자질
영업관리	영업전략 수립, 단위조직 손익관리, 영업인력 관리 및 지원	마케팅/유통/회계 지식, 대외 섭외력, 분석력
생산관리	원가/재고/외주 관리, 생산계획 수립	제조공정/회계/통계/제품 지식, 분석력, 계산력
생산기술	공정/시설 관리, 품질 안정화, 생산 검증, 생산력 향상	기계/전기 지식, 창의력, 논리력, 분석력
연구개발	신제품 개발, 제품 개선, 원재료 분석 및 기초 연구	연구 분야 전문 지식, 외국어 능력, 기획력, 시장분석력, 창의/집중력
기획	중장기 경영전략 수립, 경영정보 수집 및 분석, 투자사 관리, 손익 분석	재무/회계/경제/경영 지식, 창의력, 분석력, 전략적 사고
영업(국내/해외)	신시장 및 신규고객 발굴, 네트워크 구축, 거래선 관리	제품 지식, 협상력, 프레젠테이션 능력, 정보력, 도전정신
마케팅	시장조사, 마케팅 전략수립, 성과 관리, 브랜드 관리	마케팅/제품/통계 지식, 분석력, 통찰력, 의사결정력
총무	자산관리, 문서관리, 의전 및 비서, 행사 업무, 환경 등 위생관리	책임감, 협조성, 대외 섭외력, 부동산 및 보험 등 일반 지식
인사/교육	채용, 승진, 평가, 보상, 교육, 인재개발	조직구성 및 노사 이해력, 교육학 지식, 객관성, 사회성
홍보/광고	홍보, 광고, 언론/사내 PR, 커뮤니케이션	창의력, 문장력, 기획력, 매체의 이해

3 위의 업무분장 표를 참고할 때, 창의력과 분석력을 겸비한 경영학도인 신입사원이 배치되기에 가장 적합한 팀은?

① 연구개발팀
② 홍보/광고팀
③ 마케팅팀
④ 영업관리팀
⑤ 기획팀

4 다음 중 해당 팀 자체의 업무보다 타 팀 및 전사적인 업무 활동에 도움을 주는 업무가 주된 역할인 팀으로 묶인 것은?

① 총무팀, 마케팅팀
② 생산기술팀, 영업팀
③ 홍보/광고팀, 연구개발팀
④ 인사/교육팀, 생산관리팀
⑤ 홍보/광고팀, 총무팀

5 다음은 한국산업인력공단의 중장기 경영전략 체계이다. 이 내용과 일치하지 않는 것은?

미션	우리는 인적자원개발을 통해 함께 잘사는 나라를 만든다.			
비전	K-HRD를 짓는 글로벌 인적자원개발 파트너			
핵심가치	미래	상생	청렴	안전
경영방침	디지털 전환	전문역량	공정 · 배려	일 · 삶 조화
중장기 목표	근로자 직업훈련 연간 250만 명	국가자격 취득 누적 1,200만 명	글로벌 취업인력 연간 60,000명	고객만족도 95점 청렴도 1등급

4대 전략목표	14대 전략과제
산업변화 선도 직업능력개발 체계 구축	• 미래 대응 직업능력개발훈련 강화 • 기업 중심 직업능력 개발훈련 전달체계 혁신 • 근로자 수요맞춤형 능력개발 지원 • 직업능력개발 대국민 인식 제고
미래 대응 직업능력평가 효용성 제고	• 스마트 국가자격서비스 확대로 국민 편의 제고 • 자격체계 개편을 통한 현장성, 통용성 확대 • 국가자격 공정평가체계 강화 • NCS를 활용한 직무능력평가 내실화
글로벌 플랫폼 활용 일자리 지원 강화	• 외국인력 안정적 도입을 통한 중소기업 성장 지원 • 외국인력 안정적 도입을 통한 중소기업 성장 지원 • 국제교류협력을 통한 인적교류 지원 강화
경영혁신 기반 사회적 가치 확대	• ESG 경영을 통한 공공성 제고 • 변화를 선도하는 기관 혁신역량 강화 • 일하는 방식 개선을 통한 고객 만족도 제고

① 전략목표를 달성하기 위한 전략과제를 14개 제시하고 있다.

② 중소기업의 성장을 지원하기 위해 외국 인력을 안정적으로 도입한다.

③ 국가자격 취득 인원은 연간 1,200만 명을 목표로 하고 있다.

④ 중장기 목표를 수치로 구체화하여 제시하고 있다.

⑤ 고객 만족도 목표를 달성하기 위해 일하는 방식을 개선할 것을 제시하고 있다.

6 다음 밑줄 친 ㉠～㉤ 중 문맥상 의미가 나머지 넷과 다른 것은?

> 코페르니쿠스 이론은 그가 죽은 지 거의 1세기가 지나도록 소수의 ㉠ 전향자밖에 얻지 못했다. 뉴턴의 연구는 '프린키피아(principia)'의 출간 이후 반세기가 넘도록, 특히 대륙에서는 일반적으로 ㉡ 수용되지 못했다. 프리스틀리는 산소이론을 전혀 받아들이지 않았고, 켈빈 경 역시 전자기 이론을 ㉢ 인정하지 않았으며, 이 밖에도 그런 예는 계속된다. 다윈은 그의 '종의 기원' 마지막 부분의 유난히 깊은 통찰력이 드러나는 구절에서 이렇게 적었다. "나는 이 책에서 제시된 견해들이 진리임을 확신하지만……. 오랜 세월 동안 나의 견해와 정반대의 관점에서 보아 왔던 다수의 사실들로 머릿속이 꽉 채워진 노련한 자연사 학자들이 이것을 믿어주리 라고는 전혀 ㉣ 기대하지 않는다. 그러나 나는 확신을 갖고 미래를 바라본다. 편견 없이 이 문제의 양면을 모두 볼 수 있는 젊은 신진 자연사 학자들에게 기대를 건다." 그리고 플랑크는 그의 '과학적 자서전'에서 자신의 생애를 돌아보면서, 서글프게 다음과 같이 술회하고 있다. "새로운 과학적 진리는 그 반대자들을 납득시키고 그들을 이해시킴으로써 ㉤ 승리를 거두기보다는, 오히려 그 반대자들이 결국에 가서 죽고 그것에 익숙한 세대가 성장하기 때문에 승리하게 되는 것이다."

① ㉠
② ㉡
③ ㉢
④ ㉣
⑤ ㉤

7 다음의 내용을 근거로 할 때, 단어의 쓰임이 적절하지 않은 것은?

> ○ 동조(同調)「명사」
> 남의 주장에 자기의 의견을 일치시키거나 보조를 맞춤.
> ○ 방조(幇助/幫助)「명사」『법률』
> 형법에서, 남의 범죄 수행에 편의를 주는 모든 행위.
> ○ 협조(協調)「명사」
> 「1」힘을 합하여 서로 조화를 이룸.
> 「2」생각이나 이해가 대립되는 쌍방이 평온하게 상호 간의 문제를 협력하여 해결하려 함.

① 마을 사람들은 이장의 의견에 동조했다.
② 회사 발전을 위해 노사가 서로 방조해야 한다.
③ 고개를 끄덕여 그에게 동조하는 태도를 보였다.
④ 그는 그 사건을 방조한 혐의로 전국에 수배되었다.
⑤ 업무 추진을 위해 관계 부처와 긴밀하게 협조해야 한다.

▌8~10▐ 다음 글을 읽고 물음에 답하시오.

봉수는 횃불과 연기로써 급한 소식을 전하던 전통시대의 통신제도로 높은 산에 올라가 불을 피워 낮에는 연기로, 밤에는 불빛으로 신호하는 방식이었다. 봉수제도는 우역제와 더불어 신식우편과 전기통신이 창시되기 이전의 전근대국가에서는 가장 중요하고 보편적인 통신방법이었는데 역마나 인편보다 시간적으로 단축되었고, 신속한 효용성을 발휘하여 지방의 급변하는 민정상황이나 국경지방의 적의 동태를 상급기관인 중앙의 병조에 쉽게 연락할 수 있었기 때문이다. 보통 봉수제는 국가의 정치 · 군사적인 전보기능을 목적으로 설치되었는데 우리나라에서 군사적인 목적으로 설치된 봉수제가 처음 문헌기록에 나타난 시기는 고려 중기 무렵이다. 이후 조선이 건국되면서 조선의 지배층들은 고려시대 봉수제를 이어받았는데 특히 세종 때에는 종래에 계승되어 온 고려의 봉수제를 바탕으로 하고 중국의 제도를 크게 참고하여 그 면모를 새롭게 하였다. 하지만 이러한 봉수제는 시간이 지날수록 점점 유명무실하게 되었고 결국 임진왜란이 일어나자 이에 대한 대비책으로 파발제가 등장하게 되었다. 봉수는 경비가 덜 들고 신속하게 전달할 수 있는 장점이 있으나 적정을 오직 5거의 방법으로만 전하여, 그 내용을 자세히 전달할 수 없어 군령의 시달이 어렵고 또한 비와 구름 · 안개로 인한 판단곤란과 중도단절 등의 결점이 있었다. 반면에 파발은 경비가 많이 소모되고 봉수보다는 전달속도가 늦은 결점이 있으나 문서로써 전달되기 때문에 보안유지는 물론 적의 병력 수 · 장비 · 이동상황 그리고 아군의 피해상황 등을 상세하게 전달할 수 있는 장점이 있었다.

8 다음 중 옳지 않은 것은?

① 봉수는 전통시대의 통신제도로 높은 산에 올라가 낮에는 연기로, 밤에는 불빛으로 신호를 보냈다.
② 보통 봉수제는 국가의 정치 · 군사적인 전보기능을 목적으로 설치되었는데 우리나라에서는 고려 중기 무렵에 처음으로 문헌기록으로 나타난다.
③ 봉수는 역마나 인편보다 시간적으로 단축되었고, 신속한 효용성을 발휘하여 지방의 급박한 상황을 중앙에 쉽게 연락할 수 있었다.
④ 봉수제도는 조선시대 들어서 그 기틀이 확고히 자리 잡아 임진왜란 당시에는 큰 역할을 하였다.
⑤ 봉수제도는 경비가 덜 들고 신속하게 전달할 수 있다.

9 위 글에서 봉수는 적정을 5거의 방법으로 전한다고 한다. 다음은 조선시대 봉수제도의 5거의 각 단계와 오늘날 정규전에 대비해 발령하는 전투준비태세인 데프콘의 각 단계를 설명한 것이다. 오늘날의 데프콘 4는 봉수의 5거제 중 어디에 가장 가까운가?

> • 봉수제 : 봉수대에서는 거수를 달리하여 정세의 완급을 나타냈는데 평상시에는 1거, 왜적이 해상에 나타나거나 적이 국경에 나타나면 2거, 왜적이 해안에 가까이 오거나 적이 변경에 가까이 오면 3거, 우리 병선과 접전하거나 국경을 침범하면 4거, 왜적이 상륙하거나 국경에 침범한 적과 접전하면 5거씩 올리도록 하였다.
> • 데프콘 : 데프콘은 정보감시태세인 워치콘 상태의 분석 결과에 따라 전군에 내려지는데 데프콘 5는 적의 위협이 없는 안전한 상태일 때, 데프콘 4는 적과 대립하고 있으나 군사개입 가능성이 없는 상태일 때, 데프콘 3은 중대하고 불리한 영향을 초래할 수 있는 긴장상태가 전개되거나 군사개입 가능성이 있을 때, 데프콘 2는 적이 공격 준비태세를 강화하려는 움직임이 있을 때, 데프콘 1은 중요 전략이나 전술적 적대행위 징후가 있고 전쟁이 임박해 전쟁계획 시행을 위한 준비가 요구되는 최고준비태세일 때 발령된다.

① 1거
② 2거
③ 3거
④ 4거
⑤ 5거

10 다음 중 위 글의 '봉수'에 해당하는 한자로 옳은 것은?

① 烽燧
② 逢受
③ 鳳首
④ 封手
⑤ 峯岫

11 중의적 표현에 대한 다음 설명을 참고할 때, 구조적 중의성의 사례가 아닌 것은?

> 중의적 표현(중의성)이란 하나의 표현이 두 가지 이상의 의미로 해석되는 표현을 일컫는다. 그 특징은 해학이나 풍자 등에 활용되며, 의미의 다양성으로 문학 작품의 예술성을 높이는 데 기여한다. 하지만 의미해석의 혼동으로 인해 원활한 의사소통에 방해를 줄 수도 있다.
>
> 이러한 중의성은 어휘적 중의성과 구조적 중의성으로 크게 구분할 수 있다. 어휘적 중의성은 다시 세 가지 부류로 나누는 데 첫째, 다의어에 의한 중의성이다. 다의어는 의미를 복합적으로 가지고 있는데, 기본 의미를 가지고 있는 동시에 파생적 의미도 가지고 있어서 그 어휘의 기본적 의미가 내포되어 있는 상태에서 다른 의미로도 쓸 수 있다. 둘째, 어휘적 중의성으로 동음어에 의한 중의적 표현이 있다. 동음어에 의한 중의적 표현은 순수한 동음어에 의한 중의적 표현과 연음으로 인한 동음이의어 현상이 있다. 셋째, 동사의 상적 속성에 의한 중의성이 있다.
>
> 구조적 중의성은 문장의 구조 특성으로 인해 중의성이 일어나는 것을 말하는데, 이러한 중의성은 수식 관계, 주어의 범위, 서술어와 호응하는 논항의 범위, 수량사의 지배범위, 부정문의 지배범주 등에 의해 일어난다.

① 나이 많은 길동이와 을순이가 결혼을 한다.

② 그 녀석은 나와 아버지를 만났다.

③ 영희는 친구들을 기다리며 장갑을 끼고 있었다.

④ 그녀가 보고 싶은 친구들이 참 많다.

⑤ 그건 오래 전부터 아끼던 그녀의 선물이다.

12 다음은 한국산업인력공단에서 실시하고 있는 국제교류협력 사업의 세부 내용이다. 이를 바르게 이해하지 못한 것은?

[국제교류협력]

■ 인적자원개발(HRD)을 선도하는 국제교류의 허브가 되다!

■ 사업소개

- HRD분야 우수 제도 및 정보 교류를 통한 우리나라 인적자원개발분야 발전 도모
- 국제교류협력을 통한 국가 간 우호 증진 및 공단의 글로벌 브랜드 가치 제고

■ 사업목표

- 국가 및 국제기구와의 교류협력을 통한 인적자원개발 분야 정보교류
- 우리나라의 인적자원개발 분야 발전 경험 및 노하우의 개발도상국 전수

■ 주요사업

- 국가 간 교류협력 : 중국, 베트남, 독일, UAE 등 주요 협력국 인적자원개발 전문기관과의 전문가 파견 및 상호협력
- 국제기구와의 협력 : 국제기구와의 협력을 통한 공동 프로그램 수행 및 국제회의 참가 등을 통하여 인적자원개발 분야 발전 도모
- 국가 간 자격상호인정 : 국가 간 자격상호인정을 통한 자격의 국제적 통용성 확보 및 우수 기술 인력의 해외진출 지원
- 국제HRD위탁사업 : 국제사회의 보편적 가치, 이념에 한국의 기본 정신을 반영하여 우리의 발전 경험을 바탕으로 수원국 수요 맞춤형 인적자원 개발 콘텐츠 지원
- 외국인 초청연수 : 외국의 직업훈련교사 및 관리자, 고용노동교육관련 공무원 등을 한국으로 초청하여 관련분야 이론 실기 전문가들의 강의 및 실습을 통해 해당국에 필요한 한국의 직업훈련분야 전문성 및 노하우 등을 전수

■ 기타 통계

2021년 국제교류협력 인원(기능경기, 기술교류 등) : 992명(21.12.31. 기준)

■ 교류협력사업

한-중 상호교류, 한-베 상호교류, 한-독 상호교류, 한-UAE 상호교류, 한-몽골 상호교류, 한-태국 상호교류

■ 현 수행 국제HRD위탁사업

- KOICA : 한-이라크 직업훈련원 2차 지원 사업, 우즈베키스탄 직업훈련 제도역량 공고화 지원 사업
- 고용노동부 : 개도국 정책자문사업, 개도국 국가기술자격정보시스템 구축사업, 개도국 노동시장 수요기반 직업훈련 역량강화 사업

① 현재 국가 간의 교류협력 사업은 아시아권 국가와 진행하고 있다.

② 외국의 관리자를 초청하여 우리나라의 노하우를 전수하는 프로그램을 운영하고 있다.

③ 2021년 말 기준 기술교류 등 국제교류협력 인원은 약 1,000명이다.

④ 고용노동부는 현재 개발도상국과 관련된 사업을 세 가지 실시하고 있다.

⑤ 인적자원 개발 콘텐츠를 해당 국가의 수요에 맞게 지원하고 있다.

13 다음은 소정연구소에서 제습기 A～E의 습도별 연간소비전력량을 측정한 자료이다. 이에 대한 설명 중 옳은 것끼리 바르게 짝지어진 것은?

〈제습기 A～E의 습도별 연간소비전력량〉

(단위 : kWh)

제습기 \ 습도	40%	50%	60%	70%	80%
A	550	620	680	790	840
B	560	640	740	810	890
C	580	650	730	800	880
D	600	700	810	880	950
E	660	730	800	920	970

㉠ 습도가 70%일 때 연간소비전력량이 가장 적은 제습기는 A이다.
㉡ 각 습도에서 연간소비전력량이 많은 제습기부터 순서대로 나열하면, 습도 60%일 때와 습도 70%일 때의 순서를 동일하다.
㉢ 습도가 40%일 때 제습기 E의 연산소비전력량은 습도가 50%일 때 제습기 B의 연간소비전력량보다 많다.
㉣ 제습기 각각에서 연간소비전력량은 습도가 80%일 때가 40%일 때의 1.5배 이상이다.

① ㉠, ㉡
② ㉠, ㉢
③ ㉡, ㉣
④ ㉠, ㉢, ㉣
⑤ ㉡, ㉢, ㉣

14 다음은 우리나라의 20××년 흥행순위별 영화개봉작 정보와 월별 개봉편수 및 관객수에 대한 자료이다. 이에 대한 설명으로 옳지 않은 것은?

〈20××년 흥행순위별 영화개봉작〉

(단위 : 천 명)

흥행순위	영화명	개봉시기	제작	관객 수
1	신과 함께라면	8월	국내	12,100
2	탐정님	12	국내	8,540
3	베테랑인가	1월	국내	7,817
4	어벤져스팀	7월	국외	7,258
5	범죄시티	10월	국내	6,851
6	공작왕	7월	국내	6,592
7	마녀다	8월	국내	5,636
8	히스토리	1월	국내	5,316
9	미션 불가능	3월	국외	5,138
10	데드푸우	9월	국외	4,945
11	툼레이더스	10월	국외	4,854
12	공조자	11월	국내	4,018
13	택시운전수	12월	국내	4,013
14	1987년도	10월	국내	3,823
15	곰돌이	6월	국외	3,689
16	별들의 전쟁	4월	국외	3,653
17	서서히 퍼지는	4월	국외	3,637
18	빨간 스페로	7월	국외	3,325
19	독화살	9월	국내	3,279
20	목격담	5월	국외	3,050

※ 관객 수는 개봉일로부터 20××년 12월 31일까지 누적한 값이다.

〈20××년 우리나라의 월별 개봉편수 및 관객 수〉

(단위 : 편, 천 명)

월 \ 제작 / 구분	국내		국외	
	개봉편수	관객 수	개봉편수	관객 수
1	35	12,682	105	10,570
2	39	8,900	96	6,282
3	31	4,369	116	9,486
4	29	4,285	80	6,929
5	31	6,470	131	12,210
6	49	4,910	124	10,194
7	50	6,863	96	14,495
8	49	21,382	110	8,504
9	48	5,987	123	6,733
10	35	12,964	91	8,622
11	56	6,427	104	6,729
12	43	18,666	95	5,215
전체	495	113,905	1,271	105,969

※ 관객 수는 당월 상영영화에 대해 월말 집계한 값이다.

① 흥행순위 1 ~ 20위 내의 영화 중 한 편의 영화도 개봉되지 않았던 달에는 국외제작영화 관객 수가 국내제작영화 관객 수보다 적다.

② 10월에 개봉된 영화 중 흥행순위 1 ~ 20위 내에 든 영화는 국내제작영화일 뿐이다.

③ 국외제작영화 개봉편수는 국내제작영화 개봉편수보다 매달 많다.

④ 국외제작영화 관객 수가 가장 많았던 달에 개봉된 영화 중 흥행순위 1 ~ 20위 내에 든 국외제작영화 개봉작은 2편이다.

⑤ 흥행순위가 1위인 영화의 관객 수는 국내제작영화 전체 관객 수의 10% 이상이다.

15 다음 표는 통신사 A, B, C의 스마트폰 소매가격 및 평가점수 자료이다. 이에 대한 〈보기〉의 설명 중 옳은 것만을 모두 고른 것은?

통신사별 스마트폰의 소매가격 및 평가점수

(단위 : 달러, 점)

통신사	스마트폰	소매가격	평가항목					종합품질 점수
			화질	내비게이션	멀티미디어	배터리 수명	통화 성능	
A	a	150	3	3	3	3	1	13
	b	200	2	2	3	1	2	10
	c	200	3	3	3	1	1	11
B	d	180	3	3	3	2	1	12
	e	100	2	3	3	2	1	11
	f	70	2	1	3	2	1	9
C	g	200	3	3	3	2	2	13
	h	50	3	2	3	2	1	11
	i	150	3	2	2	3	2	12

〈보기〉

ㄱ 소매가격이 200달러인 스마트폰 중 '종합품질점수'가 가장 높은 스마트폰은 c이다.

ㄴ 소매가격이 가장 낮은 스마트폰은 '종합품질점수'도 가장 낮다.

ㄷ 통신사 각각에 대해서 해당 통신사 스마트폰의 '통화 성능' 평가점수의 평균을 계산하여 통신사별로 비교하면 C가 가장 높다.

ㄹ 평가항목 각각에 대해서 스마트폰 a ~ i 평가점수의 합을 계산하여 평가항목별로 비교하면 '멀티미디어'가 가장 높다.

① ㄱ
② ㄷ
③ ㄱ, ㄴ
④ ㄴ, ㄹ
⑤ ㄷ, ㄹ

16 다음은 물품 A～E의 가격에 대한 자료이다. 아래 〈조건〉에 부합하는 물품의 가격으로 가장 가능한 것은?

(단위 : 원/개)

물품	가격
A	24,000
B	㉠
C	㉡
D	㉢
E	16,000

〈조건〉

- 갑, 을, 병이 가방에 담긴 물품은 각각 다음과 같다.
  - 갑 : B, C, D
  - 을 : A, C
  - 병 : B, D, E
- 가방에는 해당 물품이 한 개씩만 담겨 있다.
- 가방에 담긴 물품 가격의 합이 높은 사람부터 순서대로 나열하면 갑 > 을 > 병 순이다.
- 병의 가방에 담긴 물품 가격의 합은 44,000원이다.

	㉠	㉡	㉢
①	11,000	23,000	14,000
②	12,000	14,000	16,000
③	12,000	19,000	16,000
④	13,000	19,000	15,000
⑤	13,000	23,000	15,000

17 다음은 1960～1964년 동안 전남지역 곡물 재배면적 및 생산량을 정리한 표이다. 이에 대한 설명으로 옳은 것은?

(단위 : 천 정보, 천 석)

곡물 \ 구분 \ 연도		1960	1961	1962	1963	1964
두류	재배면적	450	283	301	317	339
	생산량	1,940	1,140	1,143	1,215	1,362
맥류	재배면적	1,146	773	829	963	1,034
	생산량	7,347	4,407	4,407	6,339	7,795
미곡	재배면적	1,148	1,100	998	1,118	1,164
	생산량	15,276	14,145	13,057	15,553	18,585
서류	재배면적	59	88	87	101	138
	생산량	821	1,093	1,228	1,436	2,612
잡곡	재배면적	334	224	264	215	208
	생산량	1,136	600	750	633	772
전체	재배면적	3,137	2,468	2,479	2,714	2,883
	생산량	26,520	21,385	20,585	25,176	31,126

① 1961～1964년 동안 재배면적의 전년대비 증감방향은 미곡과 두류가 동일하다.
② 생산량은 매년 두류가 서류보다 많다.
③ 재배면적은 매년 잡곡이 서류의 2배 이상이다.
④ 1964년 재배면적당 생산량이 가장 큰 곡물은 미곡이다.
⑤ 1963년 미곡과 맥류 재배면적의 합은 1963년 곡물 재배면적 전체의 70% 이상이다.

18 다음은 2018년과 2021년 한국, 중국, 일본의 재화 수출액 및 수입액을 정리한 표와 무역수지와 무역특화지수에 대한 용어정리이다. 이에 대한 〈보기〉의 내용 중 옳은 것만 고른 것은?

(단위 : 억 달러)

연도 \ 재화 \ 수출입액 \ 국가		한국		중국		일본	
		수출액	수입액	수출액	수입액	수출액	수입액
2018년	원자재	578	832	741	1,122	905	1,707
	소비재	117	104	796	138	305	847
	자본재	1,028	668	955	991	3,583	1,243
2021년	원자재	2,015	3,232	5,954	9,172	2,089	4,760
	소비재	138	375	4,083	2,119	521	1,362
	자본재	3,444	1,549	12,054	8,209	4,541	2,209

※ 무역수지=수출액−수입액 / 무역수지 값이 양(+)이면 흑자, 음(−)이면 적자이다.

※ 무역특화지수= $\frac{\text{수출액}-\text{수입액}}{\text{수출액}+\text{수입액}}$ / 무역특화지수의 값이 클수록 수출경쟁력이 높다

〈보기〉

㉠ 2021년 한국, 중국, 일본 각각에서 원자재 무역수지는 적자이다.
㉡ 2021년 한국의 원자재, 소비재, 자본재 수출액은 2018년 비해 각각 50% 이상 증가하였다.
㉢ 2021년 자본재 수출경쟁력은 일본이 한국보다 높다.

① ㉠
② ㉡
③ ㉠, ㉡
④ ㉠, ㉢
⑤ ㉡, ㉢

19 다음은 갑국～정국의 성별 평균소득과 대학진학률의 격차지수만으로 계산한 간이 성평등지수에 대한 표이다. 이에 대한 설명으로 옳은 것만 모두 고른 것은?

(단위 : 달러, %)

국가 \ 항목	평균소득			대학진학률			간이 성평등지수
	여성	남성	격차지수	여성	남성	격차지수	
갑	8,000	16,000	0.50	68	48	1.00	0.75
을	36,000	60,000	0.60	( )	80	( )	( )
병	20,000	25,000	0.80	70	84	0.83	0.82
정	3,500	5,000	0.70	11	15	0.73	0.72

※ 격차지수는 남성 항목값 대비 여성 항목값의 비율로 계산하며, 그 값이 1을 넘으면 1로 한다.

※ 간이 성평등지수는 평균소득 격차지수와 대학진학률 격차지수의 산술 평균이다.

※ 격차지수와 간이 성평등지수는 소수점 셋째자리에서 반올림한다.

> ㉠ 갑국의 여성 평균소득과 남성 평균소득이 각각 1,000달러씩 증가하면 갑국의 간이 성평등지수는 0.80 이상이 된다.
> ㉡ 을국의 여성 대학진학률이 85%이면 간이 성평등지수는 을국이 병국보다 높다.
> ㉢ 정국의 여성 대학진학률이 4%p 상승하면 정국의 간이 성평등지수는 0.80 이상이 된다.

① ㉠
② ㉡
③ ㉢
④ ㉠, ㉡
⑤ ㉠, ㉢

20 다음 표와 그림은 2021년 한국 골프 팀 A ~ E의 선수 인원수 및 총 연봉과 각각의 전년대비 증가율을 나타낸 것이다. 이에 대한 설명으로 옳지 않은 것은?

〈2021년 골프 팀 A ~ E의 선수 인원수 및 총 연봉〉

(단위 : 명, 억 원)

골프 팀	선수 인원수	총 연봉
A	5	15
B	10	25
C	8	24
D	6	30
E	6	24

※ 팀 선수 평균 연봉 = $\frac{\text{총 연봉}}{\text{선수 인원수}}$

〈2021년 골프 팀 A ~ E의 선수 인원수 및 총 연봉의 전년대비 증가율〉

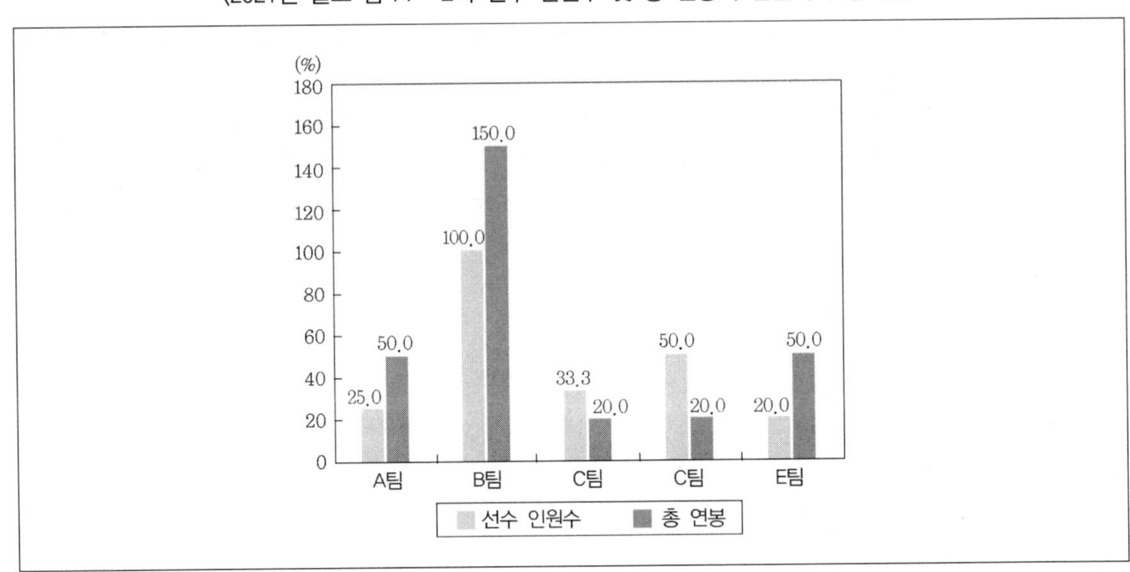

※ 전년대비 증가율은 소수점 둘째자리에서 반올림한 값이다.

① 2021년 팀 선수 평균 연봉은 D팀이 가장 많다.

② 2021년 전년대비 증가한 선수 인원수는 C팀과 D팀이 동일하다.

③ 2021년 A팀의 팀 선수 평균 연봉은 전년대비 증가하였다.

④ 2021년 선수 인원수가 전년대비 가장 많이 증가한 팀은 총 연봉도 가장 많이 증가하였다.

⑤ 2020년 총 연봉은 A팀이 E팀보다 많다.

21 다음 〈조건〉에 따를 때 바나나우유를 구매한 사람을 바르게 짝지은 것은?

〈조건〉

- 남은 우유는 10개이며, 흰우유, 초코우유, 바나나우유, 딸기우유, 커피우유 각각 두 개씩 남아 있다.
- 독미, 민희, 영진, 호섭 네 사람이 남은 열 개의 우유를 모두 구매하였으며, 이들이 구매한 우유의 수는 모두 다르다.
- 우유를 전혀 구매하지 않은 사람은 없으며, 같은 종류의 우유를 두 개 구매한 사람도 없다.
- 독미와 영진이가 구매한 우유 중에 같은 종류가 하나 있다.
- 영진이와 민희가 구매한 우유 중에 같은 종류가 하나 있다.
- 독미와 민희가 동시에 구매한 우유의 종류는 두 가지이다.
- 독미는 딸기우유와 바나나우유는 구매하지 않았다.
- 영진이는 흰우유와 커피우유는 구매하지 않았다.
- 호섭이는 딸기우유를 구매했다.
- 민희는 총 네 종류의 우유를 구매했다.

① 민희, 호섭

② 독미, 영진

③ 민희, 영진

④ 영진, 호섭

⑤ 독미, 민희

22 갑, 을, 병, 정, 무 다섯 명이 자유형, 배영, 접영, 평영을 한 번씩 사용하여 400m를 수영하려 한다. 레인은 1번부터 5번 레인을 사용하며 100m마다 다른 수영 방식을 사용한다. 단, 각 레인마다 1명씩 배정이 되며, 이웃한 레인에 있는 사람들은 같은 구간에서 동일한 수영 방식을 사용할 수 없다. 다음 중 4번 레인을 사용하는 사람의 구간별 수영 방식을 순서대로 바르게 나열한 것은?

- 2번과 4번 레인을 사용하는 사람들은 첫 번째 구간에서 같은 수영 방식을 사용하되, 자유형은 사용할 수 없다.
- 을, 정은 네 번째 구간에서만 같은 수영 방식을 사용한다.
- 갑은 3번 레인을 사용하고 두 번째 구간에서 자유형을 한다.
- 을은 네 번째 구간에서 배영을 하고, 세 번째 구간에서는 갑과 같은 수영방식을 사용한다.
- 무는 5번 레인을 사용하고, 첫 번째 구간에서는 평영, 네 번째 구간에서는 자유형을 한다.

① 접영 – 평영 – 배영 – 자유형
② 배영 – 접영 – 평영 – 자유형
③ 배영 – 평영 – 자유형 – 접영
④ 접영 – 평영 – 자유형 – 배영
⑤ 접영 – 배영 – 자유형 – 평영

23 서원이는 2022년 1월 전액 현금으로만 다음 표와 같이 지출하였다. 만약 서원이가 2022년 1월에 A～C 신용카드 중 하나만을 발급받아 할인 전 금액이 표와 동일하도록 그 카드로만 지출하였다면 신용카드별 할인혜택에 근거한 할인 후 예상청구액이 가장 적은 카드부터 순서대로 바르게 나열한 것은?

〈표〉 2022년 1월 지출내역

(단위 : 만 원)

<table>
<tr><th>분류</th><th colspan="2">세부항목</th><th>금액</th><th>합계</th></tr>
<tr><td rowspan="3">교통비</td><td colspan="2">버스 · 지하철 요금</td><td>8</td><td rowspan="3">20</td></tr>
<tr><td colspan="2">택시 요금</td><td>2</td></tr>
<tr><td colspan="2">KTX 요금</td><td>10</td></tr>
<tr><td rowspan="5">식비</td><td rowspan="2">외식비</td><td>평일</td><td>10</td><td rowspan="5">30</td></tr>
<tr><td>주말</td><td>5</td></tr>
<tr><td colspan="2">카페 지출액</td><td>5</td></tr>
<tr><td rowspan="2">식료품 구입비</td><td>대형마트</td><td>5</td></tr>
<tr><td>재래시장</td><td>5</td></tr>
<tr><td rowspan="2">의류구입비</td><td colspan="2">온라인</td><td>15</td><td rowspan="2">30</td></tr>
<tr><td colspan="2">오프라인</td><td>15</td></tr>
<tr><td rowspan="3">여가 및
자기계발비</td><td colspan="2">영화관람료(1만원/회×2회)</td><td>2</td><td rowspan="3">30</td></tr>
<tr><td colspan="2">도서구입비(2만원/권×1권, 1만5천원/권×2권, 1만원/권×3권)</td><td>8</td></tr>
<tr><td colspan="2">학원 수강료</td><td>20</td></tr>
</table>

〈신용카드별 할인혜택〉

○ A 신용카드
- 버스, 지하철, KTX 요금 20% 할인(단, 할인액의 한도는 월 2만원)
- 외식비 주말 결제액 5% 할인
- 학원 수강료 15% 할인
- 최대 총 할인한도액은 없음
- 연회비 1만 5천 원이 발급 시 부과되어 합산됨

○ B 신용카드
- 버스, 지하철, KTX 요금 10% 할인(단, 할인액의 한도는 월 1만원)
- 온라인 의류구입비 10% 할인
- 도서구입비 권당 3천 원 할인(단, 권당 가격이 1만 2천 원 이상인 경우에만 적용)
- 최대 총 할인한도액은 월 3만 원
- 연회비 없음

○ C 신용카드
- 버스, 지하철, 택시 요금 10% 할인(단, 할인액의 한도는 월 1만 원)
- 카페 지출액 10% 할인
- 재래시장 식료품 구입비 10% 할인
- 영화관람료 회당 2천원 할인(월 최대 2회)
- 최대 총 할인한도액은 월 4만 원
- 연회비 없음

※ 할부나 부분청구는 없으며, A～C 신용카드는 매달 1일부터 말일까지의 사용분에 대하여 익월 청구됨

① A－B－C
② A－C－B
③ B－A－C
④ B－C－A
⑤ C－A－B

24 다음 글의 내용이 참이라고 할 때 〈보기〉의 문장 중 반드시 참인 것만을 바르게 나열한 것은?

> 우리는 사람의 인상에 대해서 "선하게 생겼다." 또는 "독하게 생겼다."라는 판단을 할 뿐만 아니라 사람의 인상을 중요시한다. 오래 전부터 사람의 얼굴을 보고 그 사람의 길흉을 판단하는 관상의 원리가 있었다. 관상의 원리를 어떻게 받아들여야 할까?
>
> 관상의 원리가 받아들일 만하다면, 얼굴이 검붉은 사람은 육체적 고생을 하기 마련이다. 그런데 우리는 주위에서 얼굴이 검붉지만 육체적 고생을 하지 않고 편하게 살아가는 사람을 얼마든지 볼 수 있다. 관상의 원리가 받아들일 만하다면, 우리가 사람의 얼굴에 대해서 갖는 인상이란 한갓 선입견에 불과한 것이 아니다. 사람의 인상이 평생에 걸쳐 고정되어 있다고 할 수 있는 경우에만 관상의 원리는 받아들일 만하다. 또한 관상의 원리가 받아들일 만하지 않다면, 관상의 원리에 대한 과학적 근거를 찾으려는 노력은 헛된 것이다. 실제로 많은 사람들이 관상의 원리가 과학적 근거를 가질 것이라고 기대한다. 그런데 우리는 자주 관상가의 판단이 받아들일 만하다고 느끼고, 그런 느낌 때문에 관상의 원리가 과학적 근거를 가질 것이라고 기대하는 것이다. 관상의 원리가 실제로 과학적 근거를 갖는지의 여부는 논외로 하더라도, 관상의 원리에 대하여 과학적 근거가 있을 것이라고 기대하는 사람은 관상의 원리에 의존하는 것이 우리의 삶에 위안을 주는 필요조건 중의 하나라고 믿는다.

〈보기〉

ㄱ 관상의 원리는 받아들일 만한 것이 아니다.
ㄴ 우리가 사람의 얼굴에 대해서 갖는 인상이란 선입견에 불과하다.
ㄷ 사람의 인상은 평생에 걸쳐 고정되어 있다고 할 수 있다.
ㄹ 관상의 원리에 대한 과학적 근거를 찾으려는 노력은 헛된 것이다.
ㅁ 관상의 원리가 과학적 근거를 갖는다고 기대하는 사람들은 우리가 관상의 원리에 의존하면 삶의 위안을 얻을 것이라고 믿는다.

① ㄱ, ㄹ
② ㄴ, ㅁ
③ ㄹ, ㅁ
④ ㄱ, ㄴ, ㄹ
⑤ ㄴ, ㄷ, ㅁ

25 다음 글에서 추론할 수 있는 내용만을 바르게 나열한 것은?

> 빌케와 블랙은 얼음이 녹는점에 있다 해도 이를 완전히 물로 녹이려면 상당히 많은 열이 필요함을 발견하였다. 당시 널리 퍼진 속설은 얼음이 녹는점에 이르면 즉시 녹는다는 것이었다. 빌케는 쌓여있는 눈에 뜨거운 물을 끼얹어 녹이는 과정에서 이 속설에 오류가 있음을 알게 되었다. 눈이 녹는점에 있음에도 불구하고 많은 양의 뜨거운 물은 눈을 조금밖에 녹이지 못했기 때문이다.
>
> 블랙은 1757년에 이 속설의 오류를 설명할 수 있는 실험을 수행하였다. 블랙은 따뜻한 방에 두 개의 플라스크 A와 B를 두었는데, A에는 얼음이, B에는 물이 담겨 있었다. 얼음과 물은 양이 같고 모두 같은 온도, 즉 얼음의 녹는점에 있었다. 시간이 지남에 따라 B에 있는 물의 온도는 계속해서 올라갔다. 하지만 A에서는 얼음이 녹으면서 생긴 물과 녹고 있는 얼음의 온도가 녹는점에서 일정하게 유지되었는데 이 상태는 얼음이 완전히 녹을 때까지 지속되었다. 얼음을 녹이는 데 필요한 열량은 같은 양의 물의 온도를 녹는점에서 화씨 140도까지 올릴 수 있는 정도의 열량과 같았다. 블랙은 이 열이 실제로 온도계에 변화를 주지 않기 때문에 이를 '잠열(潛熱)'이라 불렀다.

> ㉠ A의 온도계로는 잠열을 직접 측정할 수 없었다.
> ㉡ 얼음이 녹는점에 이르러도 완전히 녹지 않는 것은 잠열 때문이다.
> ㉢ A의 얼음이 완전히 물로 바뀔 때까지, A의 얼음물 온도는 일정하게 유지된다.

① ㉠
② ㉡
③ ㉠, ㉢
④ ㉡, ㉢
⑤ ㉠, ㉡, ㉢

26 과장 S는 휴가를 맞아 제주도로 여행을 떠나려고 한다. 가족 여행이라 짐이 많을 것을 예상한 S는 제주도로 운항하는 5개의 항공사별 수하물 규정을 다음과 같이 검토하였다. 다음 규정을 참고할 때, S가 판단한 것으로 올바르지 않은 것은 어느 것인가?

항공사	화물용	기내 반입용
甲 항공사	A + B + C = 158cm 이하 각 23kg, 2개	A + B + C=115cm 이하 10kg ~ 12kg, 2개
乙 항공사		A + B + C = 115cm 이하 10kg ~ 12kg, 1개
丙 항공사	A + B + C = 158cm 이하 20kg, 1개	A + B + C = 115cm 이하 7kg ~ 12kg, 2개
丁 항공사	A + B + C = 158cm 이하 각 20kg, 2개	A + B + C = 115cm 이하 14kg 이하, 1개
戊 항공사		A + B + C = 120cm 이하 14kg ~ 16kg, 1개

※ A, B, C는 가방의 가로, 세로, 높이의 길이를 의미

① 기내 반입용 가방이 최소한 2개는 되어야 하니 일단 甲, 丙 항공사밖에 안 되겠군.
② 가방 세 개 중 A + B + C의 합이 2개는 155cm, 1개는 118cm이니 戊항공사 예약상황을 알아봐야지.
③ 무게로만 따지면 丙 항공사보다 乙 항공사를 이용하면 더 많은 짐을 가져갈 수 있겠군.
④ 가방의 총 무게가 55kg을 넘어갈 테니 반드시 甲 항공사를 이용해야겠네.
⑤ A + B + C의 합이 115cm인 13kg 가방 2개를 기내에 가지고 탈 수 있는 방법은 없겠군.

27 다음은 甲이 작성한 A, B, C, D 네 개 핸드폰의 제품별 사양과 사양에 대한 점수표이다. 다음 표를 본 乙이 〈보기〉와 같은 상황에서 선택하기에 가장 적절한 제품과 가장 적절하지 않은 제품은 각각 어느 것인가?

〈제품별 사양〉

구분	A	B	C	D
크기	153.2×76.1×7.6	154.4×76×7.8	154.4×75.8×6.9	139.2×68.5×8.9
무게	171g	181g	165g	150g
RAM	4GB	3GB	4GB	3GB
저장공간	64GB	64GB	32GB	32GB
카메라	16Mp	16Mp	8Mp	16Mp
배터리	3,000mAh	3,000mAh	3,000mAh	3,000mAh
가격	653,000원	616,000원	599,000원	549,000원

〈사양별 점수표〉

무게	160g 이하	161 ~ 180g	181 ~ 200g	200g 초과
	20점	18점	16점	14점
RAM	3GB		4GB	
	15점		20점	
저장 공간	32GB		64GB	
	18점		20점	
카메라	8Mp		16Mp	
	8점		20점	
가격	550,000원 미만	550,000 ~ 600,000원 미만	600,000 ~ 650,000원 미만	650,000원 이상
	20점	18점	16점	14점

"나도 이번에 핸드폰을 바꾸려 하는데, 내가 가장 중요하게 생각하는 조건은 저장 공간이야. 그 다음으로는 무게가 가벼웠으면 좋겠고, 카메라 기능이 좋은 걸 원하지. 다른 기능은 전혀 고려하지 않지만, 저장 공간, 무게, 카메라 기능에 각각 가중치를 30%, 20%, 10% 추가 부여하는 정도라고 볼 수 있어."

① A제품과 D제품
② B제품과 C제품
③ A제품과 C제품
④ B제품과 D제품
⑤ A제품과 B제품

28 다음의 내용을 정리하여 제목을 정하려고 할 때 가장 적절한 것은?

도로에서 발생하는 소음을 줄이는 가장 일반적인 방법은 방음벽을 설치하는 것이다. 그런데 일반적으로 소리는 장애물의 가장자리를 지날 때 회절*되기 때문에 기존의 방음벽만으로는 소음을 완벽하게 차단할 수 없다. 따라서 방음벽 상단의 끝 부분에서 회절되는 소음까지 흡수 또는 감소시키기 위해서는 방음벽 상단에 별도의 소음저감장치를 설치해야 한다. 현재 대표적인 소음저감장치로 흡음형과 간섭형이 있다. 흡음형은 방음벽 상단에 흡음재를 설치하여 소음을 감소시키는 방법이다. 보통 흡음재에 사용되는 섬유질 재료에는 스펀지의 내부와 같이 섬유소 사이에 미세한 공간들이 존재하는데 이는 소음과 섬유소의 접촉면을 늘리기 위한 것이다. 흡음재 내부로 유입된 소음은 미세한 공간을 지나가면서 주변의 섬유소와 접촉하게 되는데, 이때 소음이 지닌 진동에너지로 인해 섬유소가 진동하게 된다. 즉 소음의 진동에너지가 섬유소의 진동에너지로 전환되면서 소음이 흡음재로 흡수되는 것이다.

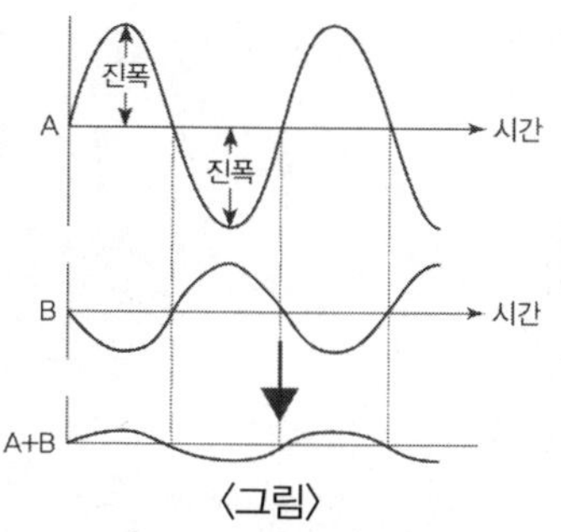

〈그림〉

한편 간섭형은 소리가 지닌 파동의 간섭 현상을 이용하여 회절음의 크기를 감소시키는 방법이다. 모든 소리는 각각 고유한 파동을 지니고 있는데 두 개의 소리가 중첩되는 것을 파동의 간섭 현상이라고 한다. 간섭 현상이 일어나 진폭이 커질 경우 소리의 세기도 커지고, 진폭이 작아질 경우 소리의 세기도 작아진다. 〈그림〉에서 A를 어떤 소리의 파동이라고 할 때 B는 A보다 진폭은 작고 위상이 반대인 소리의 파동이다. 만약 어느 지점에서 파동의 위상이 반대인 두 소리가 중첩되면 〈그림〉의 A+B와 같이 진폭이 작아지면서 소리의 세기가 작아지는데 이를 상쇄 간섭이라고 한다. 반면 파동의 위상이 서로 같은 두 소리가 중첩되어 소리의 세기가 커지는 것을 보강 간섭이라고 한다. 간섭형 소음저감장치를 설치하기 위해서는 방음벽 상단에서 발생하는 회절음의 파동을 미리 파악해야 한다. 이후 방음벽 상단에 간섭 통로를 설치하는데 이는 회절음의 일부분이 간섭 통로를 거친 후, 이를 거치지 않은 또 다른 회절음과 시간차를 두고 다시 만나게 하기 위해서이다. 그리고 간섭 통로의 길이는, 미리 파악한 회절음의 파동과 간섭 통로를 거친 회절음의 파동이 간섭 통로가 끝나는 특정 지점에서 정반대되는 위상으로 중첩되게 조절한다. 따라서 이와 같은 소음저감장치는 회절음과 간섭 통로를 거친 소리의 상쇄 간섭 현상을 활용하여 소음의 크기를 감소시키는 방법이라고 할 수 있다. 실제로 방음벽에 설치하는 소음저감장치 중에는 회절음의 감소 효과를 높이기 위해 흡음형과 간섭형을 혼합한 소음저감장치도 있다.

① 소음저감의 원리

② 파동 발생 원리

③ 방음벽의 내부 구조

④ 소음저감장치의 발전 과정

⑤ 방음벽의 효과를 높이는 소음저감장치

29 다음 중 직장에서의 소개 예절로 옳지 않은 것은?

① 나이 어린 사람을 연장자에게 소개한다.
② 신참자를 고참자에게 소개한다.
③ 반드시 성과 이름을 함께 말한다.
④ 빠르게 그리고 명확하게 말한다.
⑤ 상대방이 항상 사용하는 경우라면, Dr. 또는 Ph.D. 등의 칭호를 함께 언급한다.

30 다음 중 악수 예절로 적절한 것은?

① 악수를 하는 동안에 상대의 눈을 쳐다보지 않는다.
② 악수를 할 때는 왼손을 사용한다.
③ 악수는 인사 몇 마디를 주고받는 정도의 시간 안에 끝내야 한다.
④ 악수는 상대보다 더 힘 있게 해야 한다.
⑤ 악수는 되도록 길게 해야 한다.

31 다음 중 직장에서의 전화걸기 예절로 옳지 않은 것은?

① 전화를 건 이유를 숙지하고 이와 관련하여 대화를 나눌 수 있도록 준비한다.
② 전화는 정상적인 업무가 이루어지고 있는 근무 시간이 종료된 뒤에 걸도록 한다.
③ 정보를 얻기 위해 전화를 하는 경우라면 얻고자 하는 내용을 미리 메모하도록 한다.
④ 전화를 해달라는 메시지를 받았다면 가능한 한 48시간 안에 답해주도록 한다.
⑤ 전화는 직접 걸도록 한다.

32 어느 날 예상치 못하게 야간 근무를 위한 교대 준비를 하던 차에 연철이가 근무하는 경비 부서에 그룹 회장인 김정은과 수행비서인 김여정이 근무시찰을 나오게 되었다. 특히 김정은은 열심히 근무하는 연철이의 모습을 보고 크게 기뻐하며 악수를 청하게 되었는데, 다음 중 김정은과 연철이가 악수를 하는 상황에서 가장 잘못 묘사된 사항을 고르면?

① 악수 시에는 기본적으로 남녀 모두 장갑을 벗는 것이 원칙이다.
② 악수 시에는 허리를 세우고 대등하게 악수해야 한다.
③ 손을 쥐고 흔들 시에는 윗사람이 흔드는 대로 따라서 흔들면 된다.
④ 반드시 왼손으로 악수를 해야 한다.
⑤ 악수할 시에는 상대의 눈을 보아야 한다.

33 다음은 공단의 서울지역 각 지사로 배치된 신입사원 5명의 인적사항과 지사별 추가 인원 요청 사항이다. 인력관리의 원칙 중 하나인 적재적소의 원리에 의거하여 신입사원들을 배치할 경우 가장 적절한 것은?

〈신입사원 인적사항〉

성명	성별	전공	자질/자격	기타
甲	남	스페인어	바리스타 자격 보유	서비스업 관련 아르바이트 경험 다수
乙	남	경영	모의경영대회 입상	폭넓은 대인관계
丙	여	컴퓨터공학	컴퓨터 활용능력 2급 자격증 보유	논리적 · 수학적 사고력 우수함
丁	남	회계	–	미국 5년 거주, 세무사 사무실 아르바이트 경험
戊	여	광고학	과학잡지사 우수편집인상 수상	강한 호기심, 융통성 있는 사고

〈지사별 인원 요청 사항〉

지사명	필요인원	필요자질
서부지사	2명	영어 능통자 1명, 외부인과의 접촉 등 대인관계 원만한 자 1명
남부지사	1명	인사 행정 등 논리 활용 프로그램 사용 적합자
강남지사	2명	홍보 관련 업무 적합자, 외향적 성격 소유자 등 2명

	서부지사	남부지사	강남지사
①	甲, 丁	丙	乙, 戊
②	乙, 丙	丁	甲, 戊
③	乙, 丁	丙	甲, 戊
④	丙, 戊	甲	乙, 丁
⑤	甲, 丙	乙	丁, 戊

34 다음은 공단의 품목별 4~5월 창고 재고현황을 나타낸 표이다. 다음 중 재고현황에 대한 바른 설명이 아닌 것은?

(단위 : 장, 천 원)

Brand	재고	품목	SS			FW		
			수량	평균 단가	금액	수량	평균 단가	금액
Sky peak	4월 재고	Apparel	1,350	33	44,550	850	39.5	33,575
		Footwear	650	25	16,250	420	28	11,760
		Equipment	1,800	14.5	26,100	330	27.3	9,009
		소계	3,800		86,900	1,600		54,344
	5월 입고	Apparel	290	32	9,280	380	39.5	15,010
		Footwear	110	22	2,420	195	28	5,460
		Equipment	95	16.5	1,567.5	210	27.3	5,733
		소계	495		13,267.5	785		26,203
		Apparel	1,640	32.8	53,792	1,230	79	97,170
		Footwear	760	24.5	18,620	615	56	34,440
		Equipment	1,895	14.7	27,856.5	540	54.6	29,484
		총계	4,295		100,268.5	2,385		161,094

① 5월에는 모든 품목의 FW 수량이 SS 수량보다 더 많이 입고되었다.
② 6월 초 창고에는 SS 품목의 수량과 재고 금액이 FW보다 더 많다.
③ 품목별 평균 단가가 높은 순서는 SS와 FW가 동일하다.
④ 입고 수량의 많고 적음이 재고 수량의 많고 적음에 따라 결정된 것은 아니다.
⑤ 전 품목의 FW 평균 단가는 SS 평균 단가보다 더 높다.

35 다음은 N사 판매관리비의 2분기 집행 내역과 3분기 배정 내역이다. 자료를 참고하여 판매관리비 집행과 배정 내역을 바르게 파악하지 못한 것은?

〈판매관리비 집행 및 배정 내역〉

(단위 : 원)

항목	2분기	3분기
판매비와 관리비	236,820,000	226,370,000
직원급여	200,850,000	195,000,000
상여금	6,700,000	5,700,000
보험료	1,850,000	1,850,000
세금과 공과금	1,500,000	1,350,000
수도광열비	750,000	800,000
잡비	1,000,000	1,250,000
사무용품비	230,000	180,000
출장여비 및 교통비	7,650,000	5,350,000
퇴직급여충당금	15,300,000	13,500,000
통신비	460,000	620,000
광고선전비	530,000	770,000

① 직접비와 간접비를 합산한 3분기의 예산 배정액은 전 분기보다 10% 이내로 감소하였다.
② 간접비는 전 분기의 5%에 조금 못 미치는 금액이 증가하였다.
③ 2분기와 3분기 모두 간접비에서 가장 큰 비중을 차지하는 항목은 보험료이다.
④ 3분기에는 직접비와 간접비가 모두 2분기 집행 내역보다 더 많이 배정되었다.
⑤ 3분기의 직접비 배정액 감소에는 인건비 감소가 가장 큰 영향을 주었다.

36 '국외부문 통화와 국제수지'에 대한 다음 설명을 참고할 때, 〈보기〉와 같은 네 개의 대외거래가 발생하였을 경우에 대한 설명으로 바른 것은?

> 모든 대외거래를 복식부기의 원리에 따라 체계적으로 기록한 국제수지표상의 경상수지 및 자본수지는 거래의 형태에 따라 직·간접적으로 국외부문 통화에 영향을 미치게 된다. 수출입 등의 경상적인 무역수지 및 서비스 수지 등의 거래는 외국환은행과의 외화 교환과정에서 국외부문 통화에 영향을 미치게 된다. 경상 및 자본수지상의 민간, 정부의 수지가 흑자일 경우에는 민간 및 정부부문의 외화 총수입액이 총지급액을 초과한다는 것을 의미하므로 민간 및 정부부문은 이 초과 수입분을 외국환은행에 원화를 대가로 매각한다. 이 과정에서 외국환은행은 외화자산을 늘리면서 이에 상응한 원화를 공급한다. 즉 외국환은행은 국외순자산을 늘리고 이에 상응한 원화를 비은행 부문으로 공급하게 된다. 반대로 적자일 경우 외국환은행은 외화자산을 줄이면서 원화를 환수하게 된다.

〈보기〉

- 상품 A를 100달러에 수출
- 상품 B를 50달러에 수입
- C 기업이 외화단기차입금 20달러를 상환
- D 외국환은행이 뱅크론으로 50달러를 도입

① 경상수지는 120달러 흑자, 자본수지가 100달러 흑자로 나타나 총 대외수지는 220달러 흑자가 된다.
② 경상수지는 50달러 흑자, 자본수지가 70달러 적자로 나타나 총 대외수지는 20달러 적자가 된다.
③ 경상수지는 70달러 흑자, 자본수지가 150달러 적자로 나타나 총 대외수지는 80달러 적자가 된다.
④ 경상수지는 50달러 흑자, 자본수지가 30달러 흑자로 나타나 총 대외수지는 80달러 흑자가 된다.
⑤ 경상수지는 50달러 적자, 자본수지가 30달러 흑자로 나타나 총 대외수지는 20달러 적자가 된다.

37 다음 패스워드 생성규칙에 대한 글을 참고할 때, 권장규칙에 따른 가장 적절한 패스워드로 볼 수 있는 것은?

> 패스워드를 설정할 때에는 한국인터넷진흥원의 『암호이용안내서』의 패스워드 생성규칙을 적용하는 것이 안전하다. 또한 패스워드 재설정/변경 시 안전하게 변경할 수 있는 규칙을 정의해서 적용해야 한다. 다음은 『암호이용안내서』의 패스워드 생성규칙에서 규정하고 있는 안전하지 않은 패스워드에 대한 사례이다.
>
> • 패턴이 존재하는 패스워드
> – 동일한 문자의 반복
> ex) aaabbb, 123123
> – 키보드 상에서 연속한 위치에 존재하는 문자들의 집합
> ex) qwerty, asdfgh
> – 숫자가 제일 앞이나 제일 뒤에 오는 구성의 패스워드
> ex) security1, may12
> • 숫자와 영단어를 서로 교차하여 구성한 형태의 패스워드
> • 영문자 'O'를 숫자 '0'으로, 영문자 'i'를 숫자 '1'로 치환하는 등의 패스워드
> • 특정 인물의 이름을 포함한 패스워드
> – 사용자 또는 사용자 이외의 특정 인물, 유명인, 연예인 등의 이름을 포함하는 패스워드
> • 한글발음을 영문으로, 영문단어의 발음을 한글로 변형한 형태의 패스워드
> – 한글의 '사랑'을 영어 'SaRang'으로 표기, 영문자 'LOVE'의 발음을 한글 '러브'로 표기

① {CVBN35!}
② jaop&*012
③ s5c6h7o8o910
④ B00K사랑
⑤ apl52@새95!?

38 사무실 2개를 임대하여 사용하던 M씨가 2개의 사무실을 모두 이전하고자 한다. 다음과 같은 조건을 참고할 때, M씨가 주인과 주고받아야 할 금액에 대한 설명으로 옳은 것은? (소수점 이하는 반올림하여 원 단위로 계산함)

> • 큰 사무실 임대료 : 54만 원
> • 작은 사무실 임대료 : 35만 원
> • 오늘까지의 이번 달 사무실 사용일 : 10일
> ☞ 임대료는 부가세(별도)와 함께 입주 전 선불 계산한다.
> ☞ 임대료는 월 단위이며 항상 30일로 계산한다.(단, 임대기간을 채우지 않고 나갈 경우, 사용하지 않은 기간만큼 일할 계산하여 환급한다)
> ☞ 보증금은 부가세 포함하지 않은 1개월 치 임대료이다.

① 주고받을 금액이 정확히 상계 처리된다.
② 사무실 주인으로부터 979,000원을 돌려받는다.
③ 사무실 주인에게 326,333원을 지불한다.
④ 사무실 주인에게 652,667원을 지불한다.
⑤ 사무실 주인으로부터 1,542,667원을 돌려받는다.

39 다음은 신입사원 이○○이 작성한 '최근 국내외 여러 상품의 가격 변화 조사 보고서'의 일부이다. 보고서에서 (가)~(다)에 들어갈 말이 바르게 짝지어진 것은?

〈최근 국내외 여러 상품의 가격 변화 조사 보고서〉

작성자 : 이○○

※ 고려 사항

- 옥수수와 밀의 경작지 면적은 한정되어 있다.
- 옥수수는 바이오 에탄올 생산에 사용된다.
- 밀가루는 라면의 주원료이다.
- 바이오 에탄올은 원유의 대체 에너지로 사용된다.

※ 상품 가격의 변화

국제 유가의 빠른 상승 → 국제 옥수수 가격의 (가) → 국제 밀 가격의 (나) → 국제 라면 가격의 (다)

	(가)	(나)	(다)
①	상승	상승	상승
②	상승	상승	하락
③	하락	상승	하락
④	하락	하락	상승
⑤	불변	하락	불변

40 다음은 산업안전관리법에 따른 안전관리자 선임 기준을 나타낸 자료이다. 다음 기준에 근거하여 안전관리자 선임 조치가 법을 위반하지 않은 경우를 〈보기〉에서 모두 고르면? (단, 언급된 모든 공사는 상시 근로자 600명 미만의 건설업이라고 가정한다)

안전관리자(산업안전관리법 제15조)

가. 정의

– 사업장내 산업안전에 관한 기술적인 사항에 대하여 사업주와 관리책임자를 보좌하고 관리감독자에게 지도 · 조언을 하는 자.

나. 안전관리자 선임 대상

– 공사금액 120억 원(토목공사 150억 원) 이상인 건설현장

다. 안전관리자 자격 및 선임 방법

1) 안전관리자의 자격(다음 중 어느 하나에 해당하는 자격 취득 자)

① 법 제52조의2 제1항의 규정에 의한 산업안전지도사

② 국가기술자격법에 의한 산업안전산업기사 이상의 자격 취득 자

③ 국가기술자격법에 의한 건설안전산업기사 이상의 자격 취득 자

④ 고등교육법에 의한 전문대학 이상의 학교에서 산업안전 관련학과를 전공하고 졸업한 자

⑤ 건설현장에서 안전보건관리책임자로 10년 이상 재직한 자 등

2) 안전관리자 선임 방법

① 공사금액 120억 원(토목공사 150억 원) 이상 800억 원 미만 : 안전관리자 유자격자 1명 전담 선임

② 공사금액 800억 원 이상 : 2명(800억 원을 기준으로 700억 원이 증가할 때마다 1명씩 추가)

[총 공사금액 800억 원 이상일 경우 안전관리자 선임방법]

1. 전체 공사기간을 100으로 하여 공사 시작에서 15에 해당하는 기간
   → 건설안전기사, 건설안전산업기사, 건설업 안전관리자 경험자 중 건설업 안전관리자 경력이 3년 이상인 사람 1명 포함 선임
2. 전체 공사기간을 100으로 하여 공사 시작 15에서 공사 종료 전의 15까지에 해당하는 기간
   → 공사금액 800억 원을 기준으로 700억 원이 증가할 때마다 1명씩 추가
3. 전체 공사기간을 100으로 하여 공사 종료 전의 15에 해당하는 기간
   → 건설안전기사, 건설안전산업기사, 건설업 안전관리자 경험자 중 건설업 안전관리자 경력이 3년 이상인 사람 1명 포함 선임

※ 공사기간 5년 이상의 장기계속공사로서 공사금액이 800억 원 이상인 경우에도 상시 근로자 수가 600명 미만일 때 회계연도를 기준으로 그 회계연도의 공사금액이 전체 공사금액의 5퍼센트 미만인 기간에는 전체 공사금액에 따라 선임하여야 할 안전관리자 수에서 1명을 줄여 선임 가능(건설안전기사, 건설안전산업기사, 건설업 안전관리자 자격자 중 건설업 안전관리자 경력이 3년 이상인 사람 1명 포함)

※ 유해 · 위험방지계획서 제출대상으로서 선임하여야 할 안전관리자의 수가 3명 이상인 사업장의 경우 건설안전기술사(건설안전기사 또는 산업안전기사의 자격을 취득한 사람으로서 10년 이상 건설안전 업무를 수행한 사람이거나 건설안전산업기사 또는 산업안전산업기사의 자격을 취득한 사람으로서 13년 이상 건설안전 업무를 수행한 사람을 포함) 자격을 취득한 사람 1명 포함

〈보기〉

(가) A공사는 토목공사 130억 원 규모이며 별도의 안전관리자를 선임하지 않았다.

(나) B공사는 일반공사 150억 원 규모이며 자격증이 없는 산업안전 관련학과 전공자를 1명 선임하였다.

(다) C공사는 1,500억 원 규모이며 공사 기간 내내 산업안전산업기사 자격증 취득 자 1명, 건설현장에서 안전보건관리책임자 12년 경력자 1명, 2년 전 건설안전산업기사 자격증 취득 자 1명 등 3명을 안전관리자로 선임하였다.

(라) D공사는 6년에 걸친 1,600억 원 규모의 장기계속공사이며 1년 차에 100억 원 규모의 공사가 진행될 예정이므로 산업안전지도사 자격증 취득자와 산업안전산업기사 자격증 취득 자 각 1명씩을 안전관리자로 선임하였다.

① (가), (다)

② (나), (라)

③ (다), (라)

④ (가), (나)

⑤ (나), (다)

한국사

1 다음과 같은 사상이 등장한 사회의 모습은?

> • 영혼이나 하늘을 인간과 연결시켜주는 무당과 그 주술을 믿었다.
> • 사람이 죽어도 영혼은 사라지지 않는다고 믿었다.

① 무리를 이끄는 지도자는 권력을 가지고 있었다.
② 사냥감을 따라 이동생활을 하였다.
③ 동굴이나 강가에 막집을 짓고 살았다.
④ 벼농사가 일반적으로 행해졌다.
⑤ 가락바퀴를 이용하여 의복을 제작하였다.

2 ㈎ 시기의 생활상에 대한 설명으로 옳은 것은?

> 1935년 두만강 가의 함경북도 종성군 동관진에서 한반도 최초로 ___㈎___ 시대 유물인 석기와 골각기 등이 발견되었다. 발견 당시 일본에서는 ___㈎___ 시대 유물이 출토되지 않은 상황이었다.

① 반달 돌칼을 이용하여 벼를 수확하였다.
② 넓적한 돌 갈판에 옥수수를 갈아서 먹었다.
③ 사냥이나 물고기잡이 등을 통해 식량을 얻었다.
④ 영혼 숭배 사상이 있어 사람이 죽으면 흙 그릇 안에 매장하였다.
⑤ 혈연 중심의 씨족으로 구성된 부족 사회를 이루었다.

3 다음 보기와 같은 시대의 왕의 업적으로 옳지 않은 것은?

> 적극적인 탕평책을 추진하여 벽파를 물리치고 시파를 고루 기용하여 왕권의 강화를 꾀하였다. 또한 영조 때의 척신과 환관 등을 제거하고, 노론과 소론 일부, 남인을 중용하였다.

① 군역 부담의 완화를 위하여 균역법을 시행하였다.

② 붕당의 비대화를 막고 국왕의 권력과 정책을 뒷받침하는 기구인 규장각을 육성하였다.

③ 신진 인물과 중 · 하급 관리를 재교육한 후 등용하는 초계문신제를 시행하였다.

④ 수령이 군현 단위의 향약을 직접 주관하게 하여 지방 사림의 영향력을 줄이고 국가의 백성에 대한 통치력을 강화하였다.

⑤ 시정의 금난전권을 폐지하고 난전의 상업 활동을 인정하였다.

4 (가) ~ (다)는 고려시대 대외관계와 관련된 자료이다. 이를 시기 순으로 바르게 나열한 것은?

> (가) 윤관이 "신이 여진에게 패한 이유는 여진군은 기병인데 우리는 보병이라 대적할 수 없었기 때문입니다."라고 아뢰었다.
>
> (나) 서희가 소손녕에게 "우리나라는 고구려의 옛 땅이오. 그러므로 국호를 고려라 하고 평양에 도읍하였으니, 만일 영토의 경계로 따진다면, 그대 나라의 동경이 모두 우리 경내에 있거늘 어찌 침식이라 하리요."라고 주장하였다.
>
> (다) 유승단이 "성곽을 버리며 종사를 버리고, 바다 가운데 있는 섬에 숨어 엎드려 구차히 세월을 보내면서, 변두리의 백성으로 하여금 장정은 칼날과 화살 끝에 다 없어지게 하고, 노약자들은 노예가 되게 함은 국가를 위한 좋은 계책이 아닙니다."라고 반대하였다.

① (가) → (나) → (다)

② (나) → (가) → (다)

③ (나) → (다) → (가)

④ (다) → (가) → (나)

⑤ (다) → (나) → (가)

5 다음의 내용이 설명하는 고려 말기의 세력은?

> • 지방의 중소지주층이나 향리 출신이 많았다.
> • 성리학을 공부하여 과거를 통해 중앙관리로 진출하였다.
> • 불교의 폐단을 지적하여 사회개혁을 적극적으로 주장하였다.

① 문벌귀족
② 권문세족
③ 신진사대부
④ 호족세력
⑤ 신흥무인세력

6 다음은 고려의 대외 관계를 대표하는 주요 사건을 나열한 것이다. 일어난 순서대로 바르게 나열한 것은?

> ㉠ 귀주대첩
> ㉡ 별무반 편성
> ㉢ 동북 9성 축조
> ㉣ 강화도 천도
> ㉤ 삼별초 항쟁

① ㉠ – ㉡ – ㉢ – ㉣ – ㉤
② ㉠ – ㉡ – ㉣ – ㉢ – ㉤
③ ㉡ – ㉠ – ㉢ – ㉣ – ㉤
④ ㉡ – ㉠ – ㉢ – ㉤ – ㉣
⑤ ㉢ – ㉤ – ㉣ – ㉠ – ㉡

7 다음에서 설명하는 제도가 시행되었던 왕대의 상황에 대한 설명으로 옳은 것은?

> 양인들의 군역에 대한 절목 등을 검토하고 유생의 의견을 들었으며, 개선 방향에 관한 면밀한 검토를 거친 후 담당 관청을 설치하고 본격적으로 시행하였다. 핵심 내용은 1년에 백성이 부담하는 군포 2필을 1필로 줄이는 것이었다.

① 증보문헌비고가 편찬, 간행되었다.
② 노론의 핵심 인물이 대거 처형당하였다.
③ 통공정책을 써서 금난전권을 폐지하였다.
④ 청계천을 준설하여 도시를 재정비하고자 하였다.
⑤ 훈구세력을 견제하기 위해서 현량과를 통해 사람 세력을 등용하였다.

8 신문왕 때 폐지되었던 녹읍이 경덕왕 때 다시 부활한 이유로 옳은 것은?

① 왕권 강화
② 귀족 세력의 반발
③ 피정복민의 회유
④ 농민의 생활 안정
⑤ 국고의 부족

9 삼국시대의 수공업 생산에 대한 설명으로 옳은 것은?

① 국가가 관청을 두고 기술자를 배치하여 물품을 생산하였다.
② 도자기가 생산되어 중국에 수출하였다.
③ 수공업의 발달은 상품경제의 성장을 촉진하였다.
④ 노예들은 큰 작업장에 모여 공동으로 생산활동을 하였다.
⑤ 물품 제조 자금을 미리 받고 물품을 제작하여 공급하였다.

10 고려시대의 화폐 사용에 대한 설명으로 옳지 않은 것은?

① 철전과 동전이 만들어졌다
② 국가에서 화폐 발행을 독점하였다.
③ 은으로 만든 우리나라 지도 모양의 활구라는 화폐가 있었다.
④ 건원중보는 최초의 화폐로, 그 모양은 당나라의 것을 모방하였다.
⑤ 귀족들의 화폐사용빈도가 높아 널리 유통되었다.

11 발해의 사회 모습에 대한 설명으로 가장 옳지 않은 것은?

① 주민은 고구려 유민과 말갈인으로 구성되었다.
② 중앙 문화는 고구려 문화를 바탕으로 당의 문화가 가미된 형태를 보였다.
③ 당, 신라, 거란, 일본 등과 무역하였는데, 대신라 무역의 비중이 가장 컸다.
④ 유학 교육기관인 주자감을 설치하여 귀족 자제에게 유교 경전을 가르쳤다.
⑤ 독자적인 연호를 사용함으로써 발해의 독자성을 강조하였다.

12 다음의 자료에 나타난 나라에 대한 설명으로 옳은 것은?

> 큰 산과 깊은 골짜기가 많고 평원과 연못이 없어서 계곡을 따라 살며 골짜기 물을 식수로 마셨다. 좋은 밭이 없어서 힘들여 일구어도 배를 채우기는 부족하였다.
>
> – 삼국지 동이전 –

① 국동대혈에서 제사를 지내는 의례가 있었다.
② 가족 공동의 무덤인 목곽에 쌀을 부장하였다.
③ 특산물로는 단궁 · 과하마 · 반어피 등이 유명하였다.
④ 남의 물건을 훔쳤을 때에는 50만 전을 배상토록 하였다.
⑤ 제정이 분리된 사회로 소도를 관리하는 천군이 있었다.

13 조선 전기의 상업 활동에 대한 설명으로 옳은 것은?

① 공인(貢人)의 활동이 활발해졌다.
② 시전이 도성 내 특정 상품 판매의 독점권을 보장받기도 하였다.
③ 개성의 손상, 의주의 만상은 대외 무역을 통해 대상인으로 성장하였다.
④ 경강상인들은 경강을 중심으로 매점 활동을 통해 부유한 상업 자본가로 성장하였다.
⑤ 상품을 매점하거나 독점하는 도고가 대두되었다.

14 다음으로 인하여 나타난 변화로 옳은 것은?

> • 조선 후기 이앙법이 전국적으로 시행되면서 광작이 가능해졌으며, 경영형 부농이 등장하였다.
> • 대동법의 시행으로 도고가 성장하였으며, 상업자본이 축적되었다.

① 정부의 산업 주도
② 양반의 지위 하락
③ 신분구조의 동요
④ 국가 재정의 확보
⑤ 정치세력의 분화

15 다음 보기의 내용들을 시대순으로 바르게 나열한 것은?

> ㉠ 충청도 지방의 호론과 서울 지방의 낙론 사이에 성리학의 심성논쟁이 벌어졌다.
> ㉡ 붕당 사이에 예론을 둘러싼 논쟁이 전개되었다.
> ㉢ 이황과 이이 사이에 성리학의 이기론을 둘러싼 논쟁이 전개되었다.

① ㉠ – ㉡ – ㉢
② ㉡ – ㉠ – ㉢
③ ㉡ – ㉢ – ㉠
④ ㉢ – ㉠ – ㉡
⑤ ㉢ – ㉡ – ㉠

16 동학농민운동에 관한 다음의 설명 중 옳지 않은 것은?

① 발생 원인으로는 청 · 일본의 경제침탈 심화, 탐관오리들의 횡포 등이 있었다.
② 평등사상 및 외세배척의 강조로 농민들 사이에서 확산되었다.
③ 반봉건 · 반외세의 민족운동, 농민군의 개혁요구가 갑오개혁에 일부 반영되었다.
④ 농민들은 집강소를 설치하고 폐정개혁안을 직접 실천하기도 하였다.
⑤ 전라도 삼례집회에서는 탐관오리의 처벌 및 외세배척을 주장하였다.

17 밑줄 친 '나'에 대한 설명으로 옳은 것은?

> 우리가 기다리던 해방은 우리 국토를 양분하였으며, 앞으로는 그것을 영원히 양국의 영토로 만들 위험성을 내포하고 있다. …… 나는 통일된 조국을 건설하려다가 38도선을 베고 쓰러질지언정 일신의 구차한 안일을 취하여 단독정부를 세우는 데에는 협력하지 아니하겠다.

① 통일 정부 수립을 위한 남북 협상을 추진하였다.
② 한국 민주당을 결성하여 미군정에 적극적으로 참여하였다.
③ 미국에서 귀국한 후 독립 촉성 중앙 협의회를 구성하였다.
④ 조선 건국 준비 위원회를 조직하고 위원장으로 활동하였다.
⑤ 돈을 주고 농지를 사들여 돈을 받고 파는 정책을 실시하였다.

18 다음은 간도와 관련된 역사적 사실들이다. 옳지 않은 것은?

① 1909년 일제는 청과 간도협약을 체결하여 남만주의 철도 부설권을 얻는 대가로 간도를 청의 영토로 인정하였다.
② 조선과 청은 1712년 "서쪽으로는 압록강, 동쪽으로는 토문강을 국경으로 한다."는 내용의 백두산정계비를 세웠다.
③ 통감부 설치 후 일제는 1906년 간도에 통감부 출장소를 두어 간도를 한국의 영토로 인정하였다.
④ 1903년 대한제국 정부는 간도관리사로 이범윤을 임명하는 한편, 이를 한국 주재 청국 공사에게 통고하고 간도의 소유권을 주장하였다.
⑤ 대한 독립군 등이 봉오동에서 일본군을 격파하는 사건을 계기로 경신년에 일본군이 한인동포들에게 무자비한 보복을 가하였다.

19 다음은 어느 신문의 사설이다. 밑줄 친 운동과 관련된 사실로 옳은 것은?

> 1931년부터 4년간에 걸쳐 벌인 <u>브나로드 운동</u>은 대표적인 계몽운동이었다. 남녀 청년학도들이 계몽대, 강연대를 조직하여 삼천리 방방곡곡을 누비며 우리글, 우리 역사를 가르치고 농촌위생, 농촌경제개발에 앞장섰던 이 운동은 지식인과 학생이 이 땅에서 일으킨 최초의 민중운동이었다.

① 언론사 중심의 문맹퇴치운동이 전개되었다.
② 사회운동계열이 주도하였다.
③ 이 운동의 영향으로 민립대학설립운동이 추진되었다.
④ 이 시기에 언론과 지식인과 학생이 주도한 만세시위가 확산되고 있었다.
⑤ 범국민적인 민족경제 자립 운동이었다.

20 다음은 일제 강점기 국외 독립운동에 관한 사실들이다. 이를 시기 순으로 바르게 나열한 것은?

> ㉠ 대한민국 임시 정부가 지청천을 총사령으로 하는 한국광복군을 창설하였다.
> ㉡ 블라디보스토크에서 이상설, 이동휘 등이 중심이 된 대한 광복군 정부가 수립되었다.
> ㉢ 홍범도가 이끄는 대한 독립군을 비롯한 연합 부대는 봉오동 전투에서 대승을 거두었다.
> ㉣ 양세봉이 이끄는 조선 혁명군은 중국 의용군과 연합하여 영릉가 전투에서 일본군을 무찔렀다.

① ㉠→㉣→㉡→㉢
② ㉡→㉢→㉣→㉠
③ ㉢→㉡→㉣→㉠
④ ㉣→㉢→㉠→㉡
⑤ ㉣→㉢→㉡→㉠

제 03 회 60문항/60분 실력평가 모의고사

※ 직업능력(40문항), 한국사(20문항)를 수록하여 임의로 시험시간을 설정하였습니다. 실제 시험은 총 80문항/80분으로 진행되는 점 참고하시기 바랍니다.

직업능력

1 다음과 같은 팀장의 지시 사항을 수행하기 위하여 업무협조를 구해야 할 조직의 명칭이 순서대로 올바르게 나열된 것은 어느 것인가?

> 다들 사장님 보고 자료 때문에 정신이 없는 모양인데 이건 자네가 좀 처리해줘야겠군. 다음 주에 있을 기자단 간담회 자료가 필요한데 옆 부서 박 부장한테 말해 두었으니 오전 중에 좀 가져다주게나. 그리고 내일 사장님께서 보고 직전에 외부에서 오신다던데 어디서 오시는 건지 일정 좀 확인해서 알려주고, 이틀 전 퇴사한 엄 차장 퇴직금 처리가 언제 마무리 될지도 알아봐 주게나. 아, 그리고 말이야, 자네는 아직 사원증이 발급되지 않았나? 확인해 보고 얼른 요청해서 걸고 다니게.

① 기획실, 경영관리실, 총무부, 비서실
② 영업2팀, 홍보실, 회계팀, 물류팀
③ 총무부, 구매부, 비서실, 인사부
④ 경영관리실, 회계팀, 기획실, 총무부
⑤ 홍보실, 비서실, 인사부, 총무부

풀이종료시간 : [　　] – [　　]
풀이소요시간 : [　　]분 [　　]초

2 다음 중 밑줄 친 ㈎와 ㈏에 대한 설명으로 적절하지 않은 것은 어느 것인가?

> 조직 내에서는 ㈎개인이 단독으로 의사결정을 내리는 경우도 있지만 집단이 의사결정을 하기도 한다. 조직에서 여러 문제가 발생하면 직업인은 의사결정과정에 참여하게 된다. 이때 조직의 의사결정은 ㈏집단적으로 이루어지는 경우가 많으며, 여러 가지 제약요건이 존재하기 때문에 조직의 의사결정에 적합한 과정을 거쳐야 한다. 조직의 의사결정은 개인의 의사결정에 비해 복잡하고 불확실하다. 따라서 대부분 기존의 결정을 조금씩 수정해나가는 방향으로 이루어진다.

① ㈏가 보다 효과적인 결정을 내릴 확률이 높다.
② ㈎는 결정된 사항에 대하여 의사결정에 참여한 사람들이 해결책을 수월하게 수용하지 않을 수도 있다.
③ ㈎는 의사결정을 신속히 내릴 수 있다.
④ ㈏는 다양한 시각과 견해를 가지고 의사결정에 접근할 수 있다.
⑤ ㈎는 특정 구성원에 의해 의사결정이 독점될 가능성이 있다.

Ⅰ3~4Ⅰ 다음 위임전결규정을 보고 이어지는 질문에 답하시오.

〈결재규정〉

- 결재를 받으려는 업무에 대해서는 최고결재권자(대표이사)를 포함한 이하 직책자의 결재를 받아야 한다.
- '전결'이라 함은 회사의 경영활동이나 관리활동을 수행함에 있어 의사 결정이나 판단을 요하는 일에 대하여 최고결재권자의 결재를 생략하고, 자신의 책임 하에 최종적으로 의사 결정이나 판단을 하는 행위를 말한다.
- 전결사항에 대해서도 위임 받은 자를 포함한 이하 직책자의 결재를 받아야 한다.
- 표시내용 : 결재를 올리는 자는 최고결재권자로부터 전결 사항을 위임 받은 자가 있는 경우 결재란에 전결이라고 표시하고 최종 결재권자란에 위임 받은 자를 표시한다. 다만, 결재가 불필요한 직책자의 결재란은 상향대각선으로 표시한다.
- 최고결재권자의 결재사항 및 최고결재권자로부터 위임된 전결사항은 아래의 표에 따른다.

구분	내용	금액기준	결재서류	팀장	본부장	대표이사
접대비	거래처 식대, 경조사비 등	20만 원 이하	접대비지출품의서 지출결의서	● ■		
		30만 원 이하			● ■	
		30만 원 초과				● ■
교통비	국내 출장비	30만 원 이하	출장계획서 출장비신청서	● ■		
		50만 원 이하		●	■	
		50만 원 초과		●		■
	해외 출장비			●		■
소모품비	사무용품		지출결의서	■		
	문서, 전산소모품					■
	기타 소모품	20만 원 이하		■		
		30만 원 이하			■	
		30만 원 초과				■
교육훈련비	사내외 교육		기안서 지출결의서	●		■
법인카드	법인카드 사용	50만 원 이하	법인카드신청서	■		
		100만 원 이하			■	
		100만 원 초과				■

※ ● : 기안서, 출장계획서, 접대비지출품의서

■ : 지출결의서, 세금계산서, 발행요청서, 각종신청서

3 홍 대리는 바이어 일행 내방에 따른 저녁 식사비로 약 120만 원의 지출 비용을 책정하였다. 법인카드를 사용하여 이를 결제할 예정인 홍 대리가 작성해야 할 문서의 결재 양식으로 옳은 것은?

①

법인카드신청서				
결재	담당	팀장	본부장	대표이사
	홍 대리			

②

접대비지출품의서				
결재	담당	팀장	본부장	대표이사
	홍 대리			

③

법인카드신청서				
결재	담당	팀장	본부장	최종 결재
	홍 대리			/

④

접대비지출품의서				
결재	담당	팀장	본부장	대표이사
	홍 대리		전결	/

⑤

법인카드신청서				
결재	담당	팀장	본부장	대표이사
	홍 대리			\

4 권 대리는 광주로 출장을 가기 위하여 출장비 45만 원에 대한 신청서를 작성하려 한다. 권 대리가 작성해야 할 문서의 결재 양식으로 옳은 것은?

①

출장비신청서				
결재	담당	팀장	본부장	최종 결재
	권 대리			본부장

②

출장계획서				
결재	담당	팀장	본부장	최종 결재
	권 대리			/

③

출장계획서				
결재	담당	팀장	본부장	최종 결재
	권 대리		전결	/

④

출장비신청서				
결재	담당	팀장	본부장	최종 결재
	권 대리			/

⑤

출장비신청서				
결재	담당	팀장	본부장	최종 결재
	권 대리		전결	본부장

5 다음은 한국산업인력공단에서 실시하고 있는 해외취업지원 사업의 세부 내용이다. 이를 바르게 이해한 것은?

[해외취업지원]

■ 열정과 잠재력을 가진 대한민국 청년! 세계로 나아가 글로벌 인재로 성장하여 양질의 일자리에서 일할 수 있도록 K-MOVE가 지원

■ 사업목적

열정과 잠재력을 가진 대한민국 청년들이 세계로 나아가 글로벌 인재로 성장하여 양질의 일자리에서 일할 수 있도록 지원

■ 사업목표

해외 구인수요에 부합하는 연수프로그램의 제공과 적합 구직자 확보, 양질의 해외 일자리 발굴 등을 통해 대한민국 청년의 해외노동시장 진출기회를 확대함으로써 글로벌 경쟁력을 강화하고 청년실업률 완화에 기여

■ 주요사업

- 해외취업알선 : 대한민국 인재채용을 희망하는 해외업체와 해외취업을 희망하는 구직자를 연결
- 해외취업연수(스쿨) : 해외진출을 희망하는 청년을 대상으로 맞춤형 교육과정을 제공하여 연수 실시
- 해외취업정착지원금 : 해외취업에 성공한 도전적인 청년의 원활한 현지 정착과 장기근속을 위해 인센티브를 지원
- K-MOVE 센터

–현지 민간 네트워크 활용도 제고

–일자리 정보 파악 및 정보망 연계

–현지 노동시장 현황 조사 및 연구

–해외취업자 사후관리 및 상담업무 수행

■ 기타 통계

- 2021년 구인인원 : 11,037명
- 2021년 알선취업자 : 3,420명
- 2021년 연수 취업자 : 1,020명

■ 관련부처

국립국제교육원, HRDK 한국산업인력공단, KOICA 한국국제협력단, 산업통상자원부, 고용노동부, 외교부, kotra 대한무역투자진흥공사, 창업진흥원, 교육부

① 해외의 인력을 국내로 끌어당기기 위한 사업이다.

② 연수 취업자 수와 알선취업자 수를 더하면 구인인원의 약 50%가 된다.

③ 알선을 통해 취업에 성공할 경우 취업 장려금을 지급한다.

④ 고용노동부, 한국국제교류재단, 대한무역투자진흥공사 등에서 지원한다.

⑤ 본 사업을 통해 청년 실업률 완화를 기대할 수 있다.

6 다음의 글을 고치기 위한 의견으로 적절하지 않은 것은?

> 사막 지방 사람들은 여름에 ㉠ 햇빛 흡수가 용이한 검은 색 계열의 옷을 입는다. 일반적으로 검은 색 옷을 입으면 ㉡ 흰색 옷보다 옷 안의 온도가 6℃ 가량 더 올라간다. 따뜻해진 옷 안의 공기는 대류 현상에 의해 옷의 윗부분으로 올라와 목으로 빠져나간다. ㉢ 그런데 바깥의 공기가 다시 옷 안으로 스며든다. 이처럼 ㉣ 공기의 순환은 옷의 안과 밖을 돌기 때문에 옷 안에는 항상 바람이 불어 시원하게 된다. 그러므로 사막에서는 여름에 검은 색 계열의 옷을 입는 것이 ㉤ 오히려 생활의 지혜가 된다.

① ㉠은 '햇빛이 잘 흡수되는'으로 고치면 더 쉬워지겠어.

② ㉡은 비교 대상을 분명히 하기 위해 '흰색 옷을 입을 때보다'로 고쳐야겠어.

③ ㉢은 문맥의 흐름상 자연스럽지 않으므로 '그리고'로 바꿔야겠어.

④ ㉣은 뒤에 오는 '돌기 때문에'와의 호응을 고려하여 '공기가'로 고쳐야겠어.

⑤ ㉤은 뜻을 강조하기 위해 '가급적'으로 바꾸어야겠어.

7 다음은 ㅁㅁ社에 근무하는 Mr. M. Lee의 출장일정표이다. 옳은 것은?

<u>Monday, January 10 (Seoul to New York)</u>

9:00a.m Leave Incheon Airport on OZ902 for JFK Airport.
9:25a.m Arrive at JFK Airport.
1:00p.m Meeting with Roger Harpers, President, ACF Corporation at Garden Grill.
7:00p.m Dinner Meeting with Joyce Pitt, Consultant, American Business System at Stewart's Restaurant.

<u>Tuesday, January 11 (New York)</u>

9:30a.m Presentation "The Office Environment-Networking" at the National Office Systems Conference, City Conference Center
12:00p.m Luncheon with Raymond Bernard, Vice President, Wilson Automation, Inc., at the Oakdale City Club.

① Mr. M. Lee is going to fly to USA on OZ902.
② Mr. M. Lee will make a presentation at the City Conference Center after lunch.
③ Mr. M. Lee will have a luncheon meeting at Garden Grill on January 11th.
④ Mr. M. Lee will meet Roger Harpers, the day after he arrives in New York.
⑤ Mr. M. Lee will arrive at JFK airport at 9:25a.m. on January 11th Seoul time.

| 8~10 | 다음 글을 읽고 물음에 답하시오.

주로 군사목적이나 외교통신 수단으로 사용된 ㉠ 암호는 최근 들어 사업용으로도 많이 이용되고 있다. 이러한 암호는 그 작성방식에 따라 문자암호(문자암호는 전자방식과 환자방식으로 다시 나뉜다.)와 어구암호로 나뉘고 사용기구에 따라 기계암호와 서식암호, 스트립식 암호 등으로 나뉜다.

인류 역사상 가장 처음 사용된 암호는 스파르타 시대 때 사용된 스키탈레 암호로 이것은 일정한 너비의 종이테이프를 원통에 서로 겹치지 않도록 감아서 그 테이프 위에 세로쓰기로 통신문을 기입하는 방식이다. 그리하여 그 테이프를 그냥 풀어 보아서는 기록내용을 전혀 판독할 수 없으나 통신문을 기록할 때 사용했던 것과 같은 지름을 가진 원통에 감아보면 내용을 읽을 수 있게 고안된 일종의 전자방식의 암호이다.

또한 ㉡ 환자방식으로 사용된 암호는 로마 시대의 카이사르에 의해서 고안되었는데 이것은 전달받고자 하는 통신문의 글자를 그대로 사용하지 않고 그 글자보다 알파벳 순서로 몇 번째 뒤, 또는 앞의 글자로 바꾸어 기록하는 방식이다. 예를 들면 암호를 주고받는 사람끼리 어떤 글자를 그보다 네 번째 뒤의 글자로 환자한다는 약속이 되어 있다면, A는 E로 표시되고, B는 F로 표시하는 등이다. 이와 같은 암호는 로마 시대뿐만 아니라 영국의 알프레드 1세나 칼 대제 시대 때도 다양한 방식으로 사용되었다.

근대적인 암호는 14~15세기의 이탈리아에서 발달하여, 최초의 완전암호라고 할 수 있는 베네치아 암호가 고안되었으며 16세기의 프랑스에서는 근대적 암호의 시조(始祖)라고 불리는 비지넬이 나타나 이른바 비지넬 암호표가 고안되었다. 이 암호는 아주 교묘하게 만들어져서 해독 불능 암호라고까지 평가를 받았으며, 현재에도 환자암호의 기본형식의 하나로 쓰이고 있다.

8 다음 중 옳지 않은 것은?

① 암호는 통신문의 내용을 다른 사람이 읽을 수 없도록 하기 위해 글자나 숫자 또는 부호 등을 변경하여 작성한 것이다.

② 암호는 작성방식이나 사용기구에 따라 다양한 종류로 분류된다.

③ 베네치아 암호는 최초의 완전암호라 할 수 있으며 아주 교묘하게 만들어져 해독 불능 암호로 평가받았다.

④ 암호는 보내는 사람과 받는 사람의 일종의 약속에 의해 이루어진다.

⑤ 16세기의 프랑스에서는 비지넬 암호표가 고안되었다.

9 위 글의 밑줄 친 ㉠과 바꿔 쓸 수 없는 단어는?

① 암구호
② 사인
③ 패스워드
④ 심상
⑤ 애너그램

10 다음 보기는 밑줄 친 ㉡의 방식으로 구성한 암호문이다. 전달하고자 하는 본래 의미는 무엇인가?

> • 약속 : 모든 암호문은 전달하고자 하는 본래 문자의 두 번째 뒤의 문자로 바꿔 기록한다.
> 예시) '러랄 저벗샤머' → '나는 사람이다.'
> • 암호문 : '캬차부 더두 쟈머'

① 집으로 가고 싶다.
② 음악을 듣고 있다.
③ 당신이 너무 좋다.
④ 과자를 많이 먹다.
⑤ 잠을 자고 싶다.

11 다음은 '저영향 개발(Low Impact Development, LID)'에 대하여 설명하고 있는 글이다. 글의 내용이 자연스럽게 이어지도록 (가)～(라) 단락의 순서를 적절히 나열한 것은?

(가) 국내에서는 신도시 건설과 기존 도시의 재생 및 비점오염 저감 등의 목적으로 LID기법이 활발하게 적용되고 있다. LH공사의 아산탕정지구 분산형 빗물관리 도시, 환경부의 강릉 저탄소 녹색 시범도시 등이 대표적이다. 또한, 수원시는 물 자급률 향상을 위해 빗물 관리 사업인 레인시티 사업을 시행하고 있고, 서울시에서도 빗물관리 기본 계획을 수립하는 등 지방자치단체에서도 저영향 개발에 대한 관심이 매우 높아지고 있다. K-water에서는 송산 그린시티사업, 에코델타시티 사업 등 다양한 수변도시 및 친수구역 조성 사업에 LID 기술을 적용하여 진행하고 있다. 송산 그린시티 조성 사업은 시화호 주변 지역의 생태환경을 보전하는 동시에 시화 방조제 건설로 생성된 대규모 간석지를 효율적으로 활용, 자연과 환경, 인간 모두를 고려한 합리적인 도시를 조성하는 사업이다. 사업 지역 내 동측지구에 계획된 장치형 비점오염 저감시설을 식생수로, 빗물 정원 등 자연형 LID시설로 전환하는 것을 시작으로 강우발생 시 자체 발생원에서 관리가 가능한 분산식 우수배제 방식으로 설계하는 등 저영향 개발 기술을 적극적으로 활용하고 있다. 또한, 그린인프라 시설에 대한 효과를 극대화하는 시범지구를 설정, 저영향 개발 설계를 진행하고 있다.

(나) 기후변화 대응 및 국가정책 기조에 따라 수자원 관리 및 이용의 중요성이 확대되면서, 저영향개발(Low Impact Development, LID)기반의 물순환 도시 조성 계획 · 설계 기술의 확보가 요구되고 있다. 국가별로 사용하는 용어는 상이하나 접근하는 방식은 유사한데, 공통적으로 발생한 강우를 그 지역 내에서 관리하는 분산형 빗물관리 기술을 적용하고 있고, 저영향 개발(LID, 미국), 자연 순응형 개발(sound water cycle on national planning, 일본), 분산식 도시계획(decentralized urban design, 독일), 지속가능한 도시계획(water sensitive urban design, 호주) 등 발생원의 빗물관리를 목표로 한다. 미국 내 많은 연방기관과 주 정부 및 지자체에서는 저영향 개발을 이용한 우수관리 기법에 관한 지침서와 매뉴얼을 제공하고, 유역의 신규 개발 또는 재개발 시 LID 기술을 활용하도록 제도화되어 있다.

(다) 한국 그린인프라 · 저영향 개발 센터는 그린 인프라(Green Infrastructure, GI) · LID기술에 대한 검인증 역할 수행 및 연구를 위한 세계 최초의 다목적 실내 · 외 종합검증시설이며, 다양한 형태의 LID 실증시설을 실제로 구축 · 운영함으로써 수리 · 수문, 토질, 재료, 환경 분야의 실험 및 분석을 수행하고 있다. 또한, 분산형 테스트베드의 성격뿐만 아니라 설계-시공-운영-모니터링-유지관리 기술의 흐름을 통한 기술 통합적 실증단지로서의 역할을 목표로 GI · LID 실증검증사업, 교육 및 정책 지원사업, 국가 연구개발 사업, 기업체 기술개발 지원사업으로 구분하여 GI · LID 관련 정책제안, 기술개발 등의 연구, 홍보 및 교육을 수행할 계획이다.

(라) 한편, LID기술의 국내 현장 적용 및 파급 확대를 위해서는 선진국 수준의 설계 및 요소기술의 검증 및 인증을 위한 방안 마련과 사업 후 적용평가를 위한 지침의 개발이 시급하다. 이에 국토교통부 '물관리연구사업'의 일환인 「건전한 도시물순환인프라의 저영향개발(LID) 및 구축 · 운영 기술」연구단 프로젝트를 2012년 12월부터 2018년까지 부산대학교, K-water, LH, 한국건설기술연구원 등 10여개의 전문기관이 컨소시엄으로 참여하여 연구수행 중이다. 「건전한 도시물순환인프라의 저영향 개발(LID) 및 구축운영기술 연구단」은 본 연구사업을 통하여 부산대학교 양산캠퍼스에 한국 그린인프라 · 저영향 개발 센터를 설립하였다.

① (가) − (나) − (라) − (다)
② (나) − (가) − (라) − (다)
③ (나) − (가) − (다) − (라)
④ (나) − (라) − (가) − (다)
⑤ (다) − (가) − (라) − (나)

12 밑줄 친 한자 ㉠~㉣을 잘못 읽은 것은?

[No.1 HRD 파트너의 3心]

상생의 中心	• HRD 사회공헌 추진단 구성 · 운영 • 업業과 연계한 사회적 가치 ㉠ 增進 프로그램 운영 • 혁신도시 공공기관 합동 사회공헌 추진
지역과 合心	• 지역사회를 위한 자발적 사회 ㉡ 還元 프로그램 운영 • 지역농촌사랑 봉사활동 실시 • 지역경제 ㉢ 相生 생태계 조성 • 지역 자원봉사 전문기관과 연계프로그램 운영
소통의 眞心	• 숙련기술인과 함께하는 사회공헌 추진 • 공단 시설물 지역사회 공유 • 사랑 나눔 펀드 ㉣ 擴散

㉠ 확산
㉡ 환원
㉢ 상생
㉣ 활성

① ㉠㉡
② ㉡㉢
③ ㉢㉣
④ ㉠㉣
⑤ ㉡㉢

13 다음 〈표〉는 K국 '갑'~'무' 공무원의 국외 출장 현황과 출장 국가별 여비 기준을 나타낸 자료이다. 〈표〉와 〈조건〉을 근거로 출장 여비를 지급받을 때, 출장 여비를 가장 많이 지급받는 출장자부터 순서대로 바르게 나열한 것은?

〈표 1〉 K국 '갑'~'무' 공무원 국외 출장 현황

출장자	출장국가	출장 기간	숙박비 지급 유형	1박 실지출 비용($/박)	출장 시 개인 마일리지 사용 여부
갑	A	3박 4일	실비지급	145	미사용
을	A	3박 4일	정액지급	130	사용
병	B	3박 5일	실비지급	110	사용
정	C	4박 6일	정액지급	75	미사용
무	D	5박 6일	실비지급	75	사용

※ 각 출장자의 출장 기간 중 매박 실지출 비용은 변동 없음.

〈표 2〉 출장 국가별 1인당 여비 지급 기준액

출장국가＼구분	1일 숙박비 상한액($/박)	1일 식비($/일)
A	170	72
B	140	60
C	100	45
D	85	35

〈조건〉

- 출장 여비($)=숙박비+식비
- 숙박비는 숙박 실지출 비용을 지급하는 실비지급 유형과 출장국가 숙박비 상한액의 80%를 지급하는 정액지급 유형으로 구분

–실비지급 숙박비($)=(1박 실지출 비용) × ('박' 수)

–정액지급 숙박비($)=(출장국가 1일 숙박비 상한액) × ('박' 수) × 0.8

- 식비는 출장 시 개인 마일리지 사용여부에 따라 출장 중 식비의 20% 추가지급

–개인 마일리지 미사용시 지급 식비($)=(출장국가 1일 식비) × ('일' 수)

–개인 마일리지 사용 시 지급 식비($)=(출장국가 1일 식비) × ('일' 수) × 1.2

① 갑, 을, 병, 정, 무
② 갑, 을, 병, 무, 정
③ 을, 갑, 정, 병, 무
④ 을, 갑, 병, 무, 정
⑤ 을, 갑, 무, 병, 정

14 다음 〈표〉는 2017~2021년 A국의 가구당 월평균 교육비 지출액에 대한 자료이다. 이에 대한 설명으로 옳은 것은?

〈표〉 연도별 가구당 월평균 교육비 지출액

(단위 : 원)

유형 \ 연도		2017	2018	2019	2020	2021
정규 교육비	초등교육비	14,730	13,255	16,256	17,483	17,592
	중등교육비	16,399	20,187	22,809	22,880	22,627
	고등교육비	47,841	52,060	52,003	61,430	66,519
	소계	78,970	85,502	91,068	101,793	106,738
학원 교육비	학생 학원교육비	128,371	137,043	160,344	167,517	166,959
	성인 학원교육비	7,798	9,086	9,750	9,669	9,531
	소계	136,169	146,129	170,094	177,186	176,490
기타 교육비		7,203	9,031	9,960	10,839	13,574
전체 교육비		222,342	240,662	271,122	289,818	296,802

① 2018~2021년 '전체 교육비'의 전년대비 증가율은 매년 상승하였다.

② '전체 교육비'에서 '기타 교육비'가 차지하는 비중이 가장 큰 해는 2020년이다.

③ 2019~2021년 '초등교육비', '중등교육비', '고등교육비'는 각각 매년 증가하였다.

④ '학원교육비'의 전년대비 증가율은 2020년이 2019년보다 작다.

⑤ '고등교육비'는 매년 '정규교육비'의 60% 이상이다.

15 다음 자료를 참고하여 내린 판단으로 적절한 것은?

〈가구주 연령대별 가구당 순자산 보유액〉

(단위 : 만 원)

구분		전체	30세 미만	30대	40대	50대	60세 이상
평균	2020년	31,572	7,489	21,904	31,246	37,026	33,772
	2021년	34,042	7,509	23,186	34,426	39,419	35,817

〈가구주 종사상 지위별 가구당 순자산 보유액〉

(단위 : 만 원)

구분		전체	상용근로자	임시 · 일용근로자	자영업자	기타(무직 등)
평균	2020년	31,572	34,389	13,390	39,998	26,475
	2021년	34,042	37,436	14,567	42,112	29,323

* 단, 계산 값은 소수점 둘째 자리에서 반올림한다.

① 2020년과 2021년 임시 · 일용근로자는 모두 30대이다.

② 평균 가구당 순자산 보유액이 가장 크게 증가한 연령대는 50대이다.

③ 평균 가구당 순자산 보유액의 증가율이 가장 큰 종사상 지위는 기타(무직 등)이다.

④ 전체 평균의 가구당 순자산 보유액 증가율은 10%를 조금 넘는다.

⑤ 전체 순자산 보유액에서 자영업자의 순자산이 차지하는 비중이 가장 크다.

16 4차 산업혁명 관련 기술을 개발 또는 활용하고 있는 기업에 대한 다음 자료를 올바르게 해석한 설명은 어느 것인가?

〈표1〉

(단위 : 개, %)

	기업 수	산업 대분류											
		농림어업	광업제조업	제조업	전기가스업	건설업	도소매업	운수·창고업	숙박음식업	정보통신업	부동산업	기타서비스업	금융보험업
조사대상 기업 수	12,579	26	6,119	6,106	59	543	1,401	715	323	1,047	246	1,773	327
구성비	100.0	0.2	48.6	48.5	0.5	4.3	11.1	5.7	2.6	8.3	2.0	14.1	2.6
4차 산업 기술 개발 · 활용 기업 수	1,014	–	408	408	9	28	94	22	19	265	3	114	52
구성비	100.0	–	40.2	40.2	0.9	2.8	9.3	2.2	1.9	26.1	0.3	11.2	5.1

〈표2〉

(단위 : 개, %)

4차 산업 기술 개발 · 활용 기업 수	계	분야(복수응답)								
		사물 인터넷	클라우드	빅 데이터	모바일 (5G)	인공 지능	블록 체인	3D 프린팅	로봇 공학	가상증강 현실
1,014	1,993	288	332	346	438	174	95	119	96	105
	100.0	14.5	16.7	17.4	22.0	8.7	4.8	6.0	4.8	5.3

* 단, 계산 값은 소수점 둘째 자리에서 반올림한다.

① 4차 산업 기술을 활용하는 전기가스업 기업은 모두 사물인터넷을 활용한다.

② 조사대상 기업체 중 4차 산업 기술을 활용하는 기업의 비중은 금융보험업이 전기가스업보다 더 높다.

③ 전체 조사대상 기업 중 4차 산업 기술을 활용하는 기업의 수는 1,993개이다.

④ 가장 많이 활용되고 있는 3가지 4차 산업 기술은 5G 모바일, 빅데이터, 사물인터넷이다.

⑤ 조사대상 기업체 중 4차 산업 기술 활용 비중이 가장 낮은 업종은 운수 · 창고업이다.

17 다음 〈표〉는 탄소포인트제 가입자 A~D의 에너지 사용량 감축률 현황을 나타낸 자료이다. 아래의 〈탄소 포인트 지급 기준〉에 따라 가입자 A~D가 탄소 포인트를 지급받을 때, 탄소 포인트를 가장 많이 지급받는 가입자와 가장 적게 지급받는 가입자를 바르게 나열한 것은?

〈표〉 가입자 A~D의 에너지 사용량 감축률 현황

(단위 : %)

가입자 / 에너지 사용유형	A	B	C	D
전기	2.9	15.0	14.3	6.3
수도	16.0	15.0	5.7	21.1
가스	28.6	26.1	11.1	5.9

〈탄소 포인트 지급 기준〉

에너지 사용량 감축률 / 에너지 사용유형	5% 미만	5% 이상 10% 미만	10% 이상
전기	0	5,000	10,000
수도	0	1,250	2,500
가스	0	2,500	5,000

※ 가입자가 지급받는 탄소 포인트=전기 탄소 포인트+수도 탄소 포인트+가스 탄소 포인트

	가장 많이 지급받는 가입자	가장 적게 지급받는 가입자
①	B	A
②	B	C
③	B	D
④	C	A
⑤	C	D

18 다음 〈표〉는 2021년 지방법원(A~E)의 배심원 출석현황에 관한 자료이다. 이에 대한 〈보기〉의 설명 중 옳은 것만을 모두 고르면?

〈표〉 2021년 지방법원(A~E)의 배심원 출석 현황

(단위 : 명)

구분 지방법원	소환인원	송달 불능자	출석취소 통지자	출석의무자	
					출석자
A	1,880	533	573	( )	411
B	1,740	495	508	( )	453
C	716	160	213	343	189
D	191	38	65	88	57
E	420	126	120	174	115

※ 1) 출석의무자수 = 소환인원 − 송달불능자수 − 출석취소통지자수

2) 출석률(%) $= \frac{\text{출석자수}}{\text{소환인원}} \times 100$

3) 실질출석률(%) $= \frac{\text{출석자수}}{\text{출석의무자수}} \times 100$

〈보기〉

㉠ 출석의무자 수는 B지방법원이 A지방법원보다 많다.
㉡ 실질출석률은 E지방법원이 C지방법원보다 낮다.
㉢ D지방법원의 출석률은 25% 이상이다.
㉣ A~E지방법원 전체 소환인원에서 A지방법원의 소환 인원이 차지하는 비율은 35% 이상이다.

① ㉠, ㉡
② ㉠, ㉢
③ ㉡, ㉢
④ ㉡, ㉣
⑤ ㉢, ㉣

❙19~20❙ 다음 두 자료는 일제강점기 중 1930~1936년 소작쟁의 현황에 관한 자료이다. 두 표를 보고 물음에 답하시오.

〈표1〉 소작쟁의 참여인원

(단위 : 명)

구분 \ 연도	1930	1931	1932	1933	1934	1935	1936
지주	860	1,045	359	1,693	6,090	22,842	29,673
마름	0	0	0	586	1,767	3,958	3,262
소작인	12,151	9,237	4,327	8,058	14,597	32,219	39,518
전체	13,011	10,282	4,686	10,337	22,454	59,019	72,453

〈표2〉 지역별 소작쟁의 발생건수

(단위 : 건)

지역 \ 연도	1930	1931	1932	1933	1934	1935	1936
강원도	4	1	6	4	92	734	2,677
경기도	95	54	24	119	321	1,873	1,299
경상도	230	92	59	300	1,182	5,633	7,040
전라도	240	224	110	1,263	5,022	11,065	7,712
충청도	139	315	92	232	678	3,714	8,136
평안도	5	1	0	16	68	1,311	1,733
함경도	0	0	0	2	3	263	404
황해도	13	10	14	41	178	1,241	947
전국	726	697	305	1,977	7,544	25,834	29,948

19 위의 두 표에 관한 설명으로 옳지 않은 것은?

① 1932년부터 지주의 소작쟁의 참여인원은 매년 증가하고 있다.

② 전국 소작쟁의 발생건수에서 강원도 소작쟁의 발생건수가 차지하는 비중은 1933년보다 1934년에 증가했다.

③ 충청도의 1936년 소작쟁의 발생건수는 전년도의 두 배 이상이다.

④ 1930년에 비해 1931년에 소작쟁의 발생건수가 증가한 지역은 없다.

⑤ 경기도의 1935년 소작쟁의 발생건수는 1934년 발생건수의 5배 이상이다.

20 위의 두 표에서 전국 소작쟁의 발생 건당 참여인원이 가장 많은 해는?

① 1930년

② 1933년

③ 1934년

④ 1935년

⑤ 1936년

21 다음은 甲 기업의 휴가 규정이다. 다음 중 휴가규정에 대한 올바른 설명이 아닌 것은?

휴가종류		휴가사유	휴가일수
연가		정신적, 육체적 휴식 및 사생활 편의	재직기간에 따라 3 ~ 21일
병가		질병 또는 부상으로 직무를 수행할 수 없거나 전염병으로 다른 직원의 건강에 영향을 미칠 우려가 있을 경우	• 일반병가 : 60일 이내 • 공적병가 : 180일 이내
공가		징병검사, 동원훈련, 투표, 건강검진, 헌혈, 천재지변, 단체교섭 등	공가 목적에 직접 필요한 시간
특별휴가	경조사 휴가	결혼, 배우자 출산, 입양, 사망 등 경조사	대상에 따라 1 ~ 20일
	출산 휴가	임신 또는 출산 직원	출산 전후 총 90일 (한 번에 두 자녀 출산 시 120일)
	여성보건 휴가	매 생리기 및 임신한 여직원의 검진	매월 1일
	육아시간 및 모성보호시간	생후 1년 미만 유아를 가진 직원 및 임신 직원	1일 1 ~ 2시간
	유산 · 사산 휴가	유산 또는 사산한 경우	임신기간에 따라 5 ~ 90일
	불임치료 휴가	불임치료 시술을 받는 직원	1일
	수업 휴가	한국방송통신대학에 재학 중인 직원 중 연가일수를 초과하여 출석 수업에 참석 시	연가일수를 초과하는 출석수업 일수
	재해 구호 휴가	풍수해, 화재 등 재해피해 직원 및 재해지역 자원봉사 직원	5일 이내
	성과우수자 휴가	직무수행에 탁월한 성과를 거둔 직원	5일 이내
	장기재직 특별휴가	10 ~ 19년, 20 ~ 29년, 30년 이상 재직자	10 ~ 20일
	자녀 군 입영 휴가	군 입영 자녀를 둔 직원	입영 당일 1일
	자녀돌봄 휴가	어린이집 ~ 고등학교 재학 자녀를 둔 직원	2일(3자녀인 경우 3일)

※ **휴가일수의 계산**

• 연가, 병가, 공가 및 특별휴가 등의 휴가 일수는 휴가 종류별로 따로 계산

• 반일연가 등의 계산

- 반일연가는 14시를 기준으로 오전, 오후로 사용, 1회 사용을 4시간으로 계산
- 반일연가 2회는 연가 1일로 계산
- 지각, 조퇴, 외출 및 반일연가는 별도 구분 없이 계산, 누계 8시간을 연가 1일로 계산하고, 8시간 미만의 잔여시간은 연가일수 미산입

① 출산휴가와 육아시간 및 모성보호시간 휴가는 출산한 여성이 사용할 수 있는 휴가다.
② 15세 이상 자녀가 있는 경우에도 자녀를 돌보기 위하여 휴가를 사용할 수 있다.
③ 재직기간에 따라 휴가 일수가 달라지는 휴가 종류는 연가밖에 없다.
④ 징병검사나 동원훈련에 따른 휴가 일수는 정해져 있지 않다.
⑤ 30년 이상 재직한 직원의 최대 장기재직 특별휴가 일수는 20일이다.

22 다음 표는 다음 표는 A, B, C, D 4명의 성별, 연차, 취미, 좋아하는 업무를 조사하여 나타낸 표이다. 이를 근거로 아래 〈조건〉에 맞도록 TF팀을 구성하려고 한다. 다음 중 함께 TF팀이 구성될 수 있는 경우는 어느 것인가?

이름	성별	연차	취미	좋아하는 업무
A	남자	10년차	수영	회계
B	남자	2년차	기타(Guitar)	수출
C	여자	7년차	농구	외환
D	여자	3년차	피아노	물류

〈조건〉
㉠ 취미가 운동인 직원은 반드시 수출을 좋아하는 직원과 TF팀을 구성한다.
㉡ 짝수 연차 직원은 홀수 인원으로 TF팀을 구성할 수 없다.
㉢ 남직원만으로는 TF팀을 구성할 수 없다.

① A, B
② B, C
③ C, D
③ A, B, C
④ A, C, D

23 공단에서는 신입사원 두 명을 채용하기 위하여 서류와 필기 전형을 통과한 갑, 을, 병, 정 네 명의 최종 면접을 실시하려고 한다. 아래 표와 같이 네 개 부서의 팀장이 각각 네 명을 모두 면접에 참석하여 최종 선정 우선순위를 결정하였다. 면접 결과에 대한 〈보기〉와 같은 설명 중 적절한 것을 모두 고르면?

	A팀장	B팀장	C팀장	D팀장
최종 선정자 (1/2/3/4순위)	을/정/갑/병	갑/을/정/병	을/병/정/갑	병/정/갑/을

※ 우선순위가 높은 사람 순으로 2명을 채용하며, 동점자는 A, B, C, D팀장 순으로 부여한 고순위자로 결정함

※ 팀장별 순위에 대한 가중치는 모두 동일하다.

〈보기〉

㉠ '을' 또는 '정' 중 한 명이 입사를 포기하면 '갑'이 채용된다.

㉡ A팀장이 '을'과 '정'의 순위를 바꿨다면 '갑'이 채용된다.

㉢ B팀장이 '갑'과 '병'의 순위를 바꿨다면 '정'은 채용되지 못한다.

① ㉠

② ㉠㉡

③ ㉠㉢

④ ㉡㉢

⑤ ㉠㉡㉢

24 다음 지문을 바탕으로 A 연구기관의 〈연구결과〉를 주장하기 위한 직접적 근거가 될 수 있는 것을 고르면?

> 한 아동이 다른 사람을 위하여 행동하는 매우 극적인 장면이 담긴 'Lassie'라는 프로그램을 매일 5시간 이상 시청한 초등학교 1, 2학년 아동들은 이와는 전혀 다른 내용이 담긴 프로그램을 시청한 아동들보다 훨씬 더 협조적이고 타인을 배려하는 행동을 보여주었다. 반면에 텔레비전을 통해 매일 3시간 이상 폭력물을 시청한 아동과 청소년들은 텔레비전 속에서 보이는 성인들의 폭력행위를 빠른 속도로 모방하였다.

> 〈연구결과〉
>
> A 연구기관은 텔레비전 속에서 보이는 폭력이 아동과 청소년의 범죄행위를 유발시킬 가능성이 크다는 결과를 제시하였다.

① 전국의 성인교도소에 폭행죄로 수감되어 있는 재소자들은 6세 이후 폭력물을 매일 적어도 6시간 이상씩 시청했었다.

② 전국의 소년교도소에 폭행죄로 수감되어 있는 재소자들은 6세 이후 폭력물을 매일 적어도 4시간 이상씩 시청했었다.

③ 전국의 소년교도소에 폭행죄로 수감되어 있는 청소년들은 매일 저녁 교도소 내에서 최소한 3시간씩 폭력물을 시청한다.

④ 6세에서 12세 사이에 선행을 많이 하는 아동들이 성인이 되어서도 선행을 많이 한다.

⑤ 6세에서 12세 사이 아동은 타인을 모방하는 능력이 뛰어나다.

25 휴대전화 부품업체에 입사를 준비하는 K는 서류전형, 필기시험을 모두 통과한 후 임원 면접을 앞두고 있다. 다음은 임원 면접 시 참고자료로 나눠준 글이다. 면접관이 질문할 예상 질문으로 적절하지 못한 것은?

> 무선으로 전력을 주고받으면, 전원을 직접 연결하는 유선보다 효율은 떨어지지만 전자 제품을 자유롭게 이동하며 사용할 수 있는 장점이 있다. 이처럼 무선으로 전력을 주고받을 수 있도록 전자기를 활용하여 전기를 공급하거나 이용하는 기술이 무선 전력 전송 방식인데 대표적으로 '자기 유도 방식'과 '자기 공명 방식' 두 가지를 들 수 있다. 자기 유도 방식은 변압기의 원리와 유사하다. 변압기는 네모 모양의 철심 좌우에 코일을 감아, 1차 코일에 '+, −' 극성이 바뀌는 교류 전류를 보내면 마치 자석을 운동시켜서 자기장을 형성하는 것처럼 1차 코일에서도 자기장을 형성한다. 이 자기장에 의해 2차 코일에 전류가 만들어지는데 이 전류를 유도전류라 한다. 변압기는 자기장의 에너지를 잘 전달할 수 있는 철심이 있으나, 자기 유도 방식은 철심이 없이 무선 전력 전송을 하는 것이다. 이러한 자기 유도 방식은 전력 전송 효율이 90% 이상으로 매우 높다는 장점이 있다. 하지만 1차 코일에 해당하는 송신부와 2차 코일에 해당하는 수신부가 수 센티미터 이상 떨어지거나 송신부와 수신부의 중심이 일치하지 않게 되면 전력 전송 효율이 급격히 저하된다는 문제점이 있다. 휴대전화 같은 경우, 충전 패드에 휴대전화를 올려놓는 방식으로 거리 문제를 해결하고 충전 패드 전체에 코일을 배치하여 송수신부 간 전송 효율을 높임으로써 무선 충전이 가능하도록 하였다. 다만 휴대전화는 직류 전류를 사용하기 때문에 1차 코일로부터 2차 코일에 유도된 교류 전류를 직류 전류로 변환해 주는 정류기가 충전 단계 전에 필요하다.
> 두 번째 전송 방식은 자기 공명 방식이다. 다양한 소리굽쇠 중에 하나를 두드리면 동일한 고유 진동수를 가지는 소리 굽쇠가 같이 진동하는 물리적 현상이 공명이다. 자기장에 공명이 일어나도록 1차 코일과 공진기를 설계하여 공진 주파수를 만든다. 이후 2차 코일과 공진기를 설계하여 공진 주파수가 전달되도록 하는 것이 자기 공명 방식의 원리이다. 이러한 특성으로 인해 자기 공명 방식은 자기 유도 방식과 달리 수 미터 가량 근거리 전력 전송이 가능하다는 장점이 있다. 이 방식이 상용화된다면, 송신부와 공명되는 여러 전자 제품을 전원을 연결하지 않아도 사용할 수 있거나 충전할 수 있다. 그러나 실험 단계의 코일 크기로는 일반 가전제품에 적용할 수 없으므로 코일을 소형화해야 할 필요가 있다. 따라서 이를 해결하기 위한 연구가 필요하다.

① 자기 공명 방식의 장점은 무엇인가?
② 자기 유도 방식의 문제점은 무엇인가?
③ 변압기에서 철심은 어떤 역할을 하는가?
④ 자기 공명 방식의 효율을 높이는 방법은 무엇인가?
⑤ 자기 공명 방식의 원리는 무엇인가?

26 네 명의 볼링 선수 甲, 乙, 丙, 丁이 토너먼트 경기를 하였다. 경기를 관람한 세 사람 A, B, C에게 경기 결과를 물어 보았더니 다음과 같이 대답하였다.

> A : 丁이 1등, 丙이 3등을 했습니다.
> B : 乙이 2등, 丁이 3등을 했습니다.
> C : 甲이 1등, 乙이 4등을 했습니다.

모두 두 사람의 순위를 대답했지만, 두 사람의 순위 중 하나는 옳고 하나는 틀리다고 할 때, 실제 선수들의 순위는?

	1등	2등	3등	4등
①	乙	甲	丁	丙
②	丙	丁	甲	乙
③	丁	丙	乙	甲
④	甲	乙	丙	丁
⑤	甲	丙	丁	乙

27 甲은 인공지능 컴퓨터 A와 대결을 위해 전략을 짜려고 한다. 다음과 같은 조건일 때 甲이 세울 수 있는 전략에 대한 설명으로 옳은 것은?

〈조건〉

가. A와 매번 대결할 때마다, 甲은 A, B, C 전략 중 하나를 선택할 수 있다.

나. A는 대결을 거듭할수록 학습을 통해 각각의 전략에 대응하므로, 동일한 전략을 사용할수록 甲이 승리할 확률은 하락한다.

다. 각각의 전략을 사용한 횟수에 따라 각 대결에서 甲이 승리할 확률은 아래와 같고, 甲도 그 사실을 알고 있다.

〈전략별 사용횟수에 따른 甲의 승률〉

(단위 : %)

전략종류 \ 전략별 사용횟수	1회	2회	3회	4회
A 전략	60	50	40	0
B 전략	70	30	20	0
C 전략	90	40	10	0

① 총 3번의 대결을 하면서 승리할 확률이 가장 높은 전략부터 사용할 시에 세 가지 전략 중 한 가지 전략은 사용되지 않는다.

② 甲이 오직 하나의 전략만을 사용하여 3번의 대결에서 승리할 확률을 높인다면 C전략을 사용해야 한다.

③ 4번의 대결을 하면서 승리할 확률이 높은 전략부터 사용하면 4번째 대결에서 B전략을 사용해야 한다.

④ 甲이 하나의 전략만으로 2번의 대결에서 모두 패배할 확률을 낮추려면 C전략을 사용해야 한다.

⑤ 甲이 6번의 대결을 하면서 승률이 가장 높은 전략을 세울 때 모든 전략이 2회씩 사용된다.

28 다음 글과 평가 내역을 근거로 한 〈보기〉의 내용 중 적절한 것을 모두 고른 것은?

甲시(市)에는 A, B, C, D 네 개의 사회인 야구팀이 있으며 시에서는 야구 활성화를 위해 네 개 야구팀에게 각종 지원을 하고 있다. 매년 네 개 야구팀에 대한 평가를 실시하여 종합 순위를 산정한 후, 1 ~ 2위 팀에게는 시에서 건설한 2개의 시립 야구장을 매주 일요일 이용할 수 있도록 허가해 주고 있으며, 3위 팀까지는 다음 해의 전국 대회 출전 자격이 부여된다. 4위를 한 팀은 장비 구입 지원 금액이 30% 삭감되며, 순위가 오르면 다음 해의 지원 금액이 다시 원상 복귀된다. 평가 방법은 다음 표와 같이 네 개 항목을 기준으로 점수를 부여하고 항목별 가중치를 곱한 값을 부여된 점수에 합산하여 총점을 산출한다.

〈올해의 팀별 평가 내역〉

평가 항목(가중치)	A팀	B팀	C팀	D팀
팀 성적(0.3)	65	80	75	85
연간 경기 횟수(0.2)	90	95	85	90
사회공헌활동(0.3)	95	75	85	80
지역 인지도(0.2)	95	85	95	85

〈보기〉

㉠ 내년에는 C팀과 D팀이 매주 일요일 시립 야구장을 사용하게 된다.
㉡ 팀 성적과 연간 경기 횟수에 대한 가중치가 바뀐다면 지원금이 삭감되는 팀도 바뀌게 된다.
㉢ 내년 甲시에서 전국 대회에 출전할 팀은 A, C, D팀이다.
㉣ 지역 인지도 점수가 네 팀 모두 동일하다면 네 개 팀의 순위가 모두 달라진다.

① ㉠㉡ ② ㉡㉢
③ ㉢㉣ ④ ㉡㉢㉣
⑤ ㉠㉡㉢㉣

29 다음 중 근로윤리에 관한 설명으로 옳지 않은 것은?

① 정직은 신뢰를 형성하는 데 기본적인 규범이다.
② 정직은 부정직한 관행을 인정하지 않는다.
③ 신용을 위해 동료와 타협하여 부정직을 눈감아준다.
④ 신용을 위해 잘못된 것도 정직하게 밝혀야 한다.
⑤ 성실은 자신의 일에 최선을 다하고자 하는 마음자세를 가지고 일하는 것이다.

30 다음 설명은 직업윤리의 덕목 중 무엇에 해당하는가?

> 자신의 일이 누구나 할 수 있는 것이 아니라 해당 분야의 지식과 교육을 밑바탕으로 성실히 수행해야만 가능한 것이라 믿고 수행하는 태도를 말한다.

① 소명의식
② 직분의식
③ 전문가의식
④ 봉사의식
⑤ 천직의식

31 다음은 직장 내 SNS 활용에 있어서의 매너에 관한 사항이다. 잘못 설명된 것을 고르면?

① 대화시작은 인사로 시작하고 마무리 또한 인사를 하는 습관을 들여야 한다.
② 메신저 등을 사용함에 있어서 매너에도 특별히 신경을 써야 한다.
③ 불필요한 내용은 금지하고 업무에 대한 내용으로 간략히 활용해야 한다.
④ 메신저 사용 시 상대를 확인하고 대화를 시작해야 한다.
⑤ 직급이 높은 상사라 하더라도 업무의 효율성을 높이기 위해 메신저로 업무 보고하는 것이 좋다.

32 다음은 비즈니스 매너 중 업무상 방문 및 가정방문에 관한 설명이다. 이 중 가장 바르지 않은 항목을 고르면?

① 사전에 회사 방문에 대한 약속을 정한 후에 명함을 준비해서 방문해야 한다.
② 사전에 초대를 받지 않은 사람과의 동행이라 하더라도 그 전에 회사를 방문한다고 약속을 한 경우에는 매너에 어긋나지 않는다.
③ 가정을 방문할 시에는 정시에 도착해야 한다.
④ 가정방문 초청을 받고 도착해서 레인 코트 및 모자 등은 벗어야 하지만, 외투는 벗지 않아도 된다.
⑤ 손님용으로 1인 소파는 앉아도 되지만, 상석의 경우에는 권하지 않는 이상 먼저 앉지 않는 것이 예의이다.

| 33~34 | 다음 자료를 읽고 이어지는 물음에 답하시오.

증여세는 타인으로부터 무상으로 재산을 취득하는 경우, 취득자에게 무상으로 받은 재산가액을 기준으로 하여 부과하는 세금이다. 특히, 증여세 과세대상은 민법상 증여뿐만 아니라 거래의 명칭, 형식, 목적 등에 불구하고 경제적 실질이 무상 이전인 경우 모두 해당된다. 증여세는 증여받은 재산의 가액에서 증여재산 공제를 하고 나머지 금액(과세표준)에 세율을 곱하여 계산한다.

증여재산 − 증여재산공제액 = 과세표준
과세표준 × 세율 = 산출세액

증여가 친족 간에 이루어진 경우 증여받은 재산의 가액에서 다음의 금액을 공제한다.

증여자	공제금액
배우자	6억 원
직계존속	5천만 원
직계비속	5천만 원
기타친족	1천만 원

수증자를 기준으로 당해 증여 전 10년 이내에 공제받은 금액과 해당 증여에서 공제받을 금액의 합계액은 위의 공제금액을 한도로 한다.
또한, 증여받은 재산의 가액은 증여 당시의 시가로 평가되며, 다음의 세율을 적용하여 산출세액을 계산하게 된다.

〈증여세 세율〉

과세표준	세율	누진공제액
1억 원 이하	10%	−
1억 원 초과~5억 원 이하	20%	1천만 원
5억 원 초과~10억 원 이하	30%	6천만 원
10억 원 초과~30억 원 이하	40%	1억 6천만 원
30억 원 초과	50%	4억 6천만 원

※ 증여세 자진신고 시 산출세액의 7% 공제함

33 위의 증여세 관련 자료를 참고할 때, 다음 〈보기〉와 같은 세 가지 경우에 해당하는 증여재산 공제액의 합은 얼마인가?

〈보기〉

- 아버지로부터 여러 번에 걸쳐 1천만 원 이상 재산을 증여받은 경우
- 성인 아들이 아버지와 어머니로부터 각각 1천만 원 이상 재산을 증여받은 경우
- 아버지와 삼촌으로부터 1천만 원 이상 재산을 증여받은 경우

① 5천만 원

② 6천만 원

③ 1억 원

④ 1억 5천만 원

⑤ 1억 6천만 원

34 성년인 김부자 씨는 아버지로부터 1억 7천만 원의 현금을 증여받게 되어, 증여세 납부 고지서를 받기 전 스스로 증여세를 납부하고자 세무사를 찾아 갔다. 세무사가 계산해 준 김부자 씨의 증여세 납부액은 얼마인가?

① 1,400만 원

② 1,302만 원

③ 1,280만 원

④ 1,255만 원

⑤ 1,205만 원

35 다음은 자원을 관리하는 기본 과정을 설명한 것이다. ㈎ ~ ㈑를 효율적인 자원관리를 위한 순서에 맞게 바르게 나열한 것은?

> ㈎ 확보된 자원을 활용하여 계획에 맞는 업무를 수행해 나가야 한다. 물론 계획에 얽매일 필요는 없지만 최대한 계획대로 수행하는 것이 바람직하다. 불가피하게 수정해야 하는 경우는 전체 계획에 미칠 수 있는 영향을 고려하여야 할 것이다.
> ㈏ 자원을 실제 필요한 업무에 할당하여 계획을 세워야 한다. 여기에서 중요한 것은 업무나 활동의 우선순위를 고려하는 것이다. 최종적인 목적을 이루는데 가장 핵심이 되는 것에 우선순위를 두고 계획을 세울 필요가 있다. 만약, 확보한 자원이 실제 활동 추진에 비해 부족할 경우 우선순위가 높은 것에 중심을 두고 계획하는 것이 바람직하다.
> ㈐ 실제 상황에서 그 자원을 확보하여야 한다. 수집 시 가능하다면 필요한 양보다 좀 더 여유 있게 확보할 필요가 있다. 실제 준비나 활동을 하는데 있어서 계획과 차이를 보이는 경우가 빈번하기 때문에 여유 있게 확보하는 것이 안전할 것이다.
> ㈑ 업무를 추진하는데 있어서 어떤 자원이 필요하며, 또 얼마만큼 필요한지를 파악하는 단계이다. 자원의 종류에는 크게 시간, 예산, 물적자원, 인적자원으로 나누어지지만 실제 업무 수행에서는 이보다 더 구체적으로 나눌 필요가 있다. 구체적으로 어떤 활동을 할 것이며, 이 활동에 어느 정도의 시간, 돈, 물적 · 인적자원이 필요한지를 파악한다.

① ㈐ − ㈑ − ㈏ − ㈎
② ㈑ − ㈐ − ㈎ − ㈏
③ ㈎ − ㈐ − ㈏ − ㈑
④ ㈑ − ㈏ − ㈐ − ㈎
⑤ ㈑ − ㈐ − ㈏ − ㈎

36 효과적인 물품관리를 위하여 '물품출납 및 운용카드'를 수기로 작성하였다. '물품출납 및 운영카드'를 활용할 때의 장점이 아닌 것은 무엇인가?

물품출납 및 운영카드			물품출납원			물품관리관	
분류번호	000-0000-0001		품명	자전거			
회계	재고 특별회계		규격	생략			
품종	생략		내용연수	3년	정수	1	단위	대
정리일자	취득일자	정리구분 증비서 번호	수량	단가	금액	재고 수량, 금액 운영 수량, 구매	
21.01.01	21.01.14	–	1	10만	10만	1 0	10만 –
20.12.01	20.12.14	–	2	10만	10만	0 0	– –
20.10.25	20.11.07	–	2	20만	20만	1 1	10만 20만
20.06.01	20.06.16	–	3	30만	30만	2 0	30만 –
20.04.01	20.04.12	–	2	10만	10만	0 2	– 20만

① 보유하고 있는 물품의 종류 및 양을 확인할 수 있다.

② 제품파악이 쉬우므로 일의 인계 작업이 쉽다.

③ 물품의 상태를 지속해서 점검할 수 있다.

④ 자료를 쉽고 빠르게 입력할 수 있다.

⑤ 분실의 위험을 줄일 수 있다.

Ⅰ37~38Ⅰ 다음은 A공단 문화센터에서 운영하고 있는 문화강좌 프로그램에 대한 수강료 반환기준이다. 이를 읽고 이어지는 물음에 답하시오.

〈수강료 반환기준〉

구분		반환사유 발생일	반환금액
수강료 징수기간	수강료 징수기간이 1개월 이내인 경우	수강 시작 전	이미 낸 수강료 전액
		총 수강시간의 1/3 경과 전	이미 낸 수강료의 2/3 해당액
		총 수강시간의 1/2 경과 전	이미 낸 수강료의 1/2 해당액
		총 수강시간의 1/2 경과 후	반환하지 아니함
	수강료 징수기간이 1개월을 초과하는 경우	수강 시작 전	이미 낸 수강료 전액
		수강 시작 후	반환사유가 발생한 당해 월의 반환대상 수강료(수강료징수 기간이 1개월 이내인 경우에 준하여 산출된 수강료를 말한다)와 나머지 월의 수강료 전액을 합산한 금액
센터의 귀책사유로 수강을 중단할 경우		중단일 이후	잔여기간에 대한 수강료 환급 (사유 발생일로부터 5일 이내에 환급)
비고		총 수강시간은 수강료 징수기간 중의 총 수강시간을 말하며, 반환금액의 산정은 반환사유가 발생한 날까지 경과된 수강시간을 기준으로 한다.	

37 다음 〈보기〉의 설명 중 위의 수강료 반환신청을 올바르게 이해한 것을 모두 고른 것은?

〈보기〉

㈎ 수강료 징수기간에 관계없이 수강 시작 전에는 이미 낸 수강료 전액을 환급받게 된다.
㈏ 수강료 징수기간이 1개월 이내인 경우에는 절반을 수강하였다면 환급액이 없으나, 수강료 징수기간이 3개월인 경우 절반을 수강하였다면 마지막 달 1개월 치의 수강료는 환급된다.
㈐ 센터의 사유로 인해 수강이 중단된 경우에는 전체 수강료를 환급받게 된다.
㈑ 매주 수요일 주 1회의 강좌를 7월 5일 수요일부터 수강하였으나 12일 2회 수강 이후 수강료 반환을 요구하게 된다면, 15일 이전이므로 1/2이 경과하지 않은 것으로 간주된다.

① ㈎, ㈑
② ㈏, ㈐
③ ㈎, ㈏
④ ㈎, ㈐
⑤ ㈐, ㈑

38 다음 중 반환되어야 할 수강료의 금액이 가장 큰 경우는 어느 것인가? (각 강좌의 수강료는 전 수강기간 동안 매월 동일함)

① 5개월 코스의 기타 강좌, 총 25만 원 납부, 4개월 완료 후 환급 요청
② 3개월 코스의 요가 강좌, 총 20만 원 납부, 2개월 완료 후 환급 요청
③ 3개월 코스의 헬스장, 총 27만 원 납부, 3개월 첫 주 이후 환급 요청
④ 4개월 코스의 요리 강좌 총 32만 원 납부, 2개월 둘째 주 완료 후 환급 요청(주 1회 강좌)
⑤ 1개월 코스의 주식 투자 강좌 21만 원 납부, 1주 수강 후 환급 요청

39 사원 K에게 조언할 내용 중 옳지 않은 것은 무엇인가?

> 입사한지 2년이 넘은 K 사원은 요즘 부쩍 고민이 늘었다. 매일 매일 바쁘게 일상을 살고 있지만, 업무를 마칠 때까지 걸리는 시간이 상대적으로 오래 걸려서 상사에게 재촉을 받는 일이 많다. 또한, 월급 관리도 어려움을 느끼고 있어 직장 생활의 전반적인 부분에 회의감으로 힘들어하고 있다.

① 지금 하는 업무들이 단독으로 할 수 있는 일들인지 확인해 볼 필요가 있어 여러 사람이 같이 해야 하는 일임에도 불구하고 혼자 하고 있는 거라면 당연히 업무 목표달성시간을 맞추기 어려워질 수 있지
② 자신의 소비습관을 확인해 봐야 해. 신용카드를 많이 사용하다 보면 자신이 사용가능한 금액보다 초과로 사용하는 경우도 생기므로 고정 지출과 선저축을 통해 내가 사용할 수 있는 금액만을 가지고 생활계획을 세우는 것도 큰 도움이 될 거야
③ 내가 지금까지 K 사원을 지켜본 바로 K 사원은 항상 부산스럽고 책상도 정리가 안 되어 있더라고, 책상이 지저분하면 업무를 효율적으로 하기 힘들어지기 때문에 책상을 잘 정리 정돈하면 도움이 많이 될 거 같아
④ 업무를 제시간에 못 끝내고, 자산관리에 실패하는 주된 원인 중 하나는 하는 일에 대한 우선순위 설정에 실패했기 때문이야. 일과 양의 기준으로 우선순위를 정하여 일을 진행한다면 이번과 같은 일로 고민하는 경우는 없을 거야
⑤ 매일 같은 업무를 반복하기 때문에 하는 일에 대한 매너리즘에 빠질 수도 있어 그럴 때일수록 자신의 맡은 일을 묵묵히 하면서 돌파구를 찾도록 노력해야 해

40 다음은 기업의 연차휴가에 관한 규정이다. 다음 규정을 참고할 때, 올바른 설명은 어느 것인가?

제12조(연차휴가)

① 1년간 8할 이상 출근한 직원에게 15일의 연차휴가를 준다.

② 계속근로연수가 1년 미만인 직원에게 1월간 개근 시 1일의 연차휴가를 준다.

③ 직원의 최초 1년간의 근로에 대하여 연차휴가를 주는 경우에는 제2항의 규정에 의한 휴가를 이미 사용한 경우에는 그 사용한 휴가일수를 15일에서 공제한다.

④ 3년 이상 계속근무한 직원에 대하여는 제1항의 규정에 의한 휴가에 최초 1년을 초과하는 계속근로연수 매 2년에 대하여 1일을 가산한 휴가를 주어야 한다. 이 경우 가산휴가를 포함한 총 휴가일수는 25일을 한도로 한다.

⑤ 직원이 업무상의 부상 또는 질병으로 인하여 병가 또는 휴직한 기간과 산전 · 산후의 직원이 휴직한 기간은 연차휴가기간을 정함에 있어서 출근한 것으로 본다.

⑥ 연차휴가는 14시를 전후하여 4시간씩 반일 단위로 허가할 수 있으며, 반일 연차휴가 2회는 연차휴가 1일로 계산한다.

⑦ 직원의 연차 유급휴가를 연 2회(3/1, 9/1)기준으로 부여한다.

제12조의2(연차휴가의 사용촉진)

① 회사가 제12조 제1항 · 제3항 및 제4항의 규정에 의한 연차휴가의 사용을 촉진하기 위하여 다음과 같이 조치를 하였음에도 불구하고 직원이 1년간 휴가를 사용하지 아니하여 소멸된 경우에는 회사는 그 미사용 휴가에 대하여 연차수당을 지급하지 않는다.

1. 휴가 소멸기간이 끝나기 6개월 전을 기준으로 10일 이내에 직원의 직근 상위자가 직원별로 그 미사용 휴가일수를 알려주고, 직원이 그 사용 시기를 정하여 직근 상위자에게 통보하도록 서면으로 촉구할 것
2. 제1호의 규정에 의한 촉구에도 불구하고 직원이 촉구를 받은 때부터 10일 이내에 미사용 휴가의 전부 또는 일부의 사용 시기를 정하여 직근 상위자에게 통보하지 아니한 경우에는 휴가 소멸기간이 끝나기 2개월 전까지 직근 상위자가 미사용 휴가의 사용 시기를 정하여 직원에게 서면으로 통보할 것

① 甲은 입사 첫 해에 연차휴가를 3일 사용하고 8할 이상 출근하여 2년 차에 연차 휴가를 15일 받는다.

② 乙은 계속근로연수가 8년이 되어 19일의 연차휴가를 받았다.

③ 丙은 직근 상위자로부터 잔여 휴가 일수에 대한 서면 통보를 받지 못하여 연차수당을 지급받을 수 없다.

④ 계속근로연수 3년인 丁이 3년 차에 반일 연차를 6회 사용하였다면 남은 연차휴가 일수는 13일이 된다.

⑤ 계속근로연수가 5년인 戊가 5년 차에 직근 상위자에 의한 서면 통보를 받았음에도 불구하고 질병으로 인한 병가만 3일 사용하였다면, 소멸되는 연차휴가 일수는 14일이다.

 한국사

1 1960년대 전반 남북한에서 각기 조사 발굴되어 한국사에서 구석기시대의 존재를 확인시켜 준 유적들을 바르게 짝지은 것은?

	남한	북한
①	제주 빌레못 유적	상원 검은모루 유적
②	공주 석장리 유적	웅기 굴포리 유적
③	단양 상시리 유적	덕천 승리산 유적
④	연천 전곡리 유적	평양 만달리 유적
⑤	청주 두루봉 궁굴	서울 암사동 유적

2 삼한(마한 · 진한 · 변한)에 관한 다음의 설명 중 가장 옳지 않은 것은?

① 정치적으로는 군장이 다스리는 체제이다.
② 삼한의 제천행사는 계절제(5월, 10월)이다.
③ 밭농사를 중심으로 하고 철을 화폐처럼 활용하였다.
④ 삼한은 제정분리 사회이다.
⑤ 제사장인 천군과 신성 지역인 소도가 있었다.

3 밑줄 친 '왕'의 재위 기간에 있었던 사실로 옳은 것은?

> 나라 안의 여러 군현에서 공부(貢賦)를 바치지 않으니 창고가 비어 버리고 나라의 쓰임이 궁핍해졌다. 왕이 사신을 보내어 독촉하자, 이로 말미암아 곳곳에서 도적이 벌떼처럼 일어났다. 이때 원종과 애노 등이 사벌주에 웅거하여 반란을 일으켰다.

① 발해가 멸망하였다.
② 국학을 설치하였다.
③ 최치원이 시무책 10여 조를 건의하였다.
④ 장보고의 건의에 따라 청해진이 설치되었다.
⑤ 분황사 모전석탑을 건립하였다.

4 삼국통일 후에 신라가 다음과 같은 정책을 실시하게 된 궁극적인 목적으로 옳은 것은?

> • 문무왕은 고구려, 백제인에게도 관직을 내렸다.
> • 옛 고구려, 백제 유민을 포섭하려 노력했다.
> • 고구려인으로 이루어진 황금서당이 조직되었다.
> • 말갈인으로 이루어진 흑금서당이 조직되었다.

① 통치제도정비
② 전제왕권강화
③ 농민생활안정
④ 지방행정조직의 정비
⑤ 민족융합정책

5 다음 중 원간섭기 때의 설명으로 옳지 않은 것은?

① 왕권이 원에 의해 유지되면서 통치 질서가 무너져 제기능을 수행하기 어려워졌다.
② 충선왕은 사림원을 통해 개혁정치를 실시하면서, 우선적으로 충렬왕의 측근세력을 제거하고 관제를 바꾸었다.
③ 공민왕 때에는 정치도감을 통해 개혁정치가 이루어지면서 대토지 겸병 등의 폐단이 줄어들었다.
④ 고려는 일 년에 한 번 몽고에게 공물의 부담이 있었다.
⑤ 응방을 설치하여 매를 수탈하였고, 이문소를 통해 고려의 내정에 간섭하였다.

6 다음의 내용과 관계있는 인물은?

> 금강삼매경론, 대승기신론소 등을 저술하여 불교를 이해하는 기준을 확립하였으며, 불교의 대중화에 공헌하였다.

① 원효 ② 의상
③ 의천 ④ 지눌
⑤ 설총

7 다음 아래 각 시기의 사건에 대한 설명으로 옳은 것은?

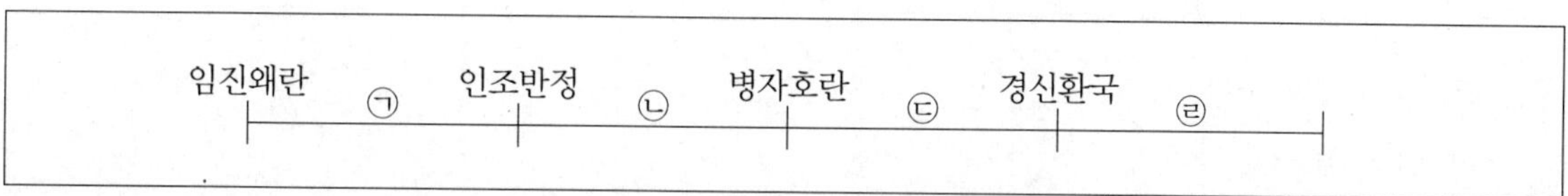

① ㉠ 시기에 북인정권이 외교정책을 추진했다.
② ㉡ 시기에 송시열이 북벌론을 주장하였다.
③ ㉢ 시기에는 예송논쟁이 펼쳐졌다.
④ ㉢ 시기에 동인이 북인과 남인으로 나뉘었다.
⑤ ㉣ 시기에 남인이 집권하게 되었다.

8 고대 여러 나라의 무역활동에 관한 설명으로 옳지 않은 것은?

① 고구려 – 중국의 남북조 및 유목민인 북방 민족과 무역하였다.
② 백제 – 남중국 및 왜와 무역을 하였다.
③ 발해 – 당과 평화관계가 성립되어 무역이 활발하게 이루어졌다.
④ 통일신라 – 삼국통일 직후 당, 일본과 활발하게 교류하였다.
⑤ 고려 – 공무역이 중심이었으며, 송나라와의 무역이 가장 큰 비중을 차지했다.

9 다음 중 고려시대 토지제도의 기본이 되었던 것은?

① 과전법
② 전시과
③ 녹읍
④ 녹과전
⑤ 관료전

10 조선시대 토지제도에 대한 설명이다. 변천순서로 옳은 것은?

㉠ 국가의 재정기반과 신진사대부세력의 경제기반을 확보하기 위해 시행되었다. ㉡ 현직관리에게만 수조권을 지급하였다. ㉢ 관청에서 수조권을 행사하여 백성에게 조를 받아, 관리에게 지급하였다. ㉣ 국가가 관리에게 현물을 지급하는 급료제도이다.

① ㉠ – ㉡ – ㉢ – ㉣
② ㉠ – ㉢ – ㉡ – ㉣
③ ㉢ – ㉡ – ㉠ – ㉣
④ ㉢ – ㉠ – ㉣ – ㉡
⑤ ㉣ – ㉠ – ㉢ – ㉡

11 (가) 시기에 볼 수 있는 장면으로 적절한 것은?

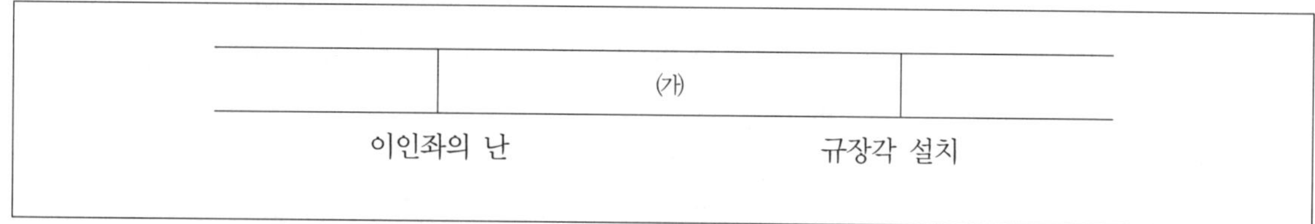

① 당백전으로 물건을 사는 농민
② 금난전권 폐지를 반기는 상인
③ 전(錢)으로 결작을 납부하는 지주
④ 경기도에 대동법 실시를 명하는 국왕
⑤ 서북인 차별로 인해 민란을 일으키는 농민

12 다음에 해당하는 세력에 대한 설명으로 옳은 것은?

> 경제력을 토대로 과거를 통해 관계에 진출한 향리출신자들이다. 이들은 사전의 폐단을 지적하고, 권문세족과 대립하였으며 구질서와 여러 가지 모순을 비판하고 전반적인 사회개혁과 문화혁신을 추구하였다. 이들은 온건파와 급진파로 나뉘는데 조선건국을 도운 급진파가 조선의 지배층이 되었다.

① 북쪽의 홍건적과 해안 지역의 왜구를 토벌하는 과정에서 등장한 무인 집단이다.
② 원간섭기 이후 중류층 이하에서 전공을 세우거나 몽고귀족과의 혼인을 통해서 정계의 요직을 장악하고, 음서로서 신분을 유지하고 광범위한 농장을 소유하였다.
③ 6두품과 호족들이 중앙으로 진출하여 결혼을 통하여 거대한 가문을 이루고 관직을 독점하며 각종 특권을 누렸다.
④ 하급 관리나 향리의 자제 중 과거를 통해 벼슬에 진출하고 성리학을 공부하고 유교적 소양을 갖추고 행정 실무에도 밝은 학자 출신 관료이다.
⑤ 자기 근거지에 성을 쌓고 군대를 보유하여 스스로 성주 혹은 장군이라 칭하면서, 그 지방의 행정권과 군사권을 장악하였을 뿐 아니라 경제적 지배력도 행사하였다.

13 다음의 내용과 관련 있는 것은?

> 향촌의 덕망 있는 인사들로 구성되어 지방민의 자치를 허용하고 자율적인 규약을 만들었고, 중집권과 지방자치는 효율적으로 운영하였다.

㉠ 승정원	㉡ 유향소
㉢ 홍문관	㉣ 경재소

① ㉠㉡
② ㉡㉢
③ ㉠㉢
④ ㉡㉣
⑤ ㉠㉣

14 불교의 교리를 알지 못하여도 '나무아미타불 관세음보살'만 외우면 서방의 극락에서 왕생할 수 있다고 주장한 승려는?

① 원측
② 지눌
③ 의상
④ 혜초
⑤ 원효

15 다음 중 실학자와 그의 주장을 바르게 연결한 것은?

① 이익 – 중상주의 실학자로 상공업의 발달을 강조하였다.
② 박제가 – 절약과 저축의 중요성을 강조하였다.
③ 박지원 – 우서에서 우리나라와 중국의 문물을 비교 · 분석하여 개혁안을 제시하였다.
④ 정약용 – 토지의 공동소유 및 공동경작 등을 통한 집단 농장체제를 주장하였다.
⑤ 홍대용 – 신분에 따라 토지를 차등분배하자는 내용의 균전론을 주장하였다.

16 조선시대의 사화를 발생한 순서대로 나열한 것은?

㉠ 갑자사화	㉡ 기묘사화
㉢ 무오사화	㉣ 을사사화

① ㉠ − ㉡ − ㉢ − ㉣
② ㉡ − ㉠ − ㉣ − ㉢
③ ㉢ − ㉠ − ㉡ − ㉣
④ ㉣ − ㉠ − ㉡ − ㉢
⑤ ㉣ − ㉡ − ㉠ − ㉢

17 다음 지문의 밑줄 친 '그'가 집권하여 개혁을 펼치던 시기에 발생한 역사적 사실을 모두 고르면?

> 그는 "백성을 해치는 자는 공자가 다시 살아난다 해도 내가 용서하지 않을 것이다."는 단호한 결의로 47개소만 남기고 대부분의 서원을 철폐하였다.

㉠ 갑신정변	㉡ 신미양요
㉢ 임술농민봉기	㉣ 제너럴셔먼호 사건
㉤ 오페르트 도굴 사건	

① ㉠㉡㉤ ② ㉠㉢㉣
③ ㉡㉣㉤ ④ ㉡㉢㉤
⑤ ㉢㉣㉤

18 다음 보기의 내용과 같은 시기에 일어난 역사적 사실로 옳은 것은?

> 비밀결사조직으로 국권회복과 공화정체의 국민국가 건설을 목표로 하였다. 국내적으로 문화적 · 경제적 실력양성운동을 펼쳤으며, 국외로 독립군기지 건설에 의한 군사적인 실력양성운동에 힘쓰다가 105인 사건으로 해체되었다.

① 차관제공에 의한 경제예속화정책에 반대하여 국민들이 국채보상기성회를 조직하여 모금운동을 벌였다.
② 자주제가 강화되고 소작농이 증가하면서, 고율의 소작료로 인하여 농민들이 몰락하였다.
③ 노동자들은 생존권을 지키기 위하여 임금인상이나 노동조건 개선 등을 주장하는 노동운동을 벌였다.
④ 일본 상품을 배격하고 국산품을 애용하자는 운동을 전개하였다.
⑤ 광주 지역의 학생들이 주도하여 시위운동에 진상 조사단을 파견하였다.

19 다음과 같은 식민 통치의 근본적 목적으로 옳은 것은?

> • 총독은 원래 현역군인으로 임명되는 것이 원칙이었으나, 문관도 임명될 수 있게 하였다.
> • 헌병 경찰이 보통 경찰로 전환되었다.
> • 민족 신문 발행을 허가하였다.
> • 교육은 초급의 학문과 기술교육만 허용되었다.

① 소수의 친일분자를 키워 우리 민족을 이간하여 분열시키는 것이 목적이었다.
② 한반도를 대륙 침략의 병참기지로 삼고 태평양전쟁을 도발하였다.
③ 한국의 산업을 장악하여 상품시장화 하였다.
④ 1910년대의 무단통치에 대한 반성으로 시행하였다.
⑤ 한국인들의 민족의식을 억누르고, 우민화하고자 하였다.

20 다음 자료가 발표되기 이전에 나타난 정책으로 옳은 것은?

> • 청국에 의존하는 관념을 버리고 자주독립의 기초를 세운다.
> • 왕실 사무와 국정 사무는 반드시 분리하여 서로 뒤섞이는 것을 금한다.
> • 조세의 부과와 징수, 경비의 지출은 모두 탁지아문에서 관할한다.

① 대한국국제를 발표하였다.
② 태양력을 사용하도록 하였다.
③ 6조를 8아문으로 개편하였다.
④ 건양이라는 연호를 제정하였다.
⑤ 재정을 탁지부에서 전관하였다.

제 04 회 60문항/60분 실력평가 모의고사

※ 직업능력(40문항), 한국사(20문항)를 수록하여 임의로 시험시간을 설정하였습니다. 실제 시험은 총 80문항/80분으로 진행되는 점 참고하시기 바랍니다.

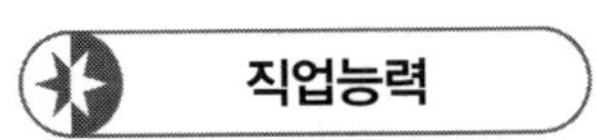

1 H공단의 다음과 같은 조직도를 참고할 때, 〈보기〉와 같은 개선 사항을 반영한 업무 변경에 대한 올바른 지적은?

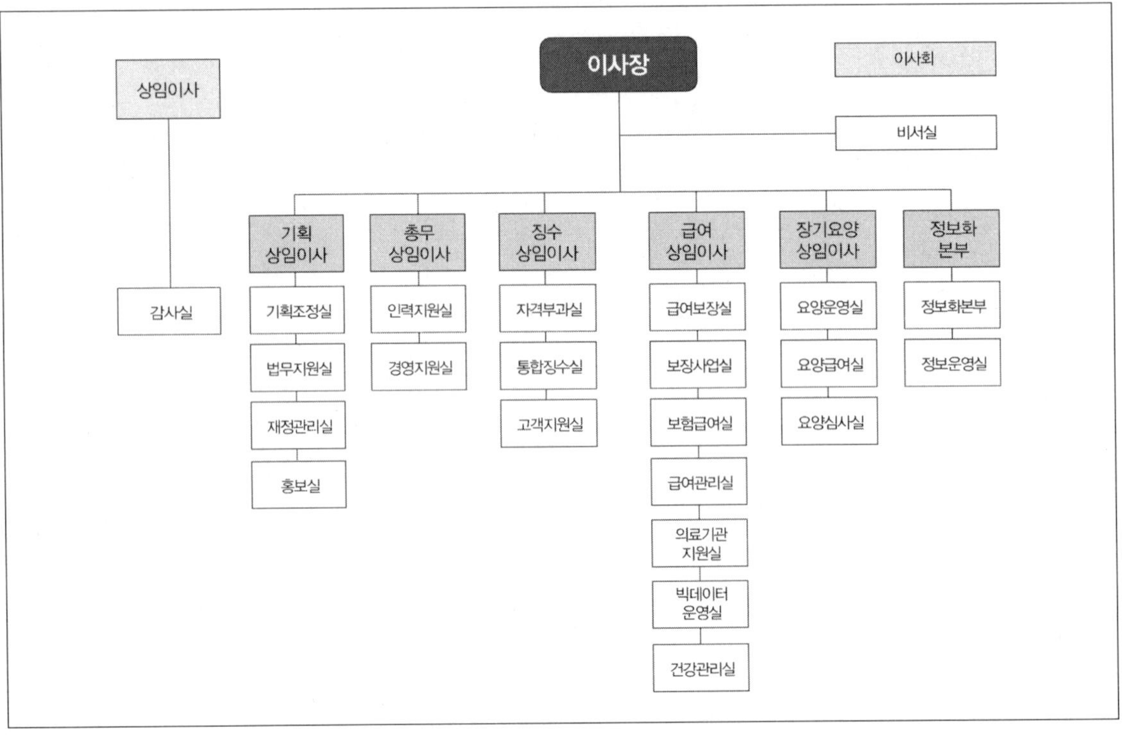

정답 및 해설 PAGE 278

풀이종료시간 : [ ] – [ ]
풀이소요시간 : [ ]분 [ ]초

〈보기〉

- 4대 사회보험료 징수업무(고지 · 수납)에 대한 민원을 ONE-STOP으로 처리할 수 있어 여러 기관을 방문해야 하는 불편함이 해소되었으며, 고지방식, 납부방법, 창구일원화로 국민들이 보다 편리하게 사회보험을 처리할 수 있다.
- 국민건강보험공단, 국민연금공단, 근로복지공단은 중복업무의 효율화를 통하여 인건비, 고지서 발송비용, 기타 행정 비용 등을 절감할 수 있다.
- 절감 인력을 신규서비스 및 기존 서비스 확대 업무에 재배치하여 비용증가 없이도 대국민서비스가 향상될 수 있다.

① 인력지원실은 신규 인원이 배치되어 보다 효율적인 업무 수행이 가능해진다.
② 재정관리실은 H공단의 징수업무 추가에 따라 비용 부담이 더 증가할 전망이다.
③ 비서실의 업무는 H공단 추가 조직 신설에 따라 세분화되어야 한다.
④ 정보화본부는 4대 사회보험료 평가액의 재산정에 따라 업무량이 더 증가할 전망이다.
⑤ 징수 상임이사는 4대 사회보험료 징수 총괄업무를 관장하여야 한다.

| 2~3 | 다음 조직도를 보고 이어지는 물음에 답하시오.

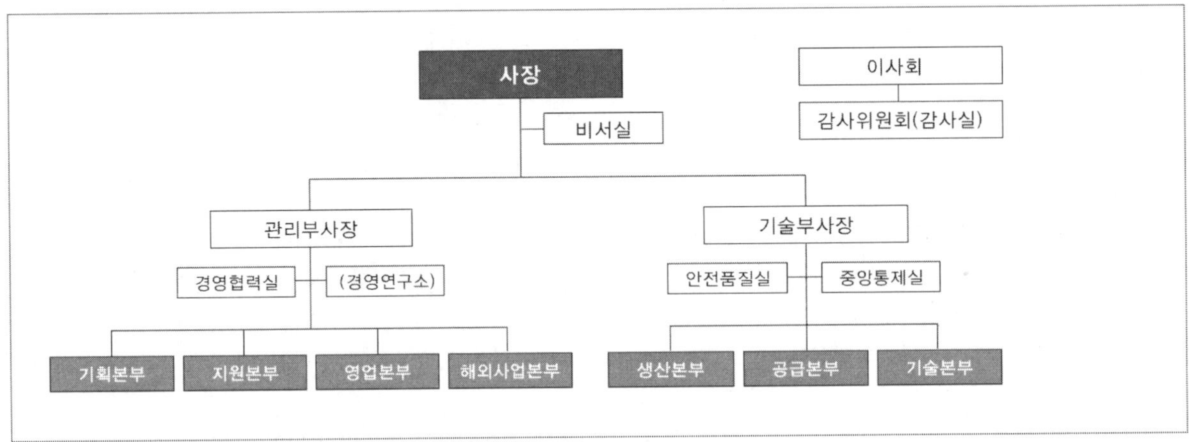

2 조직 및 인적 구성을 한눈에 알 수 있게 해 주는 위와 같은 조직도를 참고할 때, 하위 7개 본부 중 '인사노무처'와 '자원기술처'라는 명칭의 조직이 속한다고 볼 수 있는 본부로 가장 적절한 것은?

① 지원본부, 기술본부
② 기획본부, 생산본부
③ 영업본부, 공급본부
④ 지원본부, 생산본부
⑤ 기획본부, 공급본부

3 위의 조직도에 대한 설명으로 적절하지 않은 것은?

① 업무의 내용이 유사하고 관련성이 있는 업무들을 결합해서 조직을 구성하였다.
② 위와 같은 조직도를 통해 조직에서 하는 일은 무엇이며, 조직구성원들이 어떻게 상호작용하는지를 파악할 수 있다.
③ 일반적으로 위와 같은 형태의 조직구조는 급변하는 환경변화에 효과적으로 대응하고 제품, 지역, 고객별 차이에 신속하게 적응하기에 적절한 구조는 아니다.
④ 산하 조직의 수가 더 많은 관리부사장이 기술부사장보다 강력한 권한과 지위를 갖는다.
⑤ 위와 같은 조직구조의 형태를 '기능적 조직구조'라고 한다.

4 다음과 같은 '갑'사의 위임전결규칙을 참고할 때, 다음 중 적절한 행위로 볼 수 없는 것은 어느 것인가?

업무내용(소요예산 기준)	전결권자				이사장
	팀원	팀장	국(실)장	이사	
가. 공사 도급					
3억 원 이상					○
1억 원 이상				○	
1억 원 미만			○		
1,000만 원 이하		○			
나. 물품(비품, 사무용품 등) 제조/구매 및 용역					
3억 원 이상					○
1억 원 이상				○	
1억 원 미만			○		
1,000만 원 이하		○			
다. 자산의 임(대)차 계약					
1억 원 이상					○
1억 원 미만				○	
5,000만 원 미만			○		
라. 물품수리					
500만 원 이상			○		
500만 원 미만		○			
마. 기타 사업비 예산집행 기본품의					
1,000만 원 이상			○		
1,000만 원 미만		○			

① 국장이 부재 중일 경우, 소요예산 5,000만 원인 공사 도급 계약은 팀장이 전결권자가 된다.
② 소요예산이 800만 원인 인쇄물의 구매 건은 팀장의 전결 사항이다.
③ 이사장이 부재 중일 경우, 소요예산이 2억 원인 자산 임대차 계약 건은 국장이 전결권자가 된다.
④ 소요예산이 600만 원인 물품수리 건은 이사의 결재가 필요하지 않다.
⑤ 기타 사업비 관련 품의서는 금액에 관계없이 국장이 전결권자가 된다.

5 다음은 한국산업인력공단에서 실시하고 있는 국가직무능력표준(NCS) 사업의 세부 내용이다. 이와 일치하지 않는 것은?

[국가직무능력표준(NCS)]

■ 능력을 담다, 희망을 담다. 내 일에 최고가 된다는 것!

■ 사업목적

• 국가직무능력표준(NCS) 개발 · 개선 : 산업현장의 기술변화, 신규 인력 수요 등에 따라 국가직무능력표준을 신규개발 · 개선하여 일 · 교육훈련 · 자격 연계 강화 및 능력중심사회 기반 마련

• 국가직무능력표준(NCS) 활용 · 확산

–활용기업 컨설팅 지원 : 중견 · 중소기업 대상으로 NCS 활용 · 확산을 위한 컨설팅 지원

–공정채용 확산지원 : NCS기반 능력중심채용 도입으로 공정한 채용문화 정착을 지원하고, 직무능력 중심의 채용문화 확산 필요

■ 사업목표

• 국가직무능력표준(NCS) 개발 · 개선 : 산업현장 직무 변화에 맞춰 지속적인 NCS의 현장성 강화

• 국가직무능력표준(NCS) 활용 · 확산 : 민간기업 대상 NCS 활용 컨설팅, 능력중심채용모델 보급을 통해 재직자 훈련, 채용 등에 NCS를 활용할 수 있게끔 지원함으로써, 능력중심 인사관리 정착 및 NCS 활용확산 기대

■ 국가직무능력표준 개념도

산업현장	산업계 요구 →	국가직무 능력표준	적용 →	교육훈련, 자격, 경력개발	개선 →	산업현장 적합 인적자원 개발

■ 국가직무능력표준 활용범위

• 기업체(Corporation)

–현장 수요 기반의 인력채용 및 인사관리 기준

–근로자 경력 개발

–직무 기술서

• 교육훈련기관(Education and training)

–직업교육 훈련과정 개발

–교수계획 및 매체, 교재 개발

–훈련기준 개발

• 자격시험기관(Qualification)

–자격종목의 신설 · 통합 · 폐지

–출제기준 개발 및 개정

–시험문항 및 평가방법

■ 기타 통계(21.12.31. 기준)
• 2021년 NCS 누리집 콘텐츠 활용건수 : 5,183,990건
• NCS 개발(세분류 기준) : 13년(240) → 14년(797) → 15년(847) → 16년(897) → 17년(948) → 18년(1,001) → 19년(1,022) → 20년(1,039) → 21년(1,064)

① 국가직무능력표준의 개발 · 개선 · 활용 · 확산을 위한 사업이다.
② 채용에 NCS를 도입하고자 하는 모든 기업을 대상으로 컨설팅을 지원한다.
③ 산업현장에서 요구하는 바를 적용, 개선하여 NCS의 현장성을 강화하는 것을 목표로 한다.
④ 기업에서는 근로자의 경력을 개발하는 데 활용할 수 있다.
⑤ 2021년의 누리집 콘텐츠 활용건수는 5백만 건이 넘었으며, NCS 개발은 해마다 증가하고 있다.

6 다음 글에서 ⓐ : ⓑ의 의미 관계와 가장 유사한 것은?

역사적으로 볼 때 시민 혁명이나 민중 봉기 등의 배경에는 정부의 과다한 세금 징수도 하나의 요인으로 자리 잡고 있다. 현대에도 정부가 세금을 인상하여 어떤 재정 사업을 하려고 할 때, 국민들은 자신들에게 별로 혜택이 없거나 부당하다고 생각될 경우 ⓐ 납세 거부 운동을 펼치거나 정치적 선택으로 조세 저항을 표출하기도 한다. 그래서 세계 대부분의 국가는 원활한 재정 활동을 위한 조세 정책에 골몰하고 있다.

경제학의 시조인 아담 스미스를 비롯한 많은 경제학자들이 제시하는 바람직한 조세 원칙 중 가장 대표적인 것이 공평과 효율의 원칙이라 할 수 있다. 공평의 원칙이란 특권 계급을 인정하지 않고 국민은 누구나 자신의 능력에 따라 세금을 부담해야 한다는 의미이고, 효율의 원칙이란 정부가 효율적인 제도로 세금을 과세해야 하며 납세자들로부터 불만을 최소화할 수 있는 방안으로 ⓑ 징세해야 한다는 의미이다.

① 컴퓨터를 사용한 후에 반드시 전원을 꺼야 한다.
② 관객이 늘어남에 따라 극장이 점차 대형화되었다.
③ 자전거 타이어는 여름에 팽창하고 겨울에 수축한다.
④ 먼 바다에 나가기 위해서는 배를 먼저 수리해야 한다.
⑤ 얇게 뜬 김은 부드럽고 맛이 좋아서 높은 값에 팔린다.

┃7~8┃ 다음 글을 읽고 물음에 답하시오.

> 일명 ㉠ 광견병이라고도 하는 공수병은 오래 전부터 전 세계적으로 발생되어 온 인수공통감염병으로 우리나라에서는 제3군 ㉡ 감염병으로 지정되어 있다. 애완동물인 개에게 물리거나 공수병에 걸린 야생동물에 물려서 발생되며 미친개에게 물린 사람의 약 10~20%가 발병하고 연중 어느 시기에나 발생한다. 이러한 공수병은 개 · 여우 · 이리 · 고양이 같은 동물이 그 감염원이 되며 14일 내지 수개월의 잠복기를 거친 뒤 발생한다.
>
> 증세는 목 주변의 근육에 수축 경련이 일어나서 심한 갈증에 빠지지만 물 마시는 것을 피할 수밖에 없다는 뜻에서 ㉢ 공수병이라고 불러 왔다. 공수병에 대한 증상이나 치료법에 대한 기록은 고려 · 조선시대의 대표적인 의학서적인 「향약구급방」, 「향약집성방」, 「동의보감」 등에도 나온다. 하지만 공수병의 잠복기간이 비교적 길고 미친개에게 물리고 난 뒤에도 예방접종을 실시하면 대개는 그 무서운 공수병을 예방할 수 있어 1970년대 이후 거의 발생되지 않고 있으며 또한 지금은 모든 개에게 공수병 예방접종을 실시하고 만약 미친개에게 물리더라도 7~10일 동안 가두어 관찰한 뒤에 공수병이 발생하면 곧 예방주사를 놓아 치료를 받도록 하고 있다. 특히 오늘날 우리나라에서도 사람들이 개나 고양이 같은 애완동물을 많이 기르고 야외활동을 많이 하여 뜻하지 않은 공수병에 걸릴 위험성이 있으므로 관심을 기울여야 할 ㉣ 전염병이다. 개에게 물려 공수병이 발병하면 거의 회생하기가 어려우므로 평소 애완동물의 단속과 공수병 예방수칙에 따라 문개를 보호 · 관찰하며 필요할 경우 재빨리 면역 혈청을 주사하고 예방접종을 실시해야 한다.

7 다음 중 옳지 않은 것은?

① 공수병은 광견병이라고도 하며 개 · 여우 · 이리 · 고양이 같은 동물들에게서 전염되는 인수공통전염병이다.

② 대표적인 증상으로는 심한 갈증과 함께 목 주변의 근육에 수축 경련이 일어난다.

③ 공수병은 고려 · 조선시대에도 발생했던 병으로 우리 선조들은 이 병에 대한 증상이나 처방법을 책으로 기록하기도 하였다.

④ 오늘날 공수병은 의학이 발달하여 그 치료제가 존재하고 모든 개에게 공수병 예방접종을 실시하고 있기 때문에 우리나라에서는 1970년대 이후 완전히 사라졌다.

⑤ 공수병이 발생하면 거의 회생하기가 어렵다.

8 다음 중 밑줄 친 ㉠~㉣의 한자표기로 옳지 않은 것은?

① ㉠-狂犬病
② ㉡-感染病
③ ㉢-蚣水病
④ ㉣-傳染病
⑤ 모두 옳다.

9 다음 (　　)에 공통으로 들어갈 가장 적절한 단어의 기본형은?

> ㉠ 그들의 만남은 삼사 년 전부터 (　　) 시작했다.
> ㉡ 공원에서 길이 (　　) 바람에 하루 종일 만나지 못했다.
> ㉢ 형제는 부모님의 기대에 (　　) 않도록 열심히 노력했다.

① 어긋나다
② 어울리다
③ 스러지다
④ 나아가다
⑤ 부응하다

▌10~11▌ 다음은 소비자 보호 기관의 보고서이다. 이를 읽고 물음에 답하시오.

1 사회 구성원들이 경제적 이익을 추구하는 과정에서 불법 행위를 감행하기 쉬운 상황일수록 이를 억제하는 데에는 금전적 제재 수단이 효과적이다.

2 현행법상 불법 행위에 대한 금전적 제재 수단에는 민사적 수단인 손해 배상, 형사적 수단인 벌금, 행정적 수단인 과징금이 있으며, 이들은 각각 피해자의 구제, 가해자의 징벌, 법 위반 상태의 시정을 목적으로 한다. 예를 들어 기업들이 담합하여 제품 가격을 인상했다가 적발된 경우, 그 기업들은 피해자에게 손해 배상 소송을 제기당하거나 법원으로부터 벌금형을 선고받을 수 있고 행정기관으로부터 과징금도 부과 받을 수 있다. 이처럼 하나의 불법 행위에 대해 세 가지 금전적 제재가 내려질 수 있지만 제재의 목적이 서로 다르므로 중복 제재는 아니라는 것이 법원의 판단이다.

3 그런데 우리나라에서는 기업의 불법 행위에 대해 손해 배상 소송이 제기되거나 벌금이 부과되는 사례는 드물어서, 과징금 등 행정적 제재 수단이 억제 기능을 수행하는 경우가 많다. 이런 상황에서는 과징금 등 행정적 제재의 강도를 높임으로써 불법 행위의 억제력을 끌어올릴 수 있다. 그러나 적발 가능성이 매우 낮은 불법 행위의 경우에는 과징금을 올리는 방법만으로는 억제력을 유지하는 데 한계가 있다. 또한, 피해자에게 귀속되는 손해 배상금과는 달리 벌금과 과징금은 국가에 귀속되므로 과징금을 올려도 피해자에게는 ㉠ 직접적인 도움이 되지 못한다. 이 때문에 적발 가능성이 매우 낮은 불법 행위에 대해 억제력을 높이면서도 손해 배상을 더욱 충실히 할 방안들이 요구되는데 그 방안 중 하나가 '징벌적 손해 배상 제도'이다.

4 이 제도는 불법 행위의 피해자가 손해액에 해당하는 배상금에다 가해자에 대한 징벌의 성격이 가미된 배상금을 더하여 배상받을 수 있도록 하는 것을 내용으로 한다. 일반적인 손해 배상 제도에서는 피해자가 손해액을 초과하여 배상받는 것이 불가능하지만 징벌적 손해 배상 제도에서는 ㉡ 그것이 가능하다는 점에서 이례적이다. 그런데 ㉢ 이 제도는 민사적 수단인 손해 배상 제도이면서도 피해자가 받는 배상금 안에 ㉣ 벌금과 비슷한 성격이 가미된 배상금이 포함된다는 점 때문에 중복 제재의 발생과 관련하여 의견이 엇갈리며, 이 제도 자체에 대한 찬반양론으로 이어지고 있다.

5 이 제도의 반대론자들은 징벌적 성격이 가미된 배상금이 피해자에게 부여되는 ㉤횡재라고 본다. 또한 징벌적 성격이 가미된 배상금이 형사적 제재 수단인 벌금과 함께 부과될 경우에는 가해자에 대한 중복 제재가 된다고 주장한다. 반면에 찬성론자들은 징벌적 성격이 가미된 배상금을 피해자들이 소송을 위해 들인 시간과 노력에 대한 정당한 대가로 본다. 따라서 징벌적 성격이 가미된 배상금도 피해자의 구제를 목적으로 하는 민사적 제재의 성격을 갖는다고 보아야 하므로 징벌적 성격이 가미된 배상금과 벌금이 함께 부과되더라도 중복 제재가 아니라고 주장한다.

10 문맥을 고려할 때 ㉠~㉤에 대한 설명으로 적절하지 않은 것은?

① ㉠은 피해자가 금전적으로 구제받는 것을 의미한다.

② ㉡은 피해자가 손해액을 초과하여 배상받는 것을 가리킨다.

③ ㉢은 징벌적 손해 배상 제도를 가리킨다.

④ ㉣은 행정적 제재 수단으로서의 성격을 말한다.

⑤ ㉤은 배상금 전체에서 손해액에 해당하는 배상금을 제외한 금액을 의미한다.

11 윗글을 바탕으로 〈보기〉를 이해한 내용으로 적절하지 않은 것은?

〈보기〉

우리나라의 법률 중에는 징벌적 손해 배상 제도의 성격을 가진 규정이 「하도급거래 공정화에 관한 법률」 제35조에 포함되어 있다. 이 규정에 따르면 하도급거래 과정에서 자기의 기술자료를 유용당하여 손해를 입은 피해자는 그 손해의 3배까지 가해자로부터 배상받을 수 있다.

① 박 사원 : 이 규정에 따라 피해자가 받게 되는 배상금은 국가에 귀속되겠군.

② 이 주임 : 이 규정의 시행으로, 기술자료를 유용해 타인에게 손해를 끼치는 행위가 억제되는 효과가 생기겠군.

③ 유 대리 : 이 규정에 따라 피해자가 손해의 3배를 배상받을 경우에는 배상금에 징벌적 성격이 가미된 배상금이 포함되겠군.

④ 고 과장 : 일반적인 손해 배상 제도를 이용할 때보다 이 규정을 이용할 때에 피해자가 받을 수 있는 배상금의 최대한도가 더 커지겠군.

⑤ 김 팀장 : 이 규정이 만들어진 것으로 볼 때, 하도급거래 과정에서 발생하는 기술자료 유용은 적발 가능성이 매우 낮은 불법 행위에 해당하겠군.

12 다음의 글을 바르게 이해하지 못한 것은?

> 사랑나누기 기금
>
> ■ 한국산업인력공단 임직원들이 어려운 이웃들을 돕고자 자발적으로 성심껏 모금한 기금으로 행복 에너지를 만들어 지역사회에 정다운 이웃이 되고자 하는 마음이 담겨져 있습니다.
>
> ■ 사랑나누미 기금의 종류
>
> • 사랑나누미 계좌 : 인력공단 임직원들이 스스로 가입한 희망 계좌 수에 따라 매월 급여에서 1계좌당 1천원을 공제하여 조성하는 사회봉사활동 기금입니다.
>
> • 매칭그랜트(Matching Grant) : 인력공단 나누미 봉사단의 봉사활동 활성화를 지원하기 위하여 인력공단은 매칭 그랜트라는 선진모금제도를 시행하고 있습니다. 매칭 그랜트는 임직원들이 자발적인 참여로 조성된 사랑나누미 기금(사랑의 급여 우수리)에 대하여 공단도 동액을 매칭하여 출연하는 제도로서 공단과 임직원들이 사회봉사활동을 함께 펼치고자 하는 인력공단 가족의 의지입니다.

① 사랑나누기 기금은 자발적인 참여로 조성되는 기금이다.

② 매월 공제되는 금액은 계좌 수에 비례한다.

③ 공단은 사랑나누미 기금만큼의 액수를 출연한다.

④ 임직원은 최대 10개의 계좌에 가입할 수 있다.

⑤ 종류로는 사랑나누미 계좌와 매칭그랜트, 두 가지가 있다.

13 다음은 3개 회사의 '갑' 제품에 대한 국내 시장 점유율 현황을 나타낸 자료이다. 다음 자료에 대한 설명 중 적절하지 않은 것은 어느 것인가?

〈'갑' 제품에 대한 A, B, C사의 국내 시장 점유율〉

(단위 : %)

구분	2017	2018	2019	2020	2021
A사	17.4	18.3	19.5	21.6	24.7
B사	12.0	11.7	11.4	11.1	10.5
C사	9.0	9.9	8.7	8.1	7.8

① 2017년부터 2021년까지 3개 회사의 점유율 증감 추이는 모두 다르다.

② 3개 회사를 제외한 나머지 회사의 '갑' 제품 점유율은 2017년 이후 매년 감소하였다.

③ 2017년 대비 2021년의 점유율 감소율은 C사가 B사보다 더 크다.

④ 3개 회사의 '갑' 제품 국내 시장 점유율이 가장 큰 해는 2021년이다.

⑤ 3개 회사의 2021년의 시장 점유율의 전년 대비 증가율은 5% 이상이다.

14 다음은 A제품과 B제품에 대한 연간 판매량을 분기별로 나타낸 자료이다. 이 자료에 대한 설명으로 적절하지 않은 것은 어느 것인가?

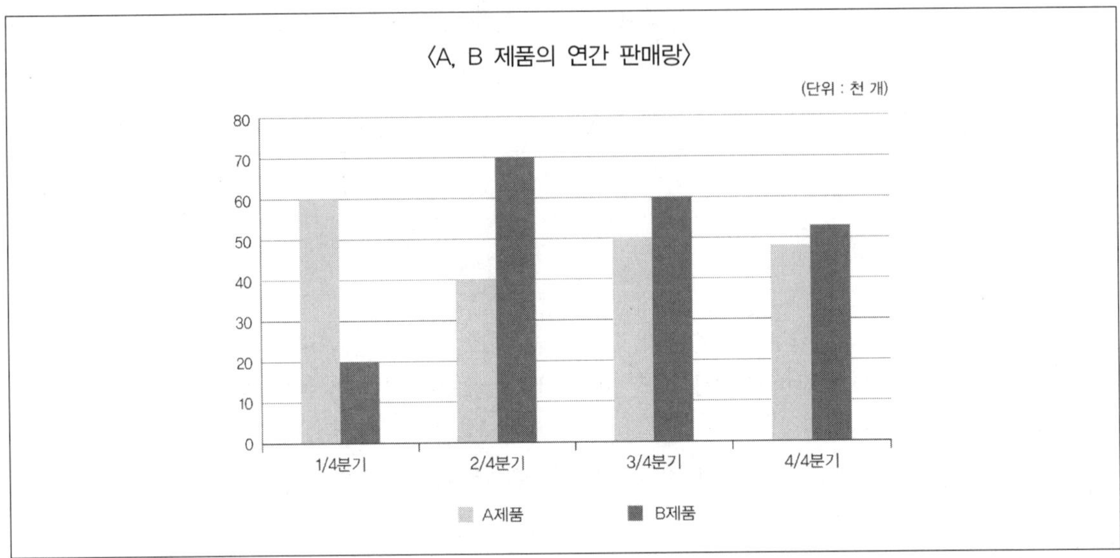

① A 제품과 B 제품은 동일한 시기에 편차가 가장 크게 나타난다.

② 연간 판매량은 B제품이 A제품보다 더 많다.

③ 4/4분기 전까지 두 제품의 분기별 평균 판매량은 동일하다.

④ 두 제품의 판매량 차이는 연말이 다가올수록 점점 감소한다.

⑤ 4/4분기 B제품의 판매량이 51이라면, B제품의 이전 분기 대비 판매량 감소율의 크기는 3/4분기가 4/4분기보다 더 작다.

15 다음 표와 〈보기〉의 설명을 참고할 때, 빈 칸 ㉠～㉣에 들어갈 알맞은 병명을 순서대로 나열한 것은 어느 것인가?

〈주요 사망원인별 사망자 수〉

(단위 : 인구 10만 명당 사망자 수)

구분	2011	2015	2016	2017	2018	2019	2020	2021
㉠	134.0	144.4	142.8	146.5	149.0	150.9	150.8	153.0
㉡	41.1	46.9	49.8	52.5	50.1	52.3	55.6	58.2
㉢	61.3	53.2	50.7	51.1	50.3	48.2	48.0	45.8
㉣	23.7	20.7	21.5	23.0	21.5	20.7	20.7	19.2

〈보기〉

1. 암과 심장질환에 의한 사망자 수는 2011년 대비 2021년에 증가하였다.
2. 당뇨병에 의한 사망자 수는 매년 가장 적었다.
3. 2011년 대비 2021년의 사망자 증감률은 심장질환이 암보다 더 크다.

① 당뇨병 – 심장질환 – 뇌혈관 질환 – 암

② 암 – 뇌혈관 질환 – 심장 질환 – 당뇨병

③ 암 – 심장질환 – 당뇨병 – 뇌혈관 질환

④ 심장질환 – 암 – 뇌혈관 질환 – 당뇨병

⑤ 암 – 심장질환 – 뇌혈관 질환 – 당뇨병

┃16~17┃ 다음 표는 법령에 근거한 신고자 보상금 지급기준과 신고자별 보상대상가액 사례이다. 물음에 답하시오.

〈표 1〉 신고자 보상금 지급기준

보상대상가액	지급기준
1억 원 이하	보상대상가액의 10%
1억 원 초과 5억 원 이하	1천만 원 + 1억 원 초과금액의 7%
5억 원 초과 20억 원 이하	3천8백만 원 + 5억 원 초과금액의 5%
20억 원 초과 40억 원 이하	1억1천3백만 원 + 20억 원 초과금액의 3%
40억 원 초과	1억7천3백만 원 + 40억 원 초과금액의 2%

※ 보상금 지급은 보상대상가액의 총액을 기준으로 함

※ 공직자가 자기 직무와 관련하여 신고한 경우에는 보상금의 100분의 50 범위 안에서 감액할 수 있음

〈표 2〉 신고자별 보상대상가액 사례

신고자	공직자 여부	보상대상가액
A	예	8억 원
B	예	21억 원
C	예	4억 원
D	아니요	6억 원
E	아니요	2억 원

16 다음 설명 중 옳은 것을 모두 고르면?

㉠ A가 받을 수 있는 최대보상금액은 E가 받을 수 있는 최대보상금액의 3배 이상이다. ㉡ B가 받을 수 있는 최대보상금액과 최소보상금액의 차이는 6,000만 원 이상이다. ㉢ C가 받을 수 있는 보상금액이 5명의 신고자 가운데 가장 적을 수 있다. ㉣ B가 받을 수 있는 최대보상금액은 다른 4명의 신고자가 받을 수 있는 최소보상금액의 합계보다 적다.

① ㉠, ㉡
② ㉠, ㉢
③ ㉠, ㉣
④ ㉡, ㉢
⑤ ㉡, ㉣

17 올해부터 공직자 감면액을 30%로 인하한다고 할 때 B의 최소보상금액은 기존과 비교하여 얼마나 증가하는가?

① 2,218만 원
② 2,220만 원
③ 2,320만 원
④ 2,325만 원
⑤ 2,400만 원

18 다음은 A사의 전년대비 이익증가율을 나타낸 그래프이다. 다음 자료를 보고 올바른 판단을 한 것은 어느 것인가?

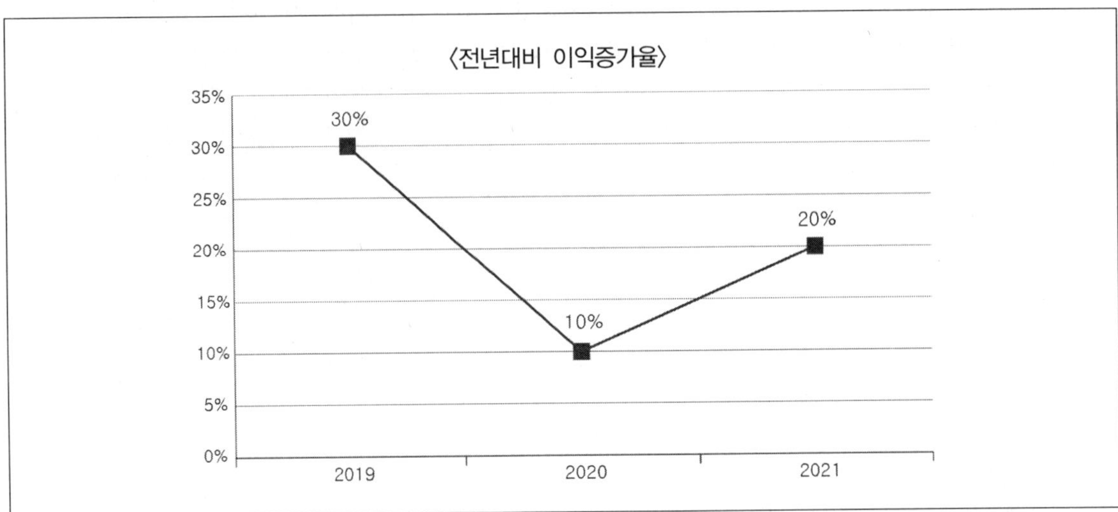

① 2021년의 이익은 2018년에 비해 60% 증가하였다.

② 전년대비 이익증가액이 가장 큰 해는 2021년이다.

③ 2020년의 이익은 2018년보다 더 적다.

④ 2019년 대비 2021년의 이익은 30%보다 적게 증가하였다.

⑤ 2019년의 전년대비 이익증가액은 2020년의 전년대비 이익증가액보다 더 크다.

19 A, B, C 직업을 가진 부모 세대 각각 200명, 300명, 400명을 대상으로 자녀도 동일 직업을 갖는지 여부를 물은 설문조사 결과가 다음과 같았다. 다음 조사 결과를 올바르게 해석한 설명을 〈보기〉에서 모두 고른 것은 어느 것인가?

〈세대 간의 직업 이전 비율〉

(단위 : %)

부모 직업 \ 자녀 직업	A	B	C	기타
A	35	20	40	5
B	25	25	35	15
C	25	40	25	10

* 한 가구 내에서 부모의 직업은 따로 구분하지 않으며, 모든 자녀의 수는 부모 당 1명이라고 가정한다.

〈보기〉

㈎ 부모와 동일한 직업을 갖는 자녀의 수는 C직업이 A직업보다 많다.
㈏ 부모의 직업과 다른 직업을 갖는 자녀의 비중은 B와 C직업이 동일하다.
㈐ 응답자의 자녀 중 A직업을 가진 사람은 B직업을 가진 사람보다 더 많다.
㈑ 기타 직업을 가진 자녀의 수는 B직업을 가진 부모가 가장 많다.

① ㈏, ㈐, ㈑
② ㈎, ㈏, ㈑
③ ㈎, ㈐, ㈑
④ ㈎, ㈏, ㈐
⑤ ㈎, ㈏, ㈐, ㈑

20 표준 업무시간이 80시간인 업무를 각 부서에 할당해 본 결과, 다음과 같은 표를 얻었다. 어느 부서의 업무효율이 가장 높은가?

부서명	투입인원(명)	개인별 업무시간(시간)	회의	
			횟수(회)	소요시간(시간/회)
A	2	41	3	1
B	3	30	2	2
C	4	22	1	4
D	3	27	2	1

※ 1) 업무효율 $= \frac{\text{표준 업무시간}}{\text{총 투입시간}}$

2) 총 투입시간은 개인별 투입시간의 합임.
   개인별 투입시간 = 개인별 업무시간 + 회의 소요시간

3) 부서원은 업무를 분담하여 동시에 수행할 수 있음.

4) 투입된 인원의 업무능력과 인원당 소요시간이 동일하다고 가정함.

① A
② B
③ C
④ D
⑤ 모두 같음

21 다음 글을 근거로 유추할 경우 옳은 내용만을 바르게 짝지은 것은?

- 9명의 참가자는 1번부터 9번까지의 번호 중 하나를 부여 받고, 동시에 제비를 뽑아 3명은 범인, 6명은 시민이 된다.
- '1번의 오른쪽은 2번, 2번의 오른쪽은 3번, …, 8번의 오른쪽은 9번, 9번의 오른쪽은 1번'과 같이 번호 순서대로 동그랗게 앉는다.
- 참가자는 본인과 바로 양 옆에 앉은 사람이 범인인지 시민인지 알 수 있다.
- "옆에 범인이 있다."라는 말은 바로 양 옆에 앉은 2명 중 1명 혹은 2명이 범인이라는 뜻이다.
- "옆에 범인이 없다."라는 말은 바로 양 옆에 앉은 2명 모두 범인이 아니라는 뜻이다.
- 범인은 거짓말만 하고, 시민은 참말만 한다.

㉠ 1, 4, 6, 7, 8번의 진술이 "옆에 범인이 있다."이고, 2, 3, 5, 9번의 진술이 "옆에 범인이 없다."일 때, 8번이 시민임을 알면 범인들을 모두 찾아낼 수 있다.

㉡ 만약 모두가 "옆에 범인이 있다."라고 진술한 경우, 범인이 부여받은 번호의 조합은 (1, 4, 7) / (2, 5, 8) / (3, 6, 9) 3가지이다.

㉢ 한 명만이 "옆에 범인이 없다."라고 진술한 경우는 없다.

① ㉡ ② ㉢

③ ㉠, ㉡ ④ ㉠, ㉢

⑤ ㉠, ㉡, ㉢

22 다음의 내용에 따라 두 번의 재배정을 한 결과, 병이 홍보팀에서 수습 중이다. 다른 신입사원과 최종 수습부서를 바르게 연결한 것은?

> 신입사원을 뽑아서 1년 동안의 수습 기간을 거치게 한 후, 정식사원으로 임명을 하는 한 회사가 있다. 그 회사는 올해 신입사원으로 2명의 여자 직원 갑과 을, 그리고 2명의 남자 직원 병과 정을 뽑았다. 처음 4개월의 수습기간 동안 갑은 기획팀에서, 을은 영업팀에서, 병은 총무팀에서, 정은 홍보팀에서 각각 근무하였다. 그 후 8개월 동안 두 번의 재배정을 통해서 신입사원들은 다른 부서에서도 수습 중이다. 재배정할 때마다 다음의 세 원칙 중 한 가지 원칙만 적용되었고, 같은 원칙은 다시 적용되지 않았다.

〈원칙〉

1. 기획팀에서 수습을 거친 사람과 총무팀에서 수습을 거친 사람은 서로 교체해야 하고, 영업팀에서 수습을 거친 사람과 홍보팀에서 수습을 거치 사람은 서로 교체한다.
2. 총무팀에서 수습을 거친 사람과 홍보팀에서 수습을 거친 사람만 서로 교체한다.
3. 여성 수습사원만 서로 교체한다.

① 갑 – 총무팀
② 을 – 영업팀
③ 을 – 총무팀
④ 정 – 영업팀
⑤ 정 – 총무팀

23 행사 담당자로 2명의 사원을 보내야 하는데 만일 영호와 옥숙을 같은 날 보낼 수 없다면, 제시된 조건에 따라 목요일에 보내야 하는 남녀사원은 누구인가?

> 영업부의 박 부장은 월요일부터 목요일까지 매일 남녀 각 한 명씩 두 사람을 회사 홍보 행사 담당자로 보내야 한다. 영업부에는 현재 남자 사원 4명(길호, 철호, 영호, 치호)과 여자 사원 4명(영숙, 옥숙, 지숙, 미숙)이 근무하고 있으며, 다음과 같은 제약 사항이 있다.
>
> ㉠ 매일 다른 사람을 보내야 한다.
> ㉡ 치호는 철호 이전에 보내야 한다.
> ㉢ 옥숙은 수요일에 보낼 수 없다.
> ㉣ 철호와 영숙은 같이 보낼 수 없다.
> ㉤ 영숙은 지숙과 미숙 이후에 보내야 한다.
> ㉥ 치호는 영호보다 앞서 보내야 한다.
> ㉦ 옥숙은 지숙 이후에 보내야 한다.
> ㉧ 길호는 철호를 보낸 바로 다음 날 보내야 한다.

① 길호와 영숙

② 영호와 영숙

③ 치호와 옥숙

④ 길호와 옥숙

⑤ 영호와 미숙

24 다음은 지역 간의 시차를 계산하는 방법에 대한 설명이다. 다음을 참고할 때, 동경 135도에 위치한 인천에서 서경 120도에 위치한 로스앤젤레스로 출장을 가야 하는 최 과장이 도착지 공항에 현지 시각 7월 10일 오전 11시까지 도착하기 위해서 탑승해야 할 항공편 중 가장 늦은 것은 어느 것인가? (비행시간 이외의 시간은 고려하지 않는다)

> 시차 계산 요령은 다음과 같은 3가지의 원칙을 적용할 수 있다.
> 1. 같은 경도(동경과 동경 혹은 서경과 서경)인 경우는 두 지점을 빼서 15로 나누되, 더 숫자가 큰 쪽이 동쪽에 위치한다는 뜻이므로 시간도 더 빠르다.
> 2. 또한, 본초자오선과의 시차는 한국이 영국보다 9시간 빠르다는 점을 적용하면 된다.
> 3. 경도가 다른 경우(동경과 서경)는 두 지점을 더해서 15로 나누면 되고 역시 동경이 서경보다 더 동쪽에 위치하므로 시간도 더 빠르게 된다.

항공편명	출발일	출발 시각	비행시간
KR107	7월 9일	오후 11시	12시간
AE034	7월 9일	오후 2시	
KR202	7월 9일	오후 7시	
AE037	7월 10일	오후 10시	
KR204	7월 10일	오후 4시	

① KR107

② AE034

③ KR202

④ AE037

⑤ KR204

25 다음은 건축물의 에너지절약설계에 관한 기준의 일부를 발췌한 것이다. 아래 기준에 따라 에너지절약 계획서가 필요 없는 예외대상 건축물이 아닌 것은 어느 것인가?

제3조(에너지절약계획서 제출 예외대상 등)

① 영 제10조 제1항에 따라 에너지절약계획서를 첨부할 필요가 없는 건축물은 다음 각 호와 같다.

1. 「건축법 시행령」에 따른 변전소, 도시가스배관시설, 정수장, 양수장 중 냉 · 난방 설비를 설치하지 아니하는 건축물
2. 「건축법 시행령」에 따른 운동시설 중 냉 · 난방 설비를 설치하지 아니하는 건축물
3. 「건축법 시행령」에 따른 위락시설 중 냉 · 난방 설비를 설치하지 아니하는 건축물
4. 「건축법 시행령」에 따른 관광 휴게시설 중 냉 · 난방 설비를 설치하지 아니하는 건축물
5. 「주택법」 제16조 제1항에 따라 사업계획 승인을 받아 건설하는 주택으로서 「주택건설기준 등에 관한 규정」 제64조 제3항에 따라 「에너지절약형 친환경주택의 건설기준」에 적합한 건축물

제4조(적용예외) 다음 각 호에 해당하는 경우 이 기준의 전체 또는 일부를 적용하지 않을 수 있다.

1. 지방건축위원회 또는 관련 전문 연구기관 등에서 심의를 거친 결과, 새로운 기술이 적용되거나 연간 단위면적당 에너지소비총량에 근거하여 설계됨으로써 이 기준에서 정하는 수준 이상으로 에너지절약 성능이 있는 것으로 인정되는 건축물의 경우
2. 건축물 에너지 효율등급 인증 3등급 이상을 취득하는 경우. 다만, 공공기관이 신축하는 건축물은 그러하지 아니한다.
3. 건축물의 기능 · 설계조건 또는 시공 여건상의 특수성 등으로 인하여 이 기준의 적용이 불합리한 것으로 지방건축위원회가 심의를 거쳐 인정하는 경우에는 이 기준의 해당 규정을 적용하지 아니할 수 있다. 다만, 지방건축위원회 심의 시에는 「건축물 에너지효율등급 인증에 관한 규칙」 제4조 제4항 각 호의 어느 하나에 해당하는 건축물 에너지 관련 전문인력 1인 이상을 참여시켜 의견을 들어야 한다.
4. 건축물을 증축하거나 용도변경, 건축물대장의 기재내용을 변경하는 경우에는 적용하지 아니할 수 있다. 다만, 별동으로 건축물을 증축하는 경우와 기존 건축물 연면적의 100분의 50 이상을 증축하면서 해당 증축 연면적이 2,000제곱미터 이상인 경우에는 그러하지 아니한다.
5. 허가 또는 신고대상의 같은 대지 내 주거 또는 비주거를 구분한 제3조 제2항 및 3항에 따른 연면적의 합계가 500제곱미터 이상이고 2,000제곱미터 미만인 건축물 중 개별 동의 연면적이 500제곱미터 미만인 경우
6. 열손실의 변동이 없는 증축, 용도변경 및 건축물대장의 기재내용을 변경하는 경우에는 별지 제1호 서식 에너지절약 설계 검토서를 제출하지 아니할 수 있다. 다만, 종전에 제2조 제3항에 따른 열손실방지 등의 조치 예외대상이었으나 조치대상으로 용도변경 또는 건축물대장 기재 내용의 변경의 경우에는 그러하지 아니한다.
7. 「건축법」 제16조에 따라 허가와 신고사항을 변경하는 경우에는 변경하는 부분에 대해서만 규칙 제7조에 따른 에너지절약계획서 및 별지 제1호 서식에 따른 에너지절약 설계 검토서를 제출할 수 있다.

① 건설 기준 자체가 에너지절약형 주택으로 승인을 받은 건축물

② 연면적 5,000제곱미터인 기존 건물의 용도변경을 위해 절반에 해당하는 면적을 증축하는 건축물

③ 건축물 에너지 관련 전문 인력이 포함된 지방건축위원회의가 인정하는 건축물

④ 개별 동의 연면적이 400제곱미터이며, 연면적이 1,800제곱미터인 건축물

⑤ 열손실의 변동 없이 용도 변경을 하려는 건축물

26 다음 글의 내용이 참일 때 최종 선정되는 단체는 어디인가?

> 문화체육관광부는 우수 문화예술 단체 A, B, C, D, E 중 한 곳을 선정하여 지원하려 한다. 문화체육관광부의 금번 선정 방침은 다음 두 가지이다. 첫째, 어떤 형태로든 지원을 받고 있는 단체는 최종 후보가 될 수 없다. 둘째, 최종 선정 시 올림픽 관련 단체를 엔터테인먼트 사업(드라마, 영화, 가요) 단체보다 우선한다.
>
> A 단체는 자유무역협정을 체결한 필리핀에 드라마 콘텐츠를 수출하고 있지만 올림픽과 관련한 사업은 하지 않는다. B 단체는 올림픽의 개막식 행사를, C 단체는 올림픽의 폐막식 행사를 각각 주관하는 단체이다. E 단체는 오랫동안 한국 음식문화를 세계에 보급해 온 단체이다. A와 C 단체 중 적어도 한 단체가 최종 후보가 되지 못한다면, 대신 B와 E 중 적어도 한 단체는 최종 후보가 된다. 반면 게임 개발로 각광을 받는 단체인 D가 최종 후보가 된다면, 한국과 자유무역협정을 체결한 국가와 교역을 하는 단체는 모두 최종 후보가 될 수 없다.
>
> 후보 단체들 중 가장 적은 부가가치를 창출한 단체는 최종 후보가 될 수 없고, 최종 선정은 최종 후보가 된 단체 중에서만 이루어진다.
>
> 문화체육관광부의 조사 결과, 올림픽의 개막식 행사를 주관하는 모든 단체는 이미 보건복지부로부터 지원을 받고 있다. 그리고 위 문화예술 단체 가운데 한국 음식문화 보급과 관련된 단체의 부가가치 창출이 가장 저조하였다.

① A
② B
③ C
④ D
⑤ E

27 다음 글의 내용이 참일 때, 반드시 참인 것은?

> 전 세계적으로 금융위기로 인해 그 위기의 근원지였던 미국의 경제가 상당히 피해를 입었다. 미국에서는 경제 회복을 위해 통화량을 확대하는 양적완화 정책을 실시할 것인지를 두고 논란이 있었다. 미국의 양적완화는 미국 경제회복에 효과가 있겠지만, 국제 경제에 적지 않은 영향을 줄 수 있기 때문이다.
>
> 미국이 양적완화를 실시하면, 달러화의 가치가 하락하고 우리나라의 달러 환율도 하락한다. 우리나라의 달러 환율이 하락하면 우리나라의 수출이 감소한다. 우리나라 경제는 대외 의존도가 높기 때문에 경제의 주요 지표들이 개선되기 위해서는 수출이 감소하면 안 된다.
>
> 또 미국이 양적완화를 중단하면 미국 금리가 상승한다. 미국 금리가 상승하면 우리나라 금리가 상승하고, 우리나라 금리가 상승하면 우리나라에 대한 외국인 투자가 증가한다. 또한 우리나라 금리가 상승하면 우리나라의 가계부채 문제가 심화된다. 가계부채 문제가 심화되는 나라의 국내 소비는 감소한다. 국내 소비가 감소하면, 경제의 전망이 어두워진다.

① 우리나라의 수출이 증가했다면 달러화 가치가 하락했을 것이다.

② 우리나라의 가계부채 문제가 심화되었다면 미국이 양적완화를 중단했을 것이다.

③ 우리나라에 대한 외국인 투자가 감소하면 우리나라 경제의 전망이 어두워질 것이다.

④ 우리나라 경제의 주요 지표들이 개선되었다면 우리나라의 달러 환율이 하락하지 않았을 것이다.

⑤ 우리나라의 국내 소비가 감소하지 않았다면 우리나라에 대한 외국인 투자가 감소하지 않았을 것이다.

28 다음은 N기업의 채용 시험에 응시한 최종 6명의 평가 결과를 나타낸 자료이다. 다음 중 응시자 A와 D의 면접 점수가 동일하며, 6명의 면접 평균 점수가 17.5점일 경우, 최종 채용자 2명 중 어느 한 명이라도 변경될 수 있는 조건으로 올바른 설명은 어느 것인가?

〈평가 결과표〉

분야 / 응시자	어학	컴퓨터	실무	NCS	면접	평균
A	( )	14	13	15	( )	( )
B	12	14	( )	10	14	12.0
C	10	12	9	( )	18	11.8
D	14	14	( )	17	( )	( )
E	( )	20	19	17	19	18.6
F	10	( )	16	( )	16	( )
계	80	( )	( )	84	( )	( )
평균	( )	14.5	14.5	( )	( )	( )

※ 평균 점수가 높은 두 명을 최종 채용자로 결정함

① E의 '컴퓨터' 점수가 5점 낮아질 경우

② A의 '실무' 점수가 최고점, D의 '실무' 점수가 13점일 경우

③ F의 '어학' 점수가 최고점일 경우

④ B의 '실무'와 'NCS' 점수가 모두 최고점일 경우

⑤ C의 '실무' 점수가 최고점일 경우

29 다음은 직장 내 예절에 관한 내용 중 퇴근할 시에 관한 설명이다. 이 중 바르지 않은 것은?

① 사무실의 업무 상 보안을 위해 책상 서랍이나 또는 캐비닛 등에 대한 잠금장치를 해야 한다.
② 가장 마지막에 퇴근하는 사람의 경우에는 사무실 내의 컴퓨터 및 전등의 전원을 확인하고 문단속을 잊지 말아야 한다.
③ 상사보다 먼저 퇴근하게 될 경우에는 "지시하실 업무는 없으십니까? 없다면 먼저 퇴근 하겠습니다"라고 인사를 해야 한다.
④ 사용했던 책상 위는 깨끗이 정리하며 비품, 서류 등을 지정된 장소에 두어야 한다.
⑤ 다른 직원들보다 먼저 퇴근할 시에는 잔업을 하고 있는 사람에게 방해가 될 수 있으므로 조용히 사무실을 빠져나가야 한다.

30 다음 중 사무실 매너로써 가장 바르지 않은 것은?

① 어려울 시에는 서로를 위로하며 격려한다.
② 업무가 끝나면 즉각적으로 보고를 하고 중간보고는 생략한다.
③ 내방객 앞에서는 직원 간 상호 존대의 표현을 한다.
④ 서로를 존중하고 약속을 지킨다.
⑤ 가까울수록 예의를 갖추고 언행을 주의한다.

31 다음은 조문절차에 관한 내용을 기술한 것이다. 이 중 가장 옳지 않은 것을 고르면?

① 호상소에서 조객록(고인이 남자인 경우) 또는 조위록(고인이 여자인 경우)에 이름을 기록하고 부의금을 전달 후 영정 앞에서 분향이나 헌화 또는 절을 한다.
② 분향은 홀수인 3개 또는 1개의 향을 들고 불을 붙여서 이를 입으로 끄지 않고 손으로 세 번 만에 끈 후 향로에 꼽고 묵례하고 기도하거나 또는 절을 한다.
③ 헌화 시 꽃송이를 가슴부위까지 들어 올려서 묵례를 하고 꽃송이 쪽이 나를 향하도록 해서 헌화한다. 이후에 다시금 묵례를 하고 기도나 또는 절을 한다.
④ 절을 할 시에 손의 위치는 남성은 오른손이 위로, 여성은 왼손이 위로 오도록 하며 잠시 묵례하고 명복을 빈 후에 큰절을 두 번 올린다.
⑤ 상제에게 맞절을 하고 위로의 인사말을 하는데, 절은 상제가 늦게 시작하고 먼저 일어나야 한다.

32 다음 전화응대에 대한 내용 중 회사의 위치를 묻는 경우의 응대로 가장 거리가 먼 것을 고르면?

① 먼저 응대 중인 사람에게 양해의 말을 전한 뒤에 전화를 받는다.
② 전화를 건 상대가 있는 현재 위치를 묻는다.
③ 회사까지 어떠한 교통수단을 활용할 것인지를 묻는다.
④ 회사로 전화를 한 사람의 위치에서 좌우전후방으로 방향을 명확하게 안내한다.
⑤ 전화를 건 상대가 알아듣기 쉽도록 전철역 출구, 큰 건물 등을 중심으로 해서 알려준다.

33 다음 네 명의 임원들은 회의 참석차 한국으로 출장을 오고자 한다. 이들의 현지 이동 일정과 이동 시간을 참고할 때, 한국에 도착하는 시간이 빠른 순서대로 올바르게 나열한 것은 어느 것인가?

구분	출발국가	출발시각(현지시간)	소요시간
H상무	네덜란드	12월 12일 17:20	13시간
P전무	미국 동부	12월 12일 08:30	14시간
E전무	미국 서부	12월 12일 09:15	11시간
M이사	터키	12월 12일 22:30	9시간

※ 현지시간 기준 한국은 네덜란드보다 8시간, 미국 동부보다 14시간, 미국 서부보다 16시간, 터키보다 6시간이 빠르다. 예를 들어, 한국이 11월 11일 20시일 경우 네덜란드는 11월 11일 12시가 된다.

① P전무 – E전무 – M이사 – H상무
② E전무 – P전무 – H상무 – M이사
③ E전무 – P전무 – M이사 – H상무
④ E전무 – M이사 – P전무 – H상무
⑤ P전무 – E전무 – H상무 – M이사

| 34~35 | 홍보팀에서는 사내 행사를 위해 다음과 같이 3개 공급업체로부터 경품 1과 경품 2에 대한 견적서를 받아보았다. 행사 참석자가 모두 400명이고 1인당 경품 1과 경품 2를 각각 1개씩 나누어 주어야 한다. 다음 자료를 보고 이어지는 질문에 답하시오.

공급처	물품	세트당 포함 수량(개)	세트 가격
A업체	경품 1	100	85만 원
	경품 2	60	27만 원
B업체	경품 1	110	90만 원
	경품 2	80	35만 원
C업체	경품 1	90	80만 원
	경품 2	130	60만 원

A업체 : 경품 2 170만 원 이상 구입 시, 두 물품 함께 구매하면 총 구매가의 5% 할인
B업체 : 경품 1 350만 원 이상 구입 시, 두 물품 함께 구매하면 총 구매가의 5% 할인
C업체 : 경품 1 350만 원 이상 구입 시, 두 물품 함께 구매하면 총 구매가의 20% 할인
※ 모든 공급처는 세트 수량으로만 판매한다.

34 홍보팀에서 가장 저렴한 가격으로 인원수에 모자라지 않는 수량의 물품을 구매할 수 있는 공급처와 공급 가격은?

① A업체 / 5,000,500원
② A업체 / 5,025,500원
③ B업체 / 5,082,500원
④ B업체 / 5,095,000원
⑤ B업체 / 5,120,000원

35 다음 중 C업체가 S사의 공급처가 되기 위한 조건으로 적절한 것은?

① 경품 1의 세트당 포함 수량을 100개로 늘린다.
② 경품 2의 세트당 가격을 2만 원 인하한다.
③ 경품 1의 세트당 수량을 85개로 줄인다.
④ 경품 2의 세트당 포함 수량을 120개로 줄인다.
⑤ 경품 1의 세트당 가격을 5만 원 인하한다.

36 다음 표는 E통신사의 이동 통화 요금제이다. 한 달 평균 이동전화 사용 시간이 몇 분 초과일 때부터 B 요금제가 유리한가?

요금제	기본요금(원)	1분당 전화 요금(원)
A	15,000	180
B	18,000	120

① 40분
② 45분
③ 50분
④ 55분
⑤ 60분

37 다음 자료를 참고할 때, 기업의 건전성을 파악하는 지표인 금융비용부담률이 가장 낮은 기업과 이자보상비율이 가장 높은 기업을 순서대로 알맞게 짝지은 것은 어느 것인가?

(단위 : 천만 원)

구분	매출액	매출원가	판관비	이자비용
A기업	98	90	2	1.5
B기업	105	93	3	1
C기업	95	82	3	2
D기업	112	100	5	2

※ 영업이익 = 매출액 − 매출원가 − 판관비

※ 금융비용부담률 = 이자비용 ÷ 매출액 × 100

※ 이자보상비율 = 영업이익 ÷ 이자비용 × 100

① A기업, B기업
② B기업, A기업
③ A기업, C기업
④ C기업, B기업
⑤ B기업, B기업

❙ 38~39 ❙ 다음 자료를 보고 이어지는 물음에 답하시오.

〈거래처 약도〉

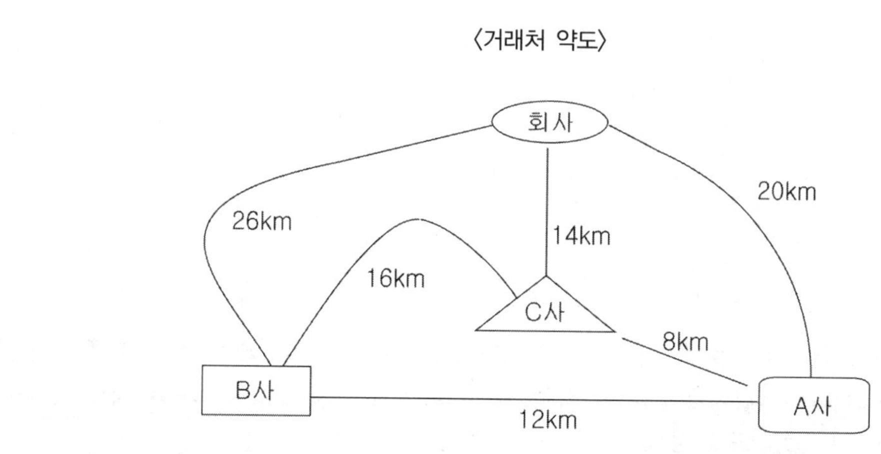

〈각 구간별 연비〉

- 회사~A사/B사/C사 : 각 10km/L(시내)
- A사~B사 : 14km/L(국도)
- B사~C사 : 8km/L(비포장도로)
- C사~A사 : 20km/L(고속도로)

※ 연료비는 1L당 1,500원으로 계산한다.

38 최 대리는 오늘 외출을 하여 A, B, C 거래처를 방문해야 한다. 세 군데 거래처를 모두 방문하고 마지막 방문지에서 바로 퇴근을 할 예정이지만, 서류 전달을 위해 중간에 한 번은 다시 회사로 돌아왔다 가야 한다. A사를 가장 먼저 방문할 경우 최 대리의 모든 거래처 방문이 완료되는 최단 거리 이동 경로는 몇 km인가?

① 58km
② 60km
③ 64km
④ 68km
⑤ 70km

39 위와 같은 거래처 방문 조건 하에서 최장 거리 이동 경로와 최단 거리 이동 경로의 총 사용 연료비 차액은 얼마인가?

① 3,000원
② 3,100원
③ 3,200원
④ 3,300원
⑤ 3,400원

40 다음은 채용공고에 응한 응시자들 중 서류 전형을 통과하여 1차, 2차 필기 테스트를 마친 응시자들의 항목별 우수자 현황표이다. 이에 대한 올바른 의견은 어느 것인가? (1차 필기 테스트를 치른 응시자 전원이 2차 필기 테스트에 응했다고 가정함)

항목	1차 테스트			항목	2차 테스트		
	남자	여자	소계		남자	여자	소계
문서이해	67	38	105	문서작성	39	43	82
문제도출	39	56	95	문제처리	51	75	126
시간관리	54	37	91	예산관리	45	43	88
정보처리	42	61	103	컴퓨터활용	55	43	98
업무이해	62	44	106	체제이해	65	41	106

① 남자의 평균 항목 당 우수자는 2차보다 1차가 근소하게 많다.
② 의사소통능력 분야의 우수자 비중이 가장 낮다.
③ 남녀 우수자의 비율 차이는 체제이해 항목에서 가장 크다.
④ 1, 2차 모든 항목 중 항목별 우수자의 여성 비중이 가장 낮은 항목은 문서작성 항목이다.
⑤ 1차 테스트보다 2차 테스트에서 남자 우수자의 비율이 높아진 분야는 총 3개이다.

한국사

1 고조선의 세력 범위가 요동반도에서 한반도에 걸쳐 있었음을 알게 해 주는 유물을 모두 고르면?

㉠ 조개껍데기 가면	㉡ 거친무늬 거울
㉢ 비파형 동검	㉣ 미송리식 토기

① ㉠㉡
② ㉡㉢
③ ㉠㉡㉢
④ ㉠㉡㉣
⑤ ㉡㉢㉣

2 다음 글의 밑줄 친 '이 나라'는?

> 이 나라 사람들은 12월이 되면 하늘에 제사를 드리는데, 온 나라 백성이 크게 모여서 며칠을 두고 음식을 먹고 노래하며 춤추니, 그것을 곧 영고라 한다. 이때에는 형옥(刑獄)을 중단하고 죄수를 풀어 준다. 전쟁을 하게 되면 그 때에도 하늘에 제사를 지내고, 소를 잡아서 그 발굽을 가지고 길흉을 점친다.

① 부여
② 고구려
③ 동예
④ 옥저
⑤ 마한

3 일본에 사신을 보내면서 스스로를 '고려국왕 대흠무'라고 불렀던 발해 국왕대에 있었던 통일신라의 상황으로 옳은 것은?

① 귀족세력의 반발로 녹읍이 부활되었다.
② 9주 5소경 체제의 지방행정조직을 완비하였다.
③ 의상은 당에서 귀국하여 영주에 부석사를 창건하였다.
④ 장보고는 청해진을 설치하고 남해와 황해의 해상무역권을 장악하였다.
⑤ 토지제도로 정전제를 실시하였다.

4 보기의 내용에 해당하는 역사적 사실로 옳은 것은?

혜공왕의 등극 후 왕권투쟁이 빈번해지면서 민란이 발생하였다.

① 녹읍이 폐지되었다.
② 시중의 권한이 강해졌다.
③ 호족이 성장하였다.
④ 6두품의 권한이 강해졌다.
⑤ 왕권이 강화되었다.

5 다음의 업적과 관계된 인물과 가장 관련이 있는 것은?

• 보조국사	• 수선사 조직
• 돈오점수	• 정혜쌍수
• 선종 입장에서 교종 통합	• 권수정혜결사문 선포

① 천태종 개창
② 조계종 확립
③ 왕오천축국전 집필
④ 화엄사상
⑤ 교관겸수 제시

6 다음 대화내용에 해당하는 시기의 사건으로 옳은 것은?

> A : 현량과를 실시해서, 이 세력들을 등용하여 우리들의 세력이 약해졌어.
> B : 맞아. 위훈삭제로 우리 공을 깎으려고 하는 것 같아.

① 폐비윤씨의 복위에 반대한 선비를 처형하였다.
② 조광조 등 사림들이 개혁정치를 펼쳤다.
③ 훈구파가 제거되었다.
④ 김종직의 '조의제문'이 문제가 되어 일어났다.
⑤ 서인이 노론과 소론으로 분파되었다.

7 통일신라시대 귀족경제의 변화를 말해주고 있는 밑줄 친 '이것'에 대한 설명으로 옳은 것은?

> 전제왕권이 강화되면서 신문왕 9년(689)에 이것을 폐지하였다. 이를 대신하여 조(租)의 수취만을 허락하는 관료전이 주어졌고, 한편 일정한 양의 곡식이 세조(歲租)로서 또한 주어졌다. 그러나 경덕왕 16년(757)에 이르러 다시 <u>이것</u>이 부활되는 변화과정을 겪었다.

① 이것이 폐지되자 전국의 모든 국토는 '왕토(王土)'라는 사상이 새롭게 나오게 되었다.
② 수급자가 토지로부터 조(租)를 받을 뿐 아니라, 그 지역의 주민을 노역(勞役)에 동원할 수 있었다.
③ 삼국통일 이후 국가에 큰 공을 세운 육두품 신분의 사람들에게 특별히 지급하였다.
④ 촌락에 거주하는 양인농민인 백정이 공동으로 경작하였다.
⑤ 관료들에게 부여한 토지로, 관직에서 물러날 경우 해당 토지를 반납해야 했다.

8 다음은 통일신라 때의 토지 제도에 대한 설명이다. 이에 관한 설명으로 옳은 것은?

> 통일 후에는 문무 관료들에게 토지를 나누어 주고, 녹읍을 폐지하는 대신 해마다 곡식을 나누어 주었다.

① 농민 경제가 점차 안정되었다.
② 귀족들의 농민 지배가 더욱 강화되었다.
③ 귀족들의 기반이 더욱 강화되었다.
④ 귀족에 대한 국왕의 권한이 점차 강화되었다.
⑤ 공신들에 대한 보상이 강화되었다.

9 다음에서 발해의 경제생활에 대한 내용으로 옳은 것을 모두 고르면?

> ㉠ 밭농사보다 벼농사가 주로 행하였다.
> ㉡ 제철업이 발달하여 금속가공업이 성행하였다.
> ㉢ 어업이 발달하여 먼 바다에 나가 고래를 잡기도 하였다.
> ㉣ 가축의 사육으로 모피, 녹용, 사향 등이 생산되었다.

① ㉠㉡
② ㉠㉢
③ ㉠㉡㉢
④ ㉠㉡㉣
⑤ ㉡㉢㉣

10 보기의 세 사람이 공통적으로 주장한 내용으로 옳은 것은?

• 유형원	• 이익	• 정약용

① 자영농을 육성하여 민생을 안정시키자고 주장하였다.
② 상공업의 진흥과 기술혁신을 주장하였다.
③ 개화기의 개화사상가들에 의해 계승되었다.
④ 농업부문에서 도시제도의 개혁보다는 생산력 증대를 중요시 하였다.
⑤ 지주제를 긍정하며, 화폐의 사용을 강조하였다.

11 다음과 같은 주장을 한 조선의 학자는?

> 재물이란 우물의 물과 같다. 퍼내면 차게 마련이고 이용하지 않으면 말라 버린다. 그렇듯이 비단을 입지 않기 때문에 나라 안에 비단 짜는 사람이 없고, 그릇이 찌그러져도 개의치 않으며 정교한 기구를 애써 만들려 하지 않으니, 기술자나 질그릇 굽는 사람들이 없어져 각종 기술이 전해지지 않는다. 심지어 농업도 황폐해져 농사짓는 방법을 잊어버렸고, 장사를 해도 이익이 없어 생업을 포기하기에 이르렀다. 이렇듯 사민(四民)이 모두 가난하니 서로가 도울 길이 없다. 나라 안에 있는 보물도 이용하지 않아서 외국으로 흘러 들어가 버리는 실정이다. 그러니 남들이 부강해질수록 우리는 점점 가난해지는 것이다.

① 유형원
② 박제가
③ 홍대용
④ 박지원
⑤ 정약용

12 다음 글을 남긴 국왕의 재위 기간에 일어난 사실로 옳은 것은?

> 보잘 것 없는 나, 소자가 어린 나이로 어렵고 큰 유업을 계승하여 지금 12년이나 되었다. 그러나 나는 덕이 부족하여 위로는 천명(天命)을 두려워하지 못하고 아래로는 민심에 답하지 못하였으므로, 밤낮으로 잊지 못하고 근심하며 두렵게 여기면서 혹시라도 선대왕께서 물려주신 소중한 유업이 잘못되지 않을까 걱정하였다. 그런데 지난번 가산(嘉山)의 토적(土賊)이 변란을 일으켜 청천강 이북의 수많은 생령이 도탄에 빠지고 어육(魚肉)이 되었으니 나의 죄이다.
>
> –「비변사등록」–

① 최제우가 동학을 창도하였다.
② 공노비 6만 6천여 명을 양인으로 해방시켰다.
③ 미국 상선 제너럴셔먼호가 격침되었다.
④ 삼정 문제를 해결하기 위해 삼정이정청을 설치하였다.
⑤ 수원 화성을 축조하였다.

13 다음 중 조선시대의 신분제도에 대한 설명으로 옳은 것은?

① 양반은 과거가 아니면 관직에 진출할 수 없었다.
② 재가한 여자의 아들은 과거응시가 불가하였으나 손자는 가능하였다.
③ 농민은 법제적으로는 관직에 진출하는 것이 가능하였다.
④ 서얼도 문과에 응시할 수 있었다.
⑤ 향리는 과거를 통하여 문반직에 오를 수 있었고, 지방의 행정실무를 담당하였다.

14 다음 중 고려시대 양민 계층은?

① 남반
② 서리
③ 기술관
④ 백정
⑤ 향리

15 신라 하대 불교계의 새로운 경향을 알려주는 다음의 사상에 대한 설명으로 옳은 것은?

> 불립문자(不立文字)라 하여 문자를 세워 말하지 않는다고 주장하고, 복잡한 교리를 떠나서 심성(心性)을 도야하는 데 치중하였다. 그러므로 이 사상에서 주장하는 바는 인간의 타고난 본성이 곧 불성(佛性)임을 알면 그것이 불교의 도리를 깨닫는 것이라는 견성오도(見性悟道)에 있었다.

① 전제왕권을 강화해주는 이념적 도구로 크게 작용하였다.
② 지방에서 새로이 대두한 호족들의 사상으로 받아들여졌다.
③ 왕실은 이 사상을 포섭하려는 노력에 관심을 기울이지 않았다.
④ 인도에까지 가서 공부해 온 승려들에 의해 전파되었다.
⑤ 전통과 권위를 중시하며 교리와 경전의 연구를 강조하였다.

16 다음의 사건들을 일어난 순서대로 바르게 나열한 것은?

> ㉠ 척화비 건립
> ㉡ 병인양요
> ㉢ 제너럴셔먼호 사건
> ㉣ 오페르트 남연군묘 도굴사건
> ㉤ 신미양요

① ㉠ – ㉡ – ㉢ – ㉣ – ㉤
② ㉡ – ㉢ – ㉠ – ㉣ – ㉤
③ ㉢ – ㉡ – ㉣ – ㉤ – ㉠
④ ㉣ – ㉠ – ㉡ – ㉢ – ㉤
⑤ ㉣ – ㉤ – ㉠ – ㉡ – ㉢

17 〈보기〉의 조약이 체결된 이후에 일어난 사건으로 가장 옳지 않은 것은?

〈보기〉

〈제1관〉 조선국은 자주국으로서 일본국과 평등한 권리를 보유한다.
〈제7관〉 조선의 연해 도서는 지극히 위험하므로 일본의 항해자가 자유로이 해안을 측량함을 허가한다.

① 만동묘가 철폐되었다.
② 이범윤이 간도 시찰원으로 파견되었다.
③ 통리기무아문이 설치되었다.
④ 영남 유생들이 만인소를 올렸다.
⑤ 원산항을 통한 곡물의 수출을 금지하였다.

18 1919년 3 · 1운동 전후의 국내외 정세에 대한 설명으로 옳지 않은 것은?

① 일본은 시베리아에 출병하여 러시아 영토의 일부를 점령하고 있었다.
② 러시아에서는 볼셰비키가 권력을 장악하여 사회주의 정권을 수립하였다.
③ 미국의 윌슨 대통령이 민족자결주의를 내세워 전후 질서를 세우려 하였다.
④ 도쿄 유학생들이 한국의 독립을 선포한 선언서를 발표하였다.
⑤ 산동성의 구 독일 이권에 대한 일본의 계승 요구는 5 · 4 운동으로 인해 파리평화회의에서 승인받지 못하였다.

19 다음 보기의 내용과 관련 있는 단체의 업적으로 옳은 것은?

> 동학농민전쟁의 주체이며, 최시형의 뒤를 이은 3세 교주 손병희는 3 · 1운동 민족대표 33인 중의 한 사람이었다.

① 미신타파

② 고아원 설립

③ 북로군정서 중광단

④ 개벽, 만세보

⑤ 독립신문 발행

20 다음 중 독립협회에 관한 설명으로 옳지 않은 것은?

① 자주국권운동을 전개하였다.

② 박정양의 진보적 내각이 수립되었다.

③ 최초의 근대적 민중대회인 만민공동회를 개최하였다.

④ 일본의 황무지 개간권 요구를 저지시켰다.

⑤ 입헌군주제를 목표로 하였다.

제 05 회 60문항/60분 실력평가 모의고사

※ 직업능력(40문항), 한국사(20문항)를 수록하여 임의로 시험시간을 설정하였습니다. 실제 시험은 총 80문항/80분으로 진행되는 점 참고하시기 바랍니다.

직업능력

1 다음은 어느 회사의 회의록이다. 이를 통해 이해할 수 있는 내용이 아닌 것은?

<table>
<tr><td>일시</td><td>2020. 00. 00 14:00 ~ 16:00</td><td>장소</td><td>5층 소회의실</td></tr>
<tr><td>참석자</td><td colspan="3">기획개발부장, 영업본부장, 영업1부장, 영업3부장
불참자(1명) : 영업2부장(해외출장)</td></tr>
<tr><td>제목</td><td colspan="3">고객 관리 및 영업 관리 체계 개선 방안 모색</td></tr>
<tr><td>의안</td><td colspan="3">고객 관리 체계 개선 방법 및 영업 관리 대책 모색
– 고객 관리 체계 확립을 위한 개선 및 A/S 고객의 만족도 증진방안
– 자사 영업직원의 적극적인 영업활동을 위한 개선방안</td></tr>
<tr><td>토의
내용</td><td colspan="3">1. 효율적인 고객관리 체계 개선 방법
• 고객 관리를 위한 시스템 정비 및 고객관리 업무 전담 직원 증원 필요(영업3부장)
• 영업 조직 체계를 제품별이 아닌 기업별 담당제로 전환(영업1부장)
• 영업부와 기획개발부 간의 지속적 제품 개선 방안 협의 건의(기획개발부장)
• 각 부서의 여업직원의 고객 방문 스케줄 공유로 방문처 중복을 방지(영업1부장)
• 고객 정보를 부장차원에서 통합관리(영업3부장)
2. 자사 영업직원의 적극적 영업활동을 위한 개선방안
• 영업직원의 영업능력을 향상시키기 위한 교육프로그램 운영(영업본부장)</td></tr>
<tr><td>협의
사항</td><td colspan="3">1. IT본부과 고객 리스트 관리 프로그램 교체를 논의
2. 인사과와 협의하여 추가 업업 사무를 처리하는 전담 직원 채용
3. 인사과와 협의하여 연 2회 교육 세미나를 실시함으로써 영업교육과 프레젠테이션 기술 교육을 받을 수 있도록 함
4. 기획개발부와 협의하여 제품에 대한 자세한 이해와 매뉴얼 숙지를 위해 신제품 출시에 맞춰 영업직원을 위한 설명회를 열도록 함
5. 기획개발부와 협의하여 주기적인 회의를 갖도록 함</td></tr>
</table>

① 영업본부의 업무 개선을 위한 회의이다.

② 영업1부와 2부의 스케줄 공유가 필요하다.

③ 교육 세미나의 강사는 인사과의 담당직원이다.

④ 다른 부서와 협의 단계를 거쳐야하는 사항이 있다.

⑤ 회의 참석 대상자는 총 5명이다.

풀이종료시간 : [ ] – [ ]
풀이소요시간 : [ ]분 [ ]초

2 다음과 같은 전결사항에 관한 사정을 보고 내린 판단으로 적절하지 않은 것은?

결재권자가 출장, 휴가 등 사유로 부재중일 경우, 결재권자의 차상급 직위자의 전결사항으로 하되, 반드시 결재권자의 업무 복귀 후 후결로 보완한다.

업무내용	결재권자			
	팀장	본부장	부사장	사장
월별 실적보고	O	O		
주간 업무보고	O			
팀장급 인수인계			O	
10억 이상 예산집행				O
10억 이하 예산집행			O	
노조관련 협의사항			O	
이사회 위원 위촉				O
임직원 해외 출장		O(직원)		O(임원)
임직원 휴가		O(직원)		O(임원)

① 이과장의 해외 출장 보고서는 본부장이 결재권자이다.
② 윤팀장의 권한은 실적 · 업무보고만 결재까지이다.
③ 부사장이 출장 시 팀장의 업무 인수인계 결재는 부사장 복귀 후 받는다.
④ 김대리와 최이사가 휴가를 가기 위해 사장의 결재를 받아야한다.
⑤ 예산집행 결재는 금액에 따라 결재권자가 달라진다.

┃3~4┃ 다음 위임전결규정을 보고 이어지는 물음에 답하시오.

위임전결규정

- 결재를 받으려는 업무에 대해서는 최고결재권자(대표이사)를 포함한 이하 직책자의 결재를 받아야 한다.
- '전결'이라 함은 회사의 경영활동이나 관리활동을 수행함에 있어 의사 결정이나 판단을 요하는 일에 대하여 최고결재권자의 결재를 생략하고, 자신의 책임 하에 최종적으로 의사 결정이나 판단을 하는 행위를 말한다.
- 전결사항에 대해서도 위임 받은 자를 포함한 이하 직책자의 결재를 받아야 한다.
- 표시내용: 결재를 올리는 자는 최고결재권자로부터 전결 사항을 위임받은 자가 있는 경우 결재란에 전결이라고 표시하고 최종 결재권자란에 위임 받은 자를 표시한다. 다만, 결재가 불필요한 직책자의 결재란은 상향대각선으로 표시한다.
- 최고결재권자의 결재사항 및 최고결재권자로부터 위임된 전결사항은 아래의 표에 따른다.
- 본 규정에서 정한 전결권자가 유고 또는 공석 시 그 직급의 직무 권한은 직상급직책자가 수행함을 원칙으로 하며, 각 직급은 긴급을 요하는 업무처리에 있어서 상위 전결권자의 결재를 득할 수 없을 경우 차상위자의 전결로 처리하며, 사후 결재권자의 결재를 득해야 한다.

업무내용		결재권자			
		사장	부사장	본부장	팀장
주간업무보고					○
팀장급 인수인계			○		
일반예산 집행	잔업수당	○			
	회식비			○	
	업무활동비			○	
	교육비		○		
	해외연수비	○			
	시내교통비			○	
	출장비	○			
	도서인쇄비				○
	법인카드사용		○		
	소모품비				○
	접대비(식대)			○	
	접대비(기타)				○
이사회 위원 위촉		○			
임직원 해외 출장		○(임원)		○(직원)	
임직원 휴가		○(임원)		○(직원)	
노조관련 협의사항			○		

* 100만 원 이상의 일반예산 집행과 관련한 내역은 사전 사장 품의를 득해야 하며, 품의서에 경비 집행 내역을 포함하여 준비한다. 출장 계획서는 품의서를 대체한다.

* 위의 업무내용에 필요한 결재서류는 다음과 같다.

– 품의서, 주간업무보고서, 인수인계서, 예산집행내역서, 위촉장, 출장보고서(계획서), 휴가신청서, 노조협의사항 보고서

3 다음 중 위의 위임전결규정을 잘못 설명한 것은 어느 것인가?

① 전결권자 공석 시의 최종결재자는 차상위자가 된다.
② 전결권자 업무 복귀 시, 부재 중 결재 사항에 대하여 반드시 사후 결재를 받아두어야 한다.
③ 팀장이 새로 부임하면 부사장 전결의 인수인계서를 작성하게 된다.
④ 전결권자가 해외 출장으로 자리를 비웠을 경우에는 차상위자가 직무 권한을 위임 받는다.
⑤ 거래처에 식사 제공을 한 비용 처리는 본부장 전결로 결재를 득한다.

4 영업팀 김 대리는 부산으로 교육을 받으러 가기 위해 교육비용 신청을 위한 문서를 작성하고자 한다. 김 대리가 작성한 결재 양식으로 올바른 것은 어느 것인가?

①

출장내역서					
결재	담당	팀장	본부장	부사장	사장

②

교육비집행내역서					
결재	담당	팀장	본부장	부사장	사장
				/	부사장

③

교육비집행내역서					
결재	담당	팀장	본부장	부사장	사장
					/

④

업무활동비집행내역서					
결재	담당	팀장	본부장	부사장	전결
				/	부사장

⑤

교육비집행내역서					
결재	담당	팀장	본부장	부사장	전결
					/

5 다음은 한국산업인력공단에서 실시하고 있는 능력개발, 능력평가 사업의 세부 내용이다. 이를 바르게 이해하지 못한 것은?

[능력개발]

■ 일하고 배우고 함께 성장하는! 능력중심사회로 가는 디딤돌 능력개발사업

■ 사업목적

근로자의 직업능력개발을 촉진 지원하고, 기업의 인적자원 경쟁력을 제고하여 국가 생산성 향상 도모

■ 사업목표

근로자의 평생능력개발 지원

■ 주요사업

- 청년직업능력개발지원 : 직무능력 향상을 위한 직업능력개발 지원을 통해 청년들의 일자리 미스매치 해소에 기여
- 근로자 · 기업 직업능력개발 지원 : 근로자와 기업이 직업능력개발을 통해 경쟁력을 강화할 수 있도록 다양한 훈련 사업들을 지원
- 직업능력개발 인프라 지원 : 고객 맞춤형 HRD 콘텐츠 개발 · 보급, 일자리 정보 및 직업능력개발 프로그램을 제공하는 직업방송 송출 등 직업능력개발의 인프라를 지원
- 직업능력개발 훈련품질 향상 지원 : 상시적 현장 · 원격 모니터링 및 조사분석으로 직업능력개발훈련 품질 향상을 지원

■ 기타 통계

- 일학습병행 학습기업 : 17,799개 기업, 학습근로자수 : 117,011명(21.11.30. 기준, 누적)
- 2021년 사업주 직업능력개발훈련 비용지급인원(컨소시엄, 지산맞 포함) : 1,959,480명(21.12.31. 기준)

[능력평가]

■ 함께 꿈을 더 크게 키워주는 희망의 ID, 자격증은 더 나은 내일을 위한 약속

■ 사업목적

국가자격시험을 효율적으로 운영하여 산업현장의 수요에 적합한 능력평가 체계를 확립함으로써 근로자의 직업능력을 개발하고, 기술인력 및 전문인력의 사회적 지위 향상과 국가의 경제발전에 이바지하고자 함

■ 사업목표

NCS 활용 · 확산 및 국가자격 혁신을 통한 능력중심사회 여건 조성

■ 국가자격시험제도

- 국가기술자격 : 국가기술자격법에 의해 규정된 자격으로 주로 산업과 관련이 있는 기술, 기능 및 서비스 분야의 자격
- 국가전문자격 : 주로 전문 서비스분야(의료, 법률 등)의 자격으로 개별부처의 필요에 의해 신설, 운영되며 대부분 면허적 성격의 자격제도

• 과정평가형자격 : 국가직무능력표준(NCS)에 기반을 두어 일정 요건을 충족하는 교육훈련과정을 이수한 자에게 내외부 평가를 거쳐 합격기준을 충족하는 자에게 자격을 부여
• 일학습병행자격 : 일학습병행 교육훈련 프로그램 참여 학습근로자를 대상으로 산업현장 직무능력에 대한 공정하고 체계적인 평가 통한 자격부여

■ 기타 통계
• 2021년 국가기술자격 취득자수 : 831,076명
• 2021년 과정평가형 취득자수 : 8,675명

① 두 사업 모두 근로자의 직업능력을 개발하는 데에 그 목적을 두고 있다.
② 국가기술자격 취득자 수는 일학습병행 학습근로자 수의 약 7배이다.
③ 능력평가 사업을 통해 능력중심의 사회를 만드는 것이 목표이다.
④ 일학습병행자격을 부여받은 근로자에 한해 일학습병행 학습이 가능하다.
⑤ 훈련의 품질을 향상시키기 위해 현장 및 원격 모니터링을 상시적으로 한다.

6 다음 청첩장의 밑줄 친 용어를 한자로 바르게 표시하지 못한 것은?

> 알림
>
> 그동안 저희를 아낌없이 돌봐주신 여러 어른들과 지금까지 옆을 든든히 지켜준 많은 벗들이 모인 자리에서 저희 두 사람이 작지만 아름다운 <u>결혼식</u>을 올리고자 합니다. 부디 바쁘신 가운데 잠시나마 <u>참석</u>하시어 자리를 빛내주시고 새로운 <u>출발</u>을 하는 저희들이 오랫동안 행복하게 지낼 수 있도록 <u>기원</u>해 주시기 바랍니다.
>
> 고○○ · 허○○ 의 <u>장남</u> 희동
> 박○○ · 장○○ 의 차녀 선영
>
> 다음
>
> 1. 일시 : 2015년 10월15일 낮 12시 30분
> 2. 장소 : 경기도 파주시 ○○구 ○○동 좋아웨딩홀 2층 사파이어홀
> 3. 연락처 : 031-655-××××
>
> 첨부 : 좋아웨딩홀 장소 약도 1부

① 결혼식 – 結婚式
② 참석 – 參席
③ 출발 – 出發
④ 기원 – 起源
⑤ 장남 – 長男

| 7~8 | 다음 글을 읽고 물음에 답하시오.

빗살무늬토기를 사용하던 당시에 간돌도끼는 편평하고 길쭉한 자갈돌을 다듬은 뒤 인부(날 부분)만을 갈아서 사용하였다. 빗살무늬토기문화인들에 뒤이어 한반도의 새로운 주민으로 등장한 민무늬토기문화인들은 간석기를 더욱 발전시켜 사용했는데, 이 시기에는 간돌도끼도 인부만이 아닌 돌 전체를 갈아 정교하게 만들어서 사용하였다.

또한 ㉠ 빗살무늬토기시대의 간돌도끼는 '도끼'(현대 도끼와 같이 날이 좌우 대칭인 것)와 '자귀'(현대의 자귀 또는 끌처럼 날이 비대칭인 것)의 구분 없이 혼용되었으나 민무늬토기시대에는 '도끼'와 '자귀'를 따로 만들어서 사용하였다.

도끼는 주로 요즈음의 도끼와 마찬가지로 벌목 · 절단 · 절개의 용도로 사용된 반면, 자귀는 요즈음의 끌이나 자귀처럼 나무껍질을 벗기거나 재목을 다듬는 가공구로 사용되었다. ㉡ 민무늬토기시대의 간돌도끼는 용도별로 재료 · 크기 · 무게 · 형태를 달리하여 제작되었으며, 전투용보다는 공구용이 압도적이었다.

종류는 크게 양인석부(양날도끼)와 단인석부(외날도끼)로 구분된다. 양인석부는 부신의 형태에 따라 편평 · 원통 · 사각석부 등으로 나뉘고, 단인석부는 길쭉한 주상석부와 납작하고 네모난 '대팻날'로 나뉜다.

㉢ 우리나라의 대표적인 주먹도끼문화는 전곡리의 구석기문화에서 발견되는데 1979년부터 발굴이 시작된 전곡리 유적은 경기도 연천군 전곡리의 한탄강변에 위치하고 있으며 이 유적은 야외유적으로 이곳에서 구석기인들이 석기도 제작한 흔적이 발견되었다.

충청도 · 전라도 지역과 같은 평야지대에서는 소형의 석부가 많이 나타나고, 도끼용보다는 자귀용의 목공구가 우세한 반면, 강원도에서는 대형의 석부가 많이 나타나고 도끼류가 우세하다. ㉣ 간돌도끼는 청동도끼가 들어온 뒤에도 줄지 않고 상용되었으며, 서기 전 2세기 말 무렵에 중국에서 한나라 식 철제도끼가 보급되면서 급격히 소멸되었다.

7 다음 중 옳지 않은 것은?

① 간돌도끼는 빗살무늬토기시대 때는 도끼와 자귀 구분 없이 사용되었다가 민무늬토기시대로 오면서 따로 만들어 사용하게 되었다.

② 간돌도끼는 돌을 갈아서 사용한 것으로 흔히 타제석부라고도 부른다.

③ 민무늬토기시대의 간돌도끼는 용도별로 다양하게 제작되었는데 그 중에서도 특히 공구용으로 많이 제작되었다.

④ 충청도나 전라도 지역에서 발굴된 간돌도끼 유물들은 소형으로 도끼보다 자귀용과 같은 목공구가 대부분을 차지한다.

⑤ 간돌도끼는 청동도끼가 들어온 후에도 사용되었다.

8 위 글의 밑줄 친 ㉠~㉣ 중 내용상 흐름과 관련 없는 문장은?

① ㉠
② ㉡
③ ㉢
④ ㉣
⑤ 없음

9 다음은 광고회사에 다니는 甲이 '광고의 표현 요소에 따른 전달 효과'라는 주제로 발표한 발표문이다. 甲이 활용한 매체 자료에 대한 설명으로 적절하지 않은 것은?

저는 오늘 광고의 표현 요소에 따른 전달 효과에 대해 말씀드리겠습니다. 발표에 앞서 제가 텔레비전 광고 한 편을 보여 드리겠습니다. (광고를 보여 준 후) 의미가 강렬하게 다가오지 않나요? 어떻게 이렇게 짧은 광고에서 의미가 잘 전달되는 것일까요?

광고는 여러 가지 표현 요소를 활용하여 효과적으로 의미를 전달합니다.

이러한 요소에는 음향, 문구, 사진 등이 있습니다. 이 중 우리 반 학생들은 어떤 요소가 가장 전달 효과가 높다고 생각하는지 설문 조사를 해 보았는데요, 그 결과를 그래프로 보여 드리겠습니다. 3위는 음향이나 음악 같은 청각적 요소, 2위는 광고 문구, 1위는 사진이나 그림 같은 시각적 요소였습니다. 그래프로 보니 1위의 응답자 수가 3위보다 두 배가량 많다는 것을 한눈에 볼 수 있네요. 그러면 각 요소의 전달 효과에 대해 살펴볼까요?

먼저 청각적 요소의 효과를 알아보기 위해 음향을 들려 드리겠습니다. (자동차 엔진 소리와 급정거 소음, 자동차 부딪치는 소리) 어떠세요? 무엇을 전달하려는지 의미는 정확하게 알 수 없지만 상황은 생생하게 느껴지시지요?

이번에는 광고 문구의 효과에 대해 설명드리겠습니다. 화면에 '안전띠를 매는 습관, 생명을 지키는 길입니다.'라고 쓰여 있네요. 이렇게 광고 문구는 우리에게 광고의 내용과 의도를 직접적으로 전달해 줍니다.

끝으로 시각적 요소의 효과에 대해 설명드리겠습니다. 이 광고의 마지막 장면은 포스터로도 제작되었는데요. 이 포스터를 함께 보시지요. 포스터를 꽉 채운 큰 한자는 '몸 신' 자네요. 마지막 획을 안전띠 모양으로 만들어서 오른쪽 위에서 왼쪽 아래까지 '몸 신' 자 전체를 묶어 주고 있는 것이 보이시죠? 이 포스터는 안전띠가 몸을 보호해 준다는 의미를 참신하고 기발하게 표현한 것입니다. 이렇게 광고를 통해 전달하려는 의도가 시각적 이미지로 표현될 때 더 인상적으로 전달됨을 알 수 있습니다.

여러분도 인터넷에서 다른 광고들을 찾아 전달 효과를 분석해 보시기 바랍니다. 이상 발표를 마치겠습니다.

① 동영상을 활용하여 청중의 흥미를 유발하고 있다.
② 그래프를 활용하여 설문 조사 결과를 효과적으로 제시하고 있다.
③ 음향을 활용하여 광고 속 상황을 실감이 나도록 전달하고 있다.
④ 포스터를 활용하여 시각적 요소의 효과에 대해 설명하고 있다.
⑤ 인터넷을 활용하여 다양한 자료 검색 방법을 알려 주고 있다.

10 다음 중 김 씨에게 해 줄 수 있는 조언으로 적절하지 않은 것은 무엇인가?

> 기획팀 사원 김 씨는 좋은 아이디어를 가지고 있지만, 이를 제대로 표현하지 못한다. 평상시 성격도 소심하고 내성적이라 남들 앞에서 프레젠테이션을 하는 상황만 되면 당황하여 목소리가 떨리고 말이 잘 나오지 않는다. 머릿속엔 아무런 생각도 나지 않고 어떻게 하면 빨리 이 자리를 벗어날 수 있을까 궁리하게 된다. 아무리 발표 준비를 철저하게 하더라도 윗사람이 많은 자리나 낯선 상황에 가면 김 씨는 자신도 모르게 목소리가 작아지고 중얼거리며, 시선은 아래로 떨어져 한 곳을 응시하게 된다. 이뿐만 아니라 발표 내용은 산으로 흘러가고, 간투사를 많이 사용하여 상대와의 원활한 의사소통이 이루어지지 않는다.

① 프레젠테이션 전에 심호흡 등을 통해 마음의 평정을 유지해 보세요.
② 청중을 너무 의식하지 말고, 리허설을 통해 상황에 익숙해지도록 하세요.
③ 프레젠테이션을 할 때는 긴장이 되더라도 밝고 자신감 넘치는 표정과 박력 있는 목소리로 준비한 내용을 표현하세요.
④ 목소리 톤은 좋은데 몸동작이 부자연스러워 주의가 분산되고 있으니 상황에 따른 적절한 비언어적 표현을 사용하세요.
⑤ 청중을 바라볼 때는 한 곳을 응시하거나 아래를 보기보다는 Z자를 그리며 규칙성을 가지고 골고루 시선을 분배하세요.

11 다음 글에 대한 내용으로 가장 적절하지 않은 것은?

> 지속되는 불황 속에서도 남 몰래 웃음 짓는 주식들이 있다. 판매단가는 저렴하지만 시장점유율을 늘려 돈을 버는 이른바 '박리다매', '저가 실속형' 전략을 구사하는 종목들이다. 대표적인 종목은 중저가 스마트폰 제조업체에 부품을 납품하는 업체이다. A증권에 따르면 전 세계적으로 200달러 이하 중저가 스마트폰이 전체 스마트폰 시장에서 차지하는 비중은 2015년 11월 35%에서 지난 달 46%로 급증했다. 세계 스마트폰 시장 1등인 B전자도 최근 스마트폰 판매량 가운데 40% 가량이 중저가폰으로 분류된다. 중저가용에 집중한 중국 C사와 D사의 2분기 세계 스마트폰 시장점유율은 전 분기 대비 각각 43%, 23%나 증가해 B전자나 E전자 10%대 초반 증가율보다 월등히 앞섰다. 이에 따라 국내외 스마트폰 업체에 중저가용 부품을 많이 납품하는 F사, G사, H사, I사 등이 조명받고 있다.
>
> 주가가 바닥을 모르고 내려간 대형 항공주와는 대조적으로 저가항공주 주가는 최근 가파른 상승세를 보였다. J항공을 보유한 K사는 최근 두 달 새 56% 상승세를 보였다. 같은 기간 L항공을 소유한 M사 주가도 25% 가량 올랐다. 저가항공사 점유율 상승이 주가 상승으로 이어지는 것으로 보인다. 국내선에서 저가항공사 점유율은 2012년 23.5.%에서 지난 달 31.4%까지 계속 상승해왔다. 홍길동 ○○증권 리서치센터장은 "글로벌 복합위기로 주요국에서 저성장 · 저투자 기조가 계속되는 데다 개인들은 부채 축소와 고령화에 대비해야 하기 때문에 소비를 늘릴 여력이 줄었다."며 "값싸면서도 멋지고 질도 좋은 제품이 계속 주목받을 것"이라고 말했다.

① '박리다매'주식은 F사, G사, H사, I사의 주식이다.

② 저가항공사 점유율은 계속 상승세를 보이고 있는 반면 대형 항공주는 주가 하락세를 보였다.

③ 글로벌 복합위기와 개인들의 부채 축소, 고령화 대비에 따라 값싸고 질 좋은 제품이 주목받을 것이다.

④ B전자가 주력으로 판매하는 스마트폰이 중저가 폰에 해당한다.

⑤ J항공과 L항공은 저가항공주이다.

12 아래의 내용을 통해 알 수 없는 것은?

> 나누미 봉사단…소외되고 어려운 이웃을 향해 따뜻한 관심과 사랑 나눔 실천으로 "더불어 함께 사는 열린 세상"을 만들어 가겠습니다.
>
> 지난 40여 년 동안 국가 발전의 원동력인 인적자원의 양성, 관리에 핵심 역할을 수행해 온 한국산업인력공단은 산업인력의 역량 강화뿐 아니라 인간 중심의 사회 구현에도 앞장서고 있습니다.
>
> 한국산업인력공단은 오래 전부터 지체장애우, 소년소녀가장 돕기, 양로원 방문, 자연보호 활동 전개 등 다양한 봉사활동을 통해 내 이웃, 내 사회와 함께 하는 공공기관이 되기 위해 많은 노력을 기울여 왔습니다.
>
> 그리고 2005년 3월 18일 공단 창립 23주년을 맞이하여 지금까지의 봉사활동에서 한 걸음 더 나아가 보다 조직적이고 체계적인 활동을 펼쳐 나가기 위해 공단 본부에 사무국을 두고 전국적으로 49개 봉사단으로 구성된 '나누미 봉사단'을 발족하였습니다.
>
> 한국산업인력공단 '나누미 봉사단'은 '아름다운 동행'이라는 슬로건과 같이 "더불어 함께 사는 열린 세상"을 향한 동행 길을 만들어갈 것입니다. 그리고 "나누미 봉사단"의 정신을 전사적으로 확대시켜 가슴이 따뜻한 기관, 국민과 함께 하는 기관을 만드는데 적극 노력할 서이며 국민과 지역사회로부터 신뢰와 사랑받는 기관이 되도록 최선을 다할 것입니다.

① 공단의 창립 연도

② 봉사단 사무국의 위치

③ 공단의 핵심과제

④ 나누미 봉사단의 슬로건

⑤ 공단의 실시한 봉사활동

13 다음 자료를 통해 알 수 있는 사항을 올바르게 설명하지 못한 것은 어느 것인가?

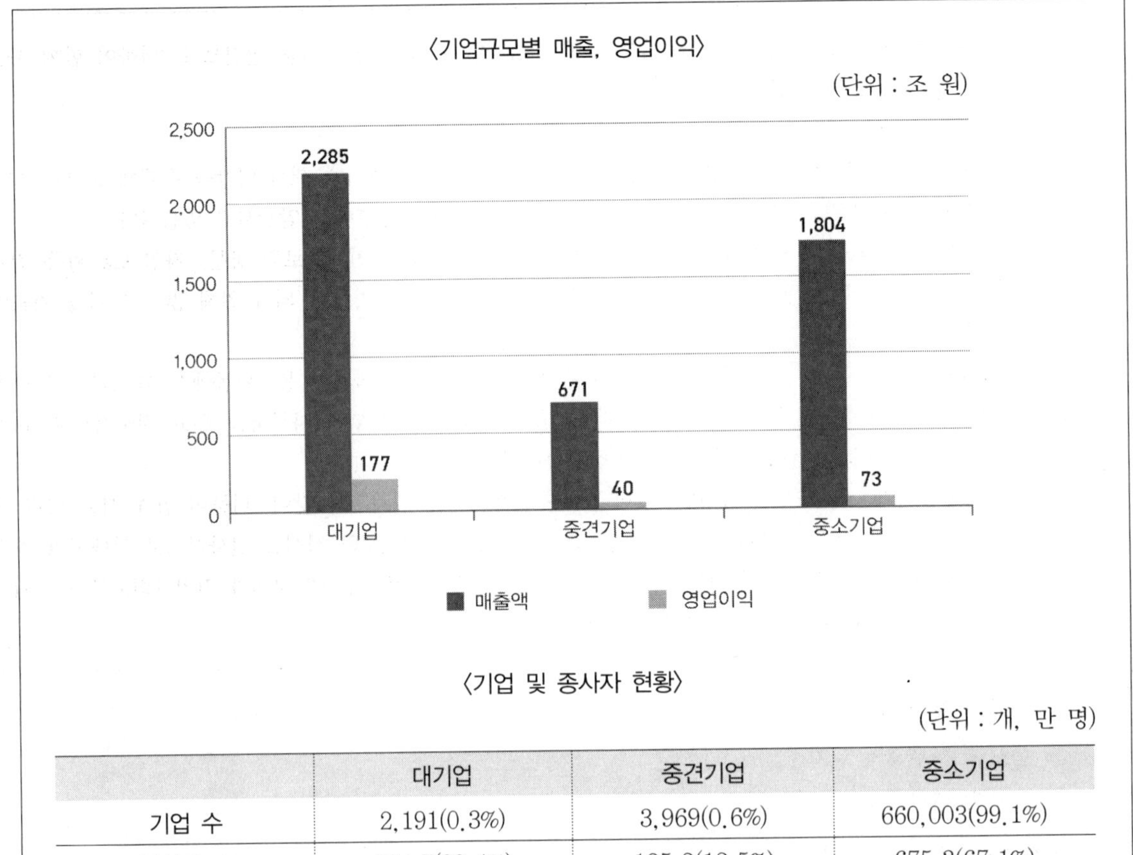

〈기업 및 종사자 현황〉

(단위 : 개, 만 명)

	대기업	중견기업	중소기업
기업 수	2,191(0.3%)	3,969(0.6%)	660,003(99.1%)
종사자 수	204.7(20.4%)	125.2(12.5%)	675.3(67.1%)

① 1개 기업당 매출액과 영업이익 실적은 대기업에 속한 기업이 가장 우수하다.

② 기업군 전체의 매출액 대비 영업이익은 대기업, 중견기업, 중소기업 순으로 높다.

③ 1개 기업 당 종사자 수는 대기업이 중견기업의 3배에 육박한다.

④ 전체 기업 수의 약 1%에 해당하는 기업이 전체 영업이익의 70% 이상을 차지한다고 할 수 있다.

⑤ 전체 기업 수의 약 99%에 해당하는 기업이 전체 매출액의 40% 이상을 차지한다고 할 수 있다.

▌14~15▌ 다음 자료를 보고 이어지는 물음에 답하시오.

〈○○국 대한 연도별, 건당 투자규모별 외국인 직접투자 현황〉

1) 신고기준

(단위 : 백만 달러, %)

구 분	1백만$~1천만$		1천만$~1억$		1억$ 이상		전 체
	금액	비중	금액	비중	금액	비중	금액
2015	1,141	8.7	4,141	31.7	7,450	57.0	13,073
2016	1,689	12.4	5,349	39.1	6,218	45.5	13,673
2017	1,297	8.0	6,295	38.7	8,268	50.8	16,286
2018	1,414	9.7	5,396	37.1	7,332	50.4	14,548
2019	1,785	9.4	7,003	36.9	9,812	51.6	19,000
2020	1,648	7.9	6,907	33.0	11,942	57.1	20,910
2021	1,881	8.8	7,105	33.4	11,863	55.7	21,299

2) 도착기준

(단위 : 백만 달러, %)

구분	1백만$~1천만$		1천만$~1억$		1억$ 이상		전 체
	금액	비중	금액	비중	금액	비중	금액
2015	1,142	21.0	2,652	48.7	1,328	24.4	5,443
2016	1,610	24.2	3,146	47.3	1,486	22.3	6,651
2017	1,532	14.3	5,229	48.8	3,560	33.2	10,712
2018	1,520	15.4	5,369	54.3	2,618	26.5	9,883
2019	1,620	13.4	5,066	41.9	5,005	41.4	12,079
2020	1,611	9.7	4,745	28.7	8,767	59.1	16,526
2021	1,461	13.8	4,915	46.5	3,797	35.9	10,569

14 다음 중 건당 1백만 달러 미만 투자금액의 신고 기준 금액에 대한 실제 도착한 투자금액의 도착률(도착 기준 금액÷신고 기준 금액×100)의 2015년 대비 2021년의 증감률은 얼마인가? (반올림하여 소수 첫째 자리까지 표시함)

① 약 −6.5%
② 약 −3.5%
③ 약 −1.0%
④ 약 3.5%
⑤ 약 6.5%

15 위 두 개의 자료에 대한 올바른 설명은 어느 것인가?

① 신고 기준 2015년 대비 2021년 투자금액의 가장 큰 증가율을 보인 건당 투자 금액대는 1백만 달러 ~ 1천만 달러이다.
② 신고 기준 투자금액과 도착 기준 투자금액의 차액은 2015년보다 2021년에 더 적어졌다.
③ 매년 신고 기준 투자금액은 1억 달러 이상 금액대의 비중이 가장 컸으나, 도착 기준 투자금액은 1천만 달러 ~ 1억 달러 금액대의 비중이 가장 크다.
④ 신고 기준 투자금액과 도착 기준 투자금액과의 차이는 건당 투자금액의 규모가 클수록 더 크게 나타난다.
⑤ 2021년의 1백만 달러 미만의 직접투자 금액은 신고 기준과 도착 기준 금액 간의 차이가 100백만 달러보다 크다.

16 다음 〈표〉는 5종류의 작물의 재배 특성에 관한 자료이다. 이에 따를 때 〈보기〉에서 적절하지 않은 것을 모두 고르면? (단, 모든 재배 결과는 항상 〈표〉의 특성을 따른다)

〈표〉 작물의 재배 특성

재배 특성 \ 작물	A	B	C	D	E
1m2당 파종 씨앗 수(개)	60	80	50	25	50
발아율(%)	25	25	20	20	16
1m2당 연간 수확물(개)	40	100	30	10	20
수확물 개당 무게(g)	20	15	30	60	50

* 발아율(%) $= \frac{\text{발아한 씨앗 수}}{\text{파종 씨앗 수}} \times 100$

* 연간 수확물(개)=1m2당 연간 수확물(개)×재배면적(m2)

㉠ $20m^2$의 밭에 C의 씨앗을 파종할 때, 발아한 씨앗수는 200개이다.
㉡ $100m^2$의 밭 전체 면적을 1/5씩 나누어 서로 다른 작물의 씨앗을 각각 파종하면, 밭 전체 연간 수확물의 총무게는 94kg 이하이다.
㉢ 5종류의 작물을 각각 연간 3kg씩 수확하기 위해 필요한 밭의 총면적은 $16m^2$보다 작다.

① ㉠
② ㉡
③ ㉢
④ ㉡, ㉢
⑤ ㉠, ㉡, ㉢

17 다음은 K국의 저축 · 투자 및 국민 총처분가능소득을 정리한 자료들이다. 이에 대한 설명으로 적절한 것은?

〈그림〉 K국의 저축률과 투자율 추이

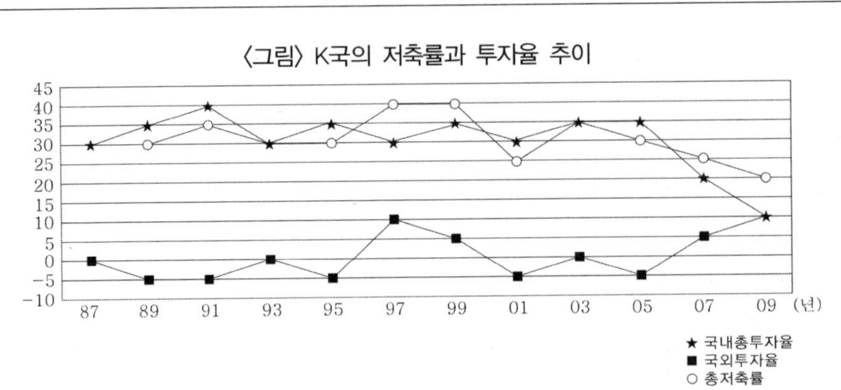

- 총저축률 = (총저축/국민총처분가능소득) × 100
- 국내총투자율 = (국내총투자/국민총처분가능소득) × 100
- 국외투자율 = (국외투자/국민총처분가능소득) × 100
- 총투자율 = (총투자/국민총처분가능소득) × 100 = 국내총투자율+국외투자율

〈표〉 국민총처분가능소득

(단위 : 조 원)

연도	1987	1989	1991	1993	1995	1997
국민총처분 가능소득	18	31	40	63	80	110
연도	1999	2001	2003	2005	2007	2009
국민총처분 가능소득	148	216	278	376	450	478

① 1987년의 총저축은 30조 원이다.

② 1997년의 총투자는 44조 원이다.

③ 2007년 국내총투자와 국외투자의 합은 450조 원이다.

④ 2001년 국내총투자는 64.8조 원이고 1995년 국외투자는 4조 원이다.

⑤ 2009년 국내총투자율과 국외투자율은 동일하지만 국내총투자와 국외투자는 서로 다르다.

18 다음은 매장별 에어컨 판매 조건과 판매가격 표이다. 이 표에 대한 설명으로 옳지 않은 것은?

매장	판매 조건	한 대당 판매 가격
A	10대 구매하면, 1대 무료로 추가 증정	1대당 100만 원
B	9대당 1대 50% 할인	1대당 100만 원
C	20대 구매하면, 1대 무료로 추가 증정	1대당 99만 원

① 50대를 구매하는 경우 C매장에서는 2대를 추가로 받을 수 있다.

② A매장에서는 3,000만 원에 33대를 구매할 수 있다.

③ 10대를 구매하는 경우 B매장이 C매장보다 저렴하다.

④ C매장에서는 42대를 3,960만 원에 구매할 수 있다.

⑤ 20대를 구매하려고 할 때 가장 저렴하게 구매할 수 있는 매장은 C매장이다.

19 다음 표는 사내 어린이집 및 유치원의 11개 특별활동 프로그램 실시 현황에 관한 자료이다. 이에 대한 설명으로 옳지 않은 것은?

	어린이집			유치원		
	실시율	실시기관수	파견강사수	실시율	실시기관수	파견강사수
미술	15.7	6,677	834	38.5	3,250	671
음악	47.0	19,988	2,498	62.7	5,294	1,059
체육	53.6	22,764	2,849	78.2	6,600	1,320
과학	6.0	(　　)	319	27.9	(　　)	471
수학	2.9	1,233	206	16.2	1,366	273
한글	5.8	2,467	411	15.5	1,306	291
컴퓨터	0.7	298	37	0.0	0	0
교구	15.2	6,464	808	15.5	1,306	291
한자	0.5	213	26	3.7	316	63
영어	62.9	26,749	6,687	70.7	5,968	1,492
서예	1.0	425	53	0.6	51	10

※ 해당 특별활동프로그램 실시율(%) = $\frac{\text{해당 특별활동 프로그램 실시 어린이집(유치원) 수}}{\text{특별활동 프로그램 실시 전체 어린이집(유치원) 수}} \times 100$

※ 어린이집과 유치원은 각각 1개 이상의 특별활동 프로그램을 실시하며, 조사기간 동안 특별활동 프로그램 실시 전체 어린이집 수는 42,527개이고, 특별활동 실시 전체 유치원 수는 8,443개이다.

① 특별활동프로그램 실시율이 40% 이상인 특별활동프로그램은 어린이집과 유치원 모두 같다.

② 유치원의 특별활동프로그램 중 실시가관 수 대비 파견강사 수의 비율은 '영어'가 '음악'보다 높다.

③ 특별활동프로그램 중 '과학' 실시기관 수는 어린이집이 유치원보다 적다.

④ 파견강사 수가 가장 많은 프로그램은 유치원과 어린이집이 같다.

⑤ 어린이집 특별활동프로그램 중 실시기관 수가 1,000개도 안 되는 프로그램은 3가지이다.

20 다음은 게임 산업 수출액에 대한 자료이다. 이에 대한 해석으로 옳지 않은 것은?

〈연도별 게임 산업 수출액〉

(단위 : 천$)

	2020	2019	2018
수출액	5,922,998	3,277,346	3,214,627

〈게임 산업 지역별 수출액 비중〉

(단위 : %)

	2020	2019	2018
중화권	57.6	–	–
일본	13.9	18.3	21.5
중동	12.7	11.7	11.2
북미	6.9	10.9	17.2
유럽	4.6	10.3	10.8
남미	–	42.1	(　)
기타	7.7	6.7	6.4

① 2019년 북미의 수출액은 3억$를 넘는다.
② 일본의 수출액은 매년 감소하고 있다.
③ 게임 산업 수출액은 매년 상승추이를 보이며 특히 2020년 급격히 상승했다.
④ 북미는 게임 산업 수출액 비중이 매년 4위 이상에 올라있다.
⑤ (　) 안에 들어갈 수치는 32.9이다.

❙ 21~22 ❙ 사원 L은 승진을 앞두고 어학 자격증을 취득하기 위해 중국어 학원을 다니려고 한다. 다음 강의 시간표를 읽고 이어지는 물음에 답하시오.

〈상황〉

L은 3 ~ 4월 시간표를 참고해서 오는 5 ~ 6월 수업 시간표를 작성하려 한다. A 중국어 어학원은 입문-초급-중급-고급의 4단계로 이루어져 있으며 5 ~ 6월 시간표는 3 ~ 4월 강좌보다 한 단계 높은 수준을 개설할 계획이다. 예를 들어 3 ~ 4월에 입문반이 있었으면 초급반으로, 초급반이 있었으면 이번에는 중급반으로 개설하는 것이다. 단, 고급반의 경우 다시 입문반으로 개설한다. 그리고 종합반은 2개 차시로 묶어서 개설해야 한다. 시간대는 종합반은 3 ~ 4월 시간표 그대로 하고, 직장인 대상 비즈니스반은 밤 8시 이후여야 하며, 모든 강좌는 꼭 주 2회 이상 있어야 한다.

〈5 ~ 6월 강좌 예상 일정〉

강좌명	개설 가능 요일	비고
종합반	매일	학생 대상
성조반	수, 금	
회화반A	매일	
회화반B	화, 목, 금	
독해반	매일	
문법반	월, 화, 목	
청취반	화, 목	
비즈니스반	월, 목	직장인 대상
한자반	월, 수, 금	학생 대상

〈3 ~ 4월 시간표〉

<table>
<tr><th></th><th>월</th><th>화</th><th>수</th><th>목</th><th>금</th></tr>
<tr><td rowspan="2">16 : 00 ~ 16 : 50</td><td rowspan="4">종합반
(초급)</td><td>회화반A</td><td rowspan="4">종합반
(초급)</td><td>회화반A</td><td rowspan="4">종합반
(초급)</td></tr>
<tr><td>고급</td><td>고급</td></tr>
<tr><td rowspan="2">17 : 00 ~ 17 : 50</td><td>한자반</td><td>한자반</td></tr>
<tr><td>초급</td><td>초급</td></tr>
<tr><td rowspan="2">19 : 00 ~ 19 : 50</td><td>회화반B</td><td>성조반</td><td>회화반B</td><td>성조반</td><td>회화반B</td></tr>
<tr><td>초급</td><td>중급</td><td>초급</td><td>중급</td><td>초급</td></tr>
<tr><td rowspan="2">20 : 00 ~ 20 : 50</td><td>문법반</td><td>독해반</td><td>문법반</td><td>독해반</td><td>문법반</td></tr>
<tr><td>중급</td><td>고급</td><td>중급</td><td>고급</td><td>중급</td></tr>
<tr><td rowspan="2">21 : 00 ~ 21 : 50</td><td>청취반</td><td>비즈니스반</td><td>청취반</td><td>비즈니스반</td><td>청취반</td></tr>
<tr><td>입문</td><td>입문</td><td>입문</td><td>입문</td><td>입문</td></tr>
</table>

21 다음은 L이 5 ~ 6월 시간표를 작성하기 전에 강좌 예상 일정을 참고하여 각 강좌의 개설 가능 요일을 표로 정리한 것이다. 다음 중 요일 분배가 적절하지 않은 것은?

	월	화	수	목	금
성조반	x	x	o	x	o
회화반B	x	o	x	o	o
문법반	x	o	x	o	x
한자반	o	x	o	x	o
회화반A	o	o	o	o	o

① 성조반
② 회화반B
③ 문법반
④ 한자반
⑤ 회화반A

22 다음은 L이 작성한 5 ~ 6월 시간표이다. 시간표를 보고 잘못 기재된 것을 바르게 지적한 것은?

<table>
<tr><th></th><th>월</th><th>화</th><th>수</th><th>목</th><th>금</th></tr>
<tr><td rowspan="2">16 : 00 ~ 16 : 50</td><td rowspan="4">종합반(중급)</td><td>회화반B</td><td rowspan="4">종합반(중급)</td><td>회화반B</td><td rowspan="4">종합반(중급)</td></tr>
<tr><td>중급</td><td>중급</td></tr>
<tr><td rowspan="2">17 : 00 ~ 17 : 50</td><td>독해반</td><td>독해반</td></tr>
<tr><td>입문</td><td>입문</td></tr>
<tr><td rowspan="2">19 : 00 ~ 19 : 50</td><td>한자반</td><td>청취반</td><td>한자반</td><td>청취반</td><td>한자반</td></tr>
<tr><td>중급</td><td>초급</td><td>중급</td><td>초급</td><td>중급</td></tr>
<tr><td rowspan="2">20 : 00 ~ 20 : 50</td><td>비즈니스반</td><td>회화반A</td><td>회화반A</td><td>비즈니스반</td><td>회화반A</td></tr>
<tr><td>초급</td><td>입문</td><td>입문</td><td>초급</td><td>입문</td></tr>
<tr><td rowspan="2">21 : 00 ~ 21 : 50</td><td>문법반</td><td>문법반</td><td>성조반</td><td>문법반</td><td>성조반</td></tr>
<tr><td>초급</td><td>초급</td><td>고급</td><td>초급</td><td>고급</td></tr>
</table>

① 회화반B의 요일이 변경되어야 한다.
② 독해반은 중급반으로 수정되어야 한다.
③ 한자반의 요일과 단계가 모두 수정되어야 한다.
④ 비즈니스반과 회화반A의 요일이 서로 뒤바뀌었다.
⑤ 밤 9시에 열리는 문법반은 고급반으로 수정되어야 한다.

23 평가대상기관 중 최종순위 1위와 2위를 선별하여 다음 사업계획에 반영하려고 한다. 최종 순위가 1위인 기관과 2위인 기관을 순서대로 나열한 것은?

〈공공시설물 내진보강대책 추진실적 평가기준〉

가. 평가요소 및 점수부여

• 내진 성능평가 지수 = $\frac{\text{내징성능평가실적건수}}{\text{내징보강대상건수}} \times 100$

• 내진 보강공사 지수 = $\frac{\text{내진보강공사실적건수}}{\text{내진보강대상건수}} \times 100$

• 산출된 지수 값에 따른 점수는 아래 표와 같이 부여한다.

구분	지수 값 최상위 1개 기관	지수 값 중위 2개 기관	지수 값 최하위 1개 기관
내진성능평가점수	5점	3점	1점
내진보강공사점수	5점	3점	1점

나. 최종순위 결정

• 내진성능평가점수와 내진보강공사점수의 합이 큰 기관에 높은 순위를 부여한다.

• 합산 점수가 동점인 경우에는 내진보강대상건수가 많은 기관을 높은 순위로 한다.

〈평가대상기관의 실적〉

(단위 : 건)

구분	A	B	C	D
내진성능평가실적	82	72	72	83
내진보강공사실적	91	76	81	96
내진보강대상	100	80	90	100

① A, C
② B, A
③ B, D
④ D, B
⑤ D, C

24 주어진 그림은 서울특별시와 경기도를 권역별로 구분한 지도이고, 제시문은 각 버스별 번호 부여방법이다. 다음의 주어진 버스 노선에 대한 설명으로 옳지 않은 것은?

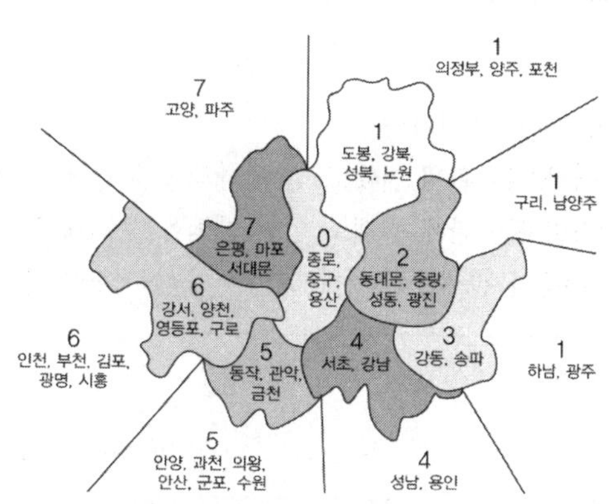

서울시와 경기도 버스는 간선버스, 지선버스, 광역버스, 순환버스 4종류로 구분할 수 있다. 간선버스는 시 외곽, 도심, 부도심 등 서울시내 먼 거리를 운행하는 버스이고, 3자리 번호로 구성되어 있으며, 부여 방법은 출발지 권역 → 도착지 권역 → 1자리 일련번호(0 ~ 9)로 구성되어 있다. 지선버스는 간선버스와 지하철의 연계환승을 위한 버스이고, 4자리 번호로 구성되어 있으며, 부여 방법은 출발지 권역 → 도착지 권역 → 2자리 일련번호(11 ~ 99)로 구성되어 있다. 광역버스는 수도권과 부도심을 연결하는 급행버스이고, 3 ~ 4자리 번호로 구성되어 있으며, 부여 방법은 광역버스의 1자리의 고유숫자 → 출발지 권역 → 1 ~ 2자리 일련번호(0 ~ 99)로 구성되어 있다. 순환버스는 도심, 부도심 내 업무, 쇼핑 등 통행 수요를 위한 버스이고, 2자리로 구성되어 있으며, 부여방법은 권역번호 → 1자리 일련번호(1 ~ 9)로 구성되어 있다.

① 120번, 간선버스, 강북구에서 출발하여 동대문구로 가는 0번 버스이다.
② 1128번, 지선버스, 도봉구에서 출발하여 성북구로 가는 28번 버스이다.
③ 710번, 간선버스, 마포구에서 출발하여 강북구로 가는 0번 버스이다.
④ 02번, 순환버스, 중구의 남산을 순환하는 2번 버스이다.
⑤ 1553번, 광역버스, 강북구에서 출발하여 동작구로 가는 53번 버스이다.

25 A, B, C 세 나라는 서로 수출과 수입을 하고 있으며, 모든 나라가 수입품에 대해 10%의 관세를 부과하고 있다. 만일, A국과 B국이 자유무역협정(FTA)을 맺는다면, 이 때 발생하는 변화로 적절한 것을 〈보기〉에서 모두 고른 것은 어느 것인가?

〈보기〉

(가) A국과 B국간의 교역규모가 증가한다.
(나) A국과 B국의 모든 생산자는 관세 철폐로 인해 혜택을 누리게 된다.
(다) A국과 B국의 모든 소비자는 관세 철폐로 인해 혜택을 누리게 된다.
(라) C국은 종전과 같은 수준의 관세를 유지하고 있어 수출과 수입에 변화가 없다.

① (가), (나)
② (가), (다)
③ (나), (다)
④ (나), (라)
⑤ (다), (라)

26 다음은 A, B 두 지역의 철도 운임 현황을 나타낸 자료이다. 이 자료를 올바르게 비교하지 못한 것은?

〈A지역〉

구분	적용대상	운임비용	
교통카드	어른(만 19세 이상)	1구간 : 1,200원	2구간 : 1,400원
	청소년(만 13세~18세 이하)	1구간 : 950원	2구간 : 1,100원
	어린이(만 6세~12세 이하)	1구간 : 600원	2구간 : 700원
종이 승차권	어른(만 19세 이상)	1구간 : 1,300원	2구간 : 1,500원
	청소년(만 13세~18세 이하)	1구간 : 1,050원	2구간 : 1,200원
	다자녀가정 · 어린이	1구간 : 650원	2구간 : 750원
우대권	만 65세 이상 경로 우대자, 장애인(1~3급 경우 보호자 1인 포함), 국가유공자(1~7급), 독립유공자, 5 · 18민주유공자 (1급은 보호자 1인 포함)의 경우 전액 감면		

※ 10km까지가 1구간, 그 이상은 모두 2구간이다.

〈B지역〉

구분	적용대상	운임비용
교통카드	어른(만 19세~65세 미만)	10km 이내 : 1,250원 10~50km : 5km마다 100원 50km 초과 시 : 8km마다 100원
	청소년(만 13세~18세 이하)	어른 운임에서 350원을 제하고 20% 할인(기본운임 : 720원)
	어린이(만 6세~12세 이하)	어른 운임에서 350원을 제하고 50% 할인(기본운임 : 450원)
1회용 교통카드	어른(만 19세~65세 미만)	교통카드 운임에 100원 추가
	청소년(만 13세~18세 이하)	할인 없음(1회권 어른운임 적용)
	어린이(만 6세~12세 이하)	교통카드 운임과 동일
무임용 교통카드	만 65세 이상 경로 우대자, 장애인, 국가유공자의 경우 전액감면	

① 자녀가 많은 가정의 경우, A지역에서의 철도 이용이 유리하다.

② 장애인이 보호자와 동반하여 철도를 이용하는 경우, B지역보다 A지역이 운임이 덜 든다.

③ 어른의 경우, B지역의 철도가 모든 구간에서 A지역의 철도보다 운임이 비싸다.

④ 교통카드를 이용할 경우, B지역은 A지역에 비해 청소년의 철도 이용요금이 매우 싸다.

⑤ B지역은 1회용 교통카드를 이용하는 어린이와 청소년에게 상이한 대우를 하고 있다.

27 다음은 국가별(미국, 한국, 독일, 칠레, 일본, 멕시코, 스웨덴) 대학 진학률을 나타낸 자료이다. 〈보기〉를 참고하여 빈 칸의 국가명 ㉠~㉦을 순서대로 올바르게 나열한 것은 어느 것인가?

㉠	㉡	㉢	㉣	㉤	㉥	㉦	평균
68%	47%	46%	37%	28%	27%	25%	39.7%

〈보기〉

㈎ 스웨덴, 미국, 한국은 평균보다 높은 진학률이다.
㈏ 가장 높은 진학률 국가의 절반에 못 미치는 진학률을 보인 나라는 칠레, 멕시코, 독일이다.
㈐ 한국과 멕시코의 진학률의 합은 스웨덴과 칠레의 진학률의 합보다 20%p 많다.

① 미국 – 한국 – 스웨덴 – 일본 – 멕시코 – 독일 – 칠레
② 스웨덴 – 미국 – 한국 – 일본 – 칠레 – 멕시코 – 독일
③ 한국 – 미국 – 스웨덴 – 일본 – 독일 – 칠레 – 멕시코
④ 한국 – 스웨덴 – 미국 – 일본 – 독일 – 멕시코 – 칠레
⑤ 스웨덴 – 한국 – 미국 – 일본 – 칠레 – 독일 – 멕시코

28 다음은 연도별 · 예금기관별 대출금 현황을 나타낸 자료이다. 주어진 〈보기〉를 토대로 할 때, 빈 칸 ㉠~㉣에 들어갈 기관명을 순서대로 알맞게 나열한 것은 어느 것인가?

(단위 : 십억 원)

구분	2017년	2018년	2019년	2020년	2021년
㉠	149,039	155,721	168,197	181,570	206,996
증가율	2.3%	4.5%	8.0%	8.0%	14.0%
㉡	12,128	12,853	13,997	15,143	15,273
증가율	8.3%	6.0%	8.9%	8.2%	0.9%
S은행	56,817	61,198	68,100	74,832	90,513
증가율	7.4%	7.7%	11.3%	9.9%	21.0%
㉢	32,147	33,789	37,945	43,582	52,401
증가율	4.3%	5.1%	12.3%	14.9%	20.2%
㉣	28,838	26,054	27,594	33,484	43,450
증가율	−21.6%	−9.7%	5.9%	21.3%	29.8%

〈보기〉

(가) K은행과 J은행은 2021년의 대출금이 전년대비 낮아지지 않았다.

(나) N은행은 2017년의 전년대비 대출금 증가율이 S은행에 비해 가장 크게 차이가 나는 두 곳 중 한 곳이다.

(다) W은행과 J은행은 매년 대출금 순위에서 한 곳은 4위이고 다른 한 곳은 5위이다.

① N은행 − W은행 − J은행 − K은행
② W은행 − N은행 − K은행 − J은행
③ N은행 − K은행 − W은행 − J은행
④ J은행 − W은행 − K은행 − N은행
⑤ N은행 − W은행 − K은행 − J은행

29 다음 중 근무예절에 관한 내용으로 바르지 않은 것은?

① 결근이나 지각을 할 시에는 출근 시간 전에 상사에게 전화상으로 사정을 말하고 양해를 구해야 한다.
② 문서 및 서류 등은 보관함에 넣고 집기류는 제자리에 두어야 한다.
③ 만약 외출한 곳에서 퇴근시간을 넘겨도 사무실로 들어와 늦은 시간이더라도 상사에게 보고를 해야 한다.
④ 슬리퍼는 팀 내에서만 착용하고, 상사에게 보고할 시에는 구두를 착용해야 한다.
⑤ 외출 시에는 행선지, 목적지, 소요시간 등을 보고한 후에 상사의 허가를 얻는다.

30 다음 중 바르지 않은 용모 및 복장에 대한 내용은?

① 용모는 직업의식의 적극적인 표현이다.
② 옷차림만으로도 사람의 인품, 생활태도 등을 평가할 수 있다.
③ 사복을 입을 경우에 복장 선택은 자유지만, 그 자유로 인해 엉뚱한 평가를 받을 수 있다.
④ 겉으로 보이는 용모는 인격의 일부분이 아니다.
⑤ 단정한 몸차림은 상대에게 신뢰를 주고, 나아가 좋은 대인관계의 바탕이 되며, 일의 성과에도 영향을 미친다.

31 다음은 호칭에 관련한 내용들이다. 아래의 내용을 읽고 가장 옳지 않은 것을 고르면?

① 이름을 모를 시에는 직위에 "님" 존칭을 붙인다.
② 상사에게는 성, 직위 다음에 "님"의 존칭을 붙인다.
③ 상급자에게 그 하급자이면서 자기에게는 상급자를 말할 때는 '님'을 붙여야 한다.
④ 타 부서의 상급자는 부서명을 위에 붙인다.
⑤ 상사에게 내 자신을 호칭할 시에는 "저" 또는 성과 직위, 직명 등을 사용한다.

32 명함을 주고받을 때의 기본원칙을 설명한 것 중 가장 옳지 않은 항목을 고르면?

① 명함을 줄 시에는 서열이 높은 사람이 먼저 건넨다.
② 명함을 전달할 시에 시선을 교환한다.
③ 명함을 받을 때에는 이름을 확인하고 관심을 표현한다.
④ 명함을 받은 후에 받은 명함에 메모는 가능하나 상대 앞에서는 하지 않는 것이 원칙이다.
⑤ 대화를 하는 동안에 받은 명함은 테이블의 오른쪽에 놓고 보면서 이야기한다.

33 다음은 기업에서 운영하는 '직장인 아파트'에 대한 임대료와 신입사원인 甲씨의 월 소득 및 비용현황 자료이다. 신입사원인 甲씨는 기업에서 운영하는 '직장인 아파트'에 입주하려고 하는데, 근무 지역은 별 상관이 없는 甲씨는 월 급여에서 비용을 지출하고 남은 금액의 90%를 넘지 않는 금액으로 가장 넓고 좋은 방을 구하려 한다. 甲씨가 구할 수 있는 방으로 가장 적절한 것은 다음 중 어느 것인가?

〈지역별 보증금 및 월 임대료〉

(단위 : 원)

구분	아파트	K지역	P지역	D지역	I지역	B지역	C지역
보증금	큰방	990,000	660,000	540,000	840,000	960,000	360,000
	작은방	720,000	440,000	360,000	540,000	640,000	240,000
월 임대료	큰방	141,000	89,000	71,000	113,000	134,000	50,000
	작은방	91,000	59,000	47,000	75,000	89,000	33,000

〈甲 씨의 월 소득 및 비용현황〉

(단위 : 만 원)

월 급여	외식비	저금	각종세금	의류구입	여가	보험	기타소비
300	50	50	20	30	25	25	30

※ 월 소득과 비용 내역은 매월 동일하다고 가정한다.

① P지역 작은 방
② B지역 작은 방
③ I지역 작은 방
④ D지역 큰 방
⑤ P지역 큰 방

▌34~35▐ H공사 홍보팀에서 근무하는 이 대리는 사내 홍보 행사를 위해 행사 관련 준비를 진행하고 있다. 다음을 바탕으로 물음에 답하시오.

〈행사장 도면〉

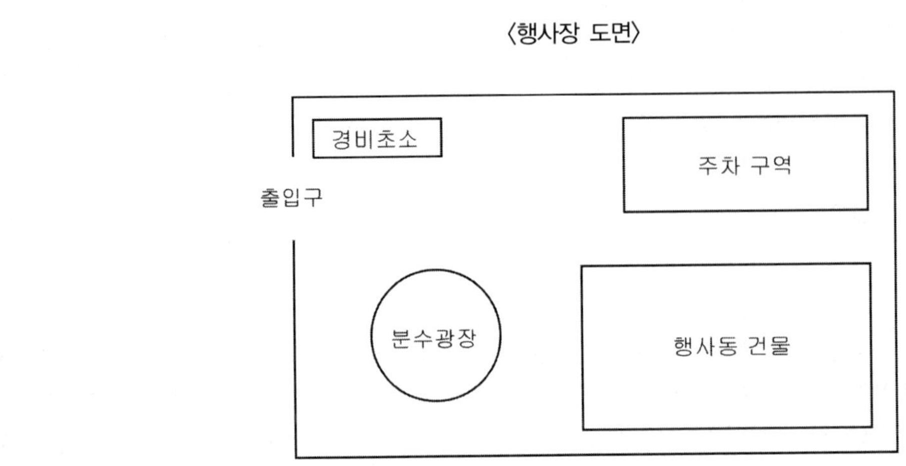

〈행사 장소〉
행사동 건물 1층 회의실

〈추가 예상 비용〉
- 금연 표지판 설치
  - 단독 입식 : 45,000원
  - 게시판 : 120,000원
- 쓰레기통 설치
  - 단독 설치 : 25,000원/개
  - 벤치 2개 + 쓰레기통 1개 : 155,000원
- 안내 팸플릿 제작

구분	단면	양면
2도 인쇄	5,000원/100장	10,000원/100장
5도 인쇄	1,300원/100장	25,000원/100장

34 행사를 위해 홍보팀에서 추가로 설치해야 할 물품이 다음과 같을 때, 추가 물품 설치에 필요한 비용은 총 얼마인가?

> • 금연 표지판 설치
> – 분수대 후면 1곳
> – 주차 구역과 경비초소 주변 각 1곳
> – 행사동 건물 입구 1곳
> ※ 실외는 게시판 형태로 설치하고 행사장 입구에는 단독 입식 형태로 설치
> • 쓰레기통
> – 분수광장 금연 표지판 옆 1곳
> – 주차 구역과 경비초소 주변 각 1곳
> ※ 분수광장 쓰레기통은 벤치와 함께 설치

① 550,000원
② 585,000원
③ 600,000원
④ 610,000원
⑤ 625,000원

35 이 대리는 추가 비용을 정리하여 팀장에게 보고하였다. 이를 검토한 팀장은 다음과 같이 별도의 지시사항을 전달하였다. 팀장의 지시사항에 따른 팸플릿의 총 인쇄에 소요되는 비용은 얼마인가?

> "이 대리, 아무래도 팸플릿을 별도로 준비하는 게 좋겠어. 한 800명 정도 참석할 거 같으니 인원수대로 준비하고 2도 단면과 5도 양면 인쇄를 반씩 섞도록 하게."

① 98,000원
② 99,000원
③ 100,000원
④ 110,000원
⑤ 120,000원

36 다음은 특정년도 강수일과 강수량에 대한 자료이다. 다음 자료를 참고로 판단한 〈보기〉의 의견 중 자료의 내용에 부합하는 것을 모두 고른 것은?

〈장마 시작일과 종료일 및 기간〉

	2021년			평년(1991~2020년)		
	시작	종료	기간(일)	시작	종료	기간(일)
중부지방	6.25	7.29	35	6.24~25	7.24~25	32
남부지방	6.24	7.29	36	6.23	7.23~24	32
제주도	6.24	7.23	30	6.19~20	7.20~21	32

〈장마기간 강수일수 및 강수량〉

	2021년		평년(1991~2020년)	
	강수일수(일)	강수량(mm)	강수일수(일)	강수량(mm)
중부지방	18.5	220.9	17.2	366.4
남부지방	16.7	254.1	17.1	348.6
제주도	13.5	518.8	18.3	398.6
전국	17.5	240.1	17.1	356.1

〈보기〉

㉠ 중부지방과 남부지방은 평년 대비 2021년에 장마 기간과 강수일수가 모두 늘어났지만 강수량은 감소하였다.

㉡ 2021년의 장마 기간 1일 당 평균 강수량은 제주도-중부지방-남부지방 순으로 많다.

㉢ 중부지방, 남부지방, 제주도의 2021년 장마 기간 대비 강수일수 비율의 높고 낮은 순서는 강수일수의 많고 적은 순서와 동일하다.

㉣ 강수일수 및 강수량의 지역적인 수치상의 특징은, 평년에는 강수일수가 많을수록 강수량도 증가하였으나, 2021년에는 강수일수가 많을수록 강수량은 오히려 감소하였다는 것이다.

① ㉠㉡
② ㉡㉢
③ ㉢㉣
④ ㉠㉡㉣
⑤ ㉡㉢㉣

37 다음은 생산부의 근무 현황이다. 다음 현황을 보고 판단한 戊의 의견 중 적절하지 않은 것은 어느 것인가?

〈생산부 근무 현황표〉

순번	성명	근무내역	기간	승인상태
1	甲	연차	2~3	승인
2	乙	결혼 휴가	8~14	승인
3	丙	연차	17~18	승인
4	丁	출장	21~23	승인
5	戊	연차	10~11	승인대기

〈달력〉

일	월	화	수	목	금	토
		1	2	3	4	5
6	7	8	9	10	11	12
13	14	15	16	17	18	19
20	21	22	23	24	25	26
27	28	29	30	31		

① 10 ~ 11일에는 결혼 휴가자가 있으니 나까지 연차를 쓰면 업무에 누수가 생길 수 있겠네.

② 내가 31일에 휴가를 쓰게 되면 이번 달은 전원이 근무하는 목요일은 한 번도 없겠네.

③ 마지막 주로 휴가를 옮겨야 매주 휴가가 적절히 분배되겠다.

④ 이번 달에는 수요일과 목요일에 휴가자가 가장 많군.

⑤ 내가 이번 달에 휴가를 쓰지 않으면 마지막 주에는 전원이 참여할 회식 날짜를 잡기 좋겠다.

38 200만 원을 가진 갑은 다음 A, B프로젝트 중 B프로젝트에 투자하기로 결정하였다. 갑의 선택이 합리적이기 위한 B프로젝트 연간 예상 수익률의 최저 수준으로 가장 적절한 것은? (단, 각 프로젝트의 기간은 1년으로 가정한다)

- A프로젝트는 200만 원의 투자 자금이 소요되고, 연 9.0%의 수익률이 예상된다.
- B프로젝트는 400만 원의 투자 자금이 소요되고, 부족한 돈은 연 5.0%의 금리로 대출받을 수 있다.

① 8.1%
② 7.1%
③ 6.1%
④ 5.1%
⑤ 4.1%

39 다음은 A, B 두 제품을 1개씩 만드는 데 필요한 전력과 연료 및 하루 사용 제한량이다. A는 1개당 5만 원, B는 1개당 2만 원의 이익이 생기고, 두 제품 A, B를 총 50개 생산한다고 할 때, 이익을 최대로 하려면 제품 A는 몇 개를 생산해야 하는가?

제품	A제품	B제품	제한량
전력(kWh)	50	20	1,600
연료(L)	3	5	240

① 16개
② 18개
③ 20개
④ 24개
⑤ 26개

40 다음 〈표〉는 사원 5명의 진급 점수표의 일부이다. 이에 대한 〈보기〉의 설명 중 옳은 것만을 모두 고르면?

〈표〉 진급 점수표

(단위 : 점)

사원 \ 과목	상사와 관계	융통성	업무 이해력	작업속도	동료와 관계	합계
A 사원	7	8	5	5	9	34
B 사원	6	9	8	5	8	36
C 사원	5	( )	9	6	7	( )
D 사원	8	6	6	( )	8	( )
E 사원	( )	7	6	9	7	( )
계	( )	( )	34	( )	39	( )

※ 각 과목에 점수 범위는 0 ~ 10점이다. 진급의 결과는 총점을 기준으로 결정한다.

가. **총점이 40점 이상** : 진급＋(상여금)

나. **총점이 30점 이상 ~ 40점 미만** : 진급 보류＋(상여금)

다. **총점이 30점 미만** : 진급 보류

※ 단, 대상자 중 총점이 40점 이상이 없다면 최고점인 사람을 진급시킨다.

〈보기〉

㉠ C 사원이 B 사원보다 점수가 높기 위해서는 융통성에서 10점을 맞아야 한다.

㉡ D 사원은 작업속도 부분에서 10점을 받았다면 진급도 하고 상여금도 받는다.

㉢ A 사원과 B 사원의 융통성 부분의 점수가 바뀐다면 총점에서 A 사원이 더 높은 점수를 받았을 것이다.

㉣ 진급 한 사람은 40점은 넘지 못했지만 1등 때문에 진급할 수 있었다.

① ㉠㉡
② ㉠㉢
③ ㉠㉣
④ ㉡㉣
⑤ ㉡㉢㉣

 한국사

1 다음 자료의 나라에 대한 설명으로 옳지 않은 것은?

> 사람을 죽인 자는 즉시 죽이고, 남에게 상처를 입힌 자는 곡식으로 갚는다. 도둑질한 자는 노비로 삼는다. 이를 용서받고자하는 자는 한 사람마다 50만 전을 내야한다.
>
> – 한서 –

① 영고라는 제천행사가 있었다.
② 사람의 생명과 노동력을 중시하였다.
③ 형벌과 노비가 존재한 계급사회였다.
④ 상 · 대부 · 장군 등의 관직이 있었다.
⑤ 중계무역을 통해 이익을 만들었다.

2 유적지에서 반달돌칼, 비파형 동검, 바퀴날도끼, 토기 파편, 탄화된 볍씨 등이 발견되었다. 당시의 사회 모습으로 옳지 않은 것은?

① 촌락은 배산임수형태를 가지고 있었다.
② 일부 저습지에서 벼농사가 이루어졌다.
③ 금속제 무기를 사용한 정복활동이 활발하였다.
④ 주로 해안이나 강가에서 농경 생활을 하였다.
⑤ 농기구로 돌로 만든 도구를 사용하였다.

3 영조 집권 초기에 일어난 다음 사건과 관련된 설명으로 옳지 않은 것은?

> 충청도에서 정부군과 반란군이 대규모 전투를 벌였으며 전라도에서도 반군이 조직되었다. 반란에 참가한 주동자들은 비록 정쟁에 패하고 관직에서 소외되었지만, 서울과 지방의 명문 사대부 가문 출신이었다. 반군은 청주성을 함락하고 안성과 죽산으로 향하였다.

① 주요 원인 중의 하나는 경종의 사인에 대한 의혹이다.
② 반란군이 한양을 점령하고 왕이 피난길에 올랐다.
③ 탕평책을 추진하는데 더욱 명분을 제공하였다.
④ 소론 및 남인 강경파가 주동이 되어 일으킨 것이다.
⑤ 밀풍군 이탄을 새로운 왕으로 추대하려 하였다.

4 고구려와 신라의 관계를 다음과 같이 알려주고 있는 삼국시대의 금석문은?

> • 고구려의 군대가 신라 영토에 주둔했던 것으로 이해할 수 있는 기록이 보인다.
> • 고구려가 신라의 왕을 호칭할 때 '동이 매금(東夷 寐錦)'이라고 부르고 있다.
> • 고구려가 신라의 왕과 신하들에게 의복을 하사하는 의식을 거행한 것으로 보인다.

① 광개토왕비
② 집안고구려비
③ 백두산정계비
④ 영일냉수리비
⑤ 중원고구려비

5 고려 전기의 대외관계에 관한 다음의 설명 중 옳지 않은 것은?

① 이 시기에는 고려, 청, 거란 사이에서 세력의 균형이 이루어졌다.
② 거란의 소손녕의 고려 침입 시 서희의 외교적 담판으로 인해 강동 6주를 회복하게 되었다.
③ 거란의 2차 침입 시에 강조의 정변을 이유로 개경을 함락하고 강화를 체결하였다.
④ 거란의 3차 침입은 강동 6주의 반환거부로 인해 소배압이 침공하였지만 강감찬이 귀주에서 이를 대파하였다.
⑤ 거란의 2차 침입 시, 흥화진에 주둔하고 있던 양규는 후퇴하는 거란군을 상대로 전투하여 포로가 된 수백의 백성을 구하였다.

6 다음 글에서 설명하는 '기구'에 대한 설명으로 옳은 것은?

> 이 기구는 초기에는 국방문제를 합의하기 위한 합좌 기구성격을 가지고 있었지만 말기에는 국정 전반을 총괄하는 정무기관이 되었으며 재추, 중서문하성의 재신과 중추원의 추밀과 같은 고관들이 참여하였다.

① 왕권을 강화시키는 결정적 역할을 하였다.
② 고려의 독자적인 기구였다.
③ 무신정권하에서는 무신들의 최고 회의기구였다.
④ 고려 말 신진사대부의 세력 강화기구였다.
⑤ 충렬왕 때 도평의사사로 개칭되면서 그 기능이 약화되었다.

7 다음과 같은 문화 활동을 전후한 시기의 농업 기술 발달에 관한 내용으로 옳은 것을 모두 고르면?

> • 서예에서 간결한 구양순체 대신에 우아한 송설체가 유행하였다.
> • 고려 태조에서 숙종 대까지의 역대 임금의 치적을 정리한 「사략」이 편찬되었다.

> ㉠ 2년 3작의 윤작법이 점차 보급되었다.
> ㉡ 원의 「농상집요」가 소개되었다.
> ㉢ 우경에 의한 심경법이 확대되었다.
> ㉣ 상품 작물이 광범위하게 재배되었다.

① ㉠㉡
② ㉡㉢
③ ㉠㉡㉢
④ ㉠㉡㉣
⑤ ㉡㉢㉣

8 다음 중 민정문서(신라장적)에 대한 설명으로 옳은 것은?

① 천민 집단과 노비의 노동력은 기록하지 않았다.
② 소백산맥 동쪽에 있는 중원경과 그 주변 촌락의 기록이다.
③ 인구를 연령별로 6등급으로 나누어 작성하였다.
④ 5년마다 촌락의 노동력과 생산력을 지방관이 작성하였다.
⑤ 인구와 토지의 증감을 기록하였다.

9 고려시대 농민에 대한 설명으로 옳지 않은 것은?

① 양민의 대다수를 차지하였다.
② 고리대를 운영하여 부를 축적하였다.
③ 주현군에 편제되어 군역을 담당하였다.
④ 민전을 경작하고 10분의 1의 조세를 납부하였다.
⑤ 특정한 직역을 갖지 않은 농민은 조세와 공납, 국역의 부담을 졌다.

10 다음 중 방납으로 인해 국가 수입이 줄고 농민의 부담이 가중됨에 따라 실시하게 된 제도는?

① 대동법
② 균역법
③ 호포법
④ 군적 수포제
⑤ 영정법

11 다음과 같은 풍속이 행해진 국가의 사회모습에 대한 설명으로 옳지 않은 것은?

> 그 풍속에 혼인을 할 때 구두로 이미 정해지면 여자의 집에는 대옥(大屋) 뒤에 소옥(小屋)을 만드는데, 이를 서옥(婿屋)이라고 한다. 저녁에 사위가 여자의 집에 이르러 문밖에서 자신의 이름을 말하고 꿇어 앉아 절하면서 여자와 동숙하게 해줄 것을 애걸한다. 이렇게 두세 차례 하면 여자의 부모가 듣고는 소옥에 나아가 자게 한다. 그리고 옆에는 전백(錢帛)을 놓아둔다.
>
> – 삼국지 동이전 –

① 고국천왕 사후, 왕비인 우씨와 왕의 동생인 산상왕과의 결합은 취수혼의 실례를 보여준다.
② 계루부 고씨의 왕위계승권이 확립된 이후 연나부 명림씨 출신의 왕비를 맞이하는 관례가 있었다.
③ 관나부인(貫那夫人)이 왕비를 모함하여 죽이려다가 도리어 자기가 질투죄로 사형을 받았다.
④ 형이 죽으면 그 동생이 형의 아내와 부부생활을 계속 하는 풍습이 있었다.
⑤ 김흠운의 딸을 왕비로 맞이하는 과정은 국왕이 중국식 혼인 제도를 수용했다는 사실을 알려주고 있다.

12 다음 중 통일신라 말기의 사회 상황으로 옳은 것은?

① 억불숭유 정책의 실시
② 교종 세력의 강화
③ 성골과 진골의 왕위 쟁탈전
④ 6두품의 중앙 진출
⑤ 지방 호족 세력의 성장

13 제시문의 조직에 대한 설명으로 옳지 않은 것은?

> 신라시대에 국가가 필요로 하는 인재를 육성하려는 목적으로 조직되어, 조직 내에서 일체감을 갖고 활동하면서 교육적 · 수양적 · 사교적 · 군사적 · 종교적 기능도 가지고 있다.

① 귀족들로 구성되어 국왕과 귀족 간의 권력을 중재하는 기능을 담당하였다.
② 계층 간의 대립과 갈등을 조절 · 완화하는 기능을 하였다.
③ 진흥왕은 보기의 활동을 장려하여 조직이 확대되었다.
④ 제천의식을 통하여 협동과 단결 정신을 기르고 심신을 연마하였다.
⑤ 유교 경전을 습득하고 실행할 것을 맹세한 내용을 기록한 돌이 전해진다.

14 다음의 사상에 관한 설명으로 옳은 것은?

> ㈎ 인간과 사물의 본성은 동일하다.
> ㈏ 인간과 사물의 본성은 동일하지 않다.

① ㈎는 구한말 위정척사 사상으로 계승되었다.
② ㈎는 기의 차별성을 강조하였다.
② ㈏는 실학파의 이론적 토대가 되었다.
③ ㈏는 사문난적으로 학계에서 배척당했다.
④ ㈎와 ㈏는 노론 인사들을 중심으로 이루어졌다.

15 다음 중 세도정치의 폐단으로 보기 가장 어려운 것은?

① 삼정의 문란
② 세도 가문의 주요 관직의 독점
③ 과거제도의 문란
④ 매관매직의 성행
⑤ 농민들의 사회의식 성장

16 다음 활동을 전개한 단체로 옳은 것은?

> 평양 대성학교와 정주 오산학교를 설립하였고 민족 자본을 일으키기 위해 평양에 자기 회사를 세웠다. 또한 민중 계몽을 위해 태극 서관을 운영하여 출판물을 간행하였다. 그리고 장기적인 독립운동의 기반을 마련하여 독립전쟁을 수행할 목적으로 국외에 독립운동 기지 건설을 추진하였다.

① 보안회
② 신민회
③ 대한 자강회
④ 대한 광복회
⑤ 신간회

17 다음에 제시된 개혁 내용을 공통으로 포함한 것은?

> • 청과의 조공 관계 청산
> • 인민 평등 실현
> • 혜상공국 혁파
> • 재정의 일원화

① 갑오개혁의 홍범 14조
② 독립협회의 헌의 6조
③ 동학 농민 운동의 폐정개혁안
④ 갑신정변 때의 14개조 정강
⑤ 최승로의 시무 28조

18 다음의 사건을 시기순으로 바르게 나열한 것은?

> ㉠ 브라운각서
> ㉡ 새마을운동
> ㉢ 7 · 4 남북 공동성명
> ㉣ 유신헌법

① ㉠ – ㉡ – ㉢ – ㉣
② ㉡ – ㉠ – ㉢ – ㉣
③ ㉢ – ㉠ – ㉡ – ㉣
④ ㉢ – ㉡ – ㉣ – ㉠
⑤ ㉣ – ㉡ – ㉢ – ㉠

19 4 · 19 혁명과 관련된 설명으로 옳은 것은?

① 5 · 10 총선거가 남한에서 실시되어 제헌의회가 구성되었다.
② 농지개혁이 실시되어 농민들은 자작농으로 발전하게 되었다.
③ 혁명 이후 남북통일 문제에 대한 논의가 전혀 이루어지지 않았다.
④ 과도 정부가 출범하고, 내각 책임제와 양원제를 골자로 하는 헌법으로 개정되었다.
⑤ '하나회' 중심의 신군부세력이 일으킨 군사반란을 계기로 일어났다.

20 6 · 25 전쟁 이전 북한에서 일어난 다음의 사건들을 연대순으로 바르게 나열한 것은?

> ㉠ 북조선 5도 행정국 설치
> ㉡ 토지개혁 단행
> ㉢ 북조선 노동당 창당
> ㉣ 조선공산당 북조선 분국 조직

① ㉠ – ㉡ – ㉢ – ㉣
② ㉠ – ㉡ – ㉣ – ㉢
③ ㉡ – ㉠ – ㉣ – ㉢
④ ㉢ – ㉠ – ㉡ – ㉣
⑤ ㉣ – ㉠ – ㉡ – ㉢

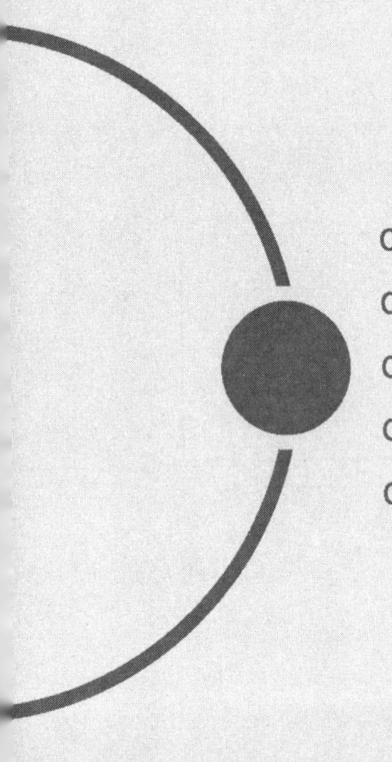

PART

02

정답 및 해설

제 01 회 정답 및 해설

직업능력

1	③	2	④	3	②	4	④	5	③	6	④	7	③	8	③	9	②	10	②
11	③	12	①	13	④	14	⑤	15	④	16	①	17	②	18	④	19	③	20	①
21	③	22	②	23	①	24	②	25	③	26	④	27	④	28	②	29	⑤	30	②
31	①	32	④	33	③	34	⑤	35	①	36	②	37	②	38	③	39	②	40	②

1. ③

비공식조직은 자발적으로 형성된 조직으로 구조나 규정 등이 조직화되어 있지 않아야 한다. 또한 비영리조직은 이윤 추구가 아닌 공익을 추구하는 기관이나 단체가 해당되므로 주어진 보기에서는 계모임과 종교 단체가 각각 비공식조직과 비영리조직에 해당된다고 볼 수 있다.

2. ④

그림과 같은 조직 구조는 하나의 의사결정권자의 지시와 부서별 업무 분화가 명확해, 전문성은 높아지고 유연성 및 유기성은 떨어지는 조직 구조라고 볼 수 있다. 또한 의사결정권자가 한 명으로 집중되면서 내부 효율성이 확보된다.

① 조직의 유기적인 협조체제가 구축된 구조는 아니다.
② 의사결정 권한이 집중된 조직 구조이다.
③ 유사한 업무를 통한 내부 경쟁을 유발할 수 있는 구조는 사업별 조직구조이다.
⑤ 의사결정권자가 한 명이기 때문에 시간이 오래 걸리지 않는 구조에 해당한다.

정답 문항 수 :   / 60개
회 독 수 : ○○○○○

3. ②

자녀학비보조수당은 수업료와 학교운영지원비를 포함하며 입학금은 제외된다고 명시되어 있다.
① 위험근무수당은 위험한 직무에 상시 종사한 직원에게 지급된다.
③ 육아휴직수당은 휴직일로부터 최초 1년 이내에만 지급된다.
⑤ 육아휴직수당은 만 8세 이하의 자녀를 양육하기 위하여 필요한 경우 지급된다.

4. ④

월 급여액이 200만 원이므로 총 지급액은 200만 원의 40퍼센트인 80만 원이며, 이는 50~100만 원 사이의 금액이므로 80만 원의 15퍼센트에 해당하는 금액인 12만 원이 복직 후에 지급된다.
① 3월 1일부로 복직을 하였다면, 6개월을 근무하고 7개월째인 9월에 육아휴직수당 잔여분을 지급받게 된다.
② 육아휴직수당의 총 지급액은 80만 원이다.
③ 복직 후 3개월째에 퇴직을 할 경우, 복직 후 지급받을 15퍼센트가 지급되지 않으며 휴가 중 지급받은 육아휴직수당을 회사에 반환할 의무 규정은 없다.
⑤ 육아휴직수당의 지급 대상은 30일 이상 휴직한 남 · 녀 직원이다.

5. ③

2021년의 통계자료만 있으므로, 해마다 증가하는지는 알 수 없다.

6. ④

제시된 연구의 핵심은 새끼 쥐의 스트레스에 반응하는 정도가 어미 쥐가 새끼를 핥아주는 성향에 따라 달라진다는 것이다. 즉, 어미 쥐가 새끼를 많이 핥아줄 경우 새끼의 뇌에서 GR의 수가 더 많았고, 그 수를 좌우하는 GR 유전자의 발현은 NGF 단백질에 의해 촉진된다는 것을 확인할 수 있다. 많이 핥아진 새끼가 그렇지 못한 새끼에 비해 NGF 수치가 더 높다는 결과 또한 알 수 있다. 이 실험은 유전자의 발현에 영향을 미치는 요인으로 '핥기'라는 후천 요소를 지목하고 있음을 알 수 있다. 그러므로 밑줄 친 ㉠의 물음은 '후천 요소가 유전자 발현에 영향을 미칠 수 있는가?'가 적절하다.

① 코르티솔 유전자는 스트레스 반응 정도를 결정하는 요인이지만 전체 실험의 결과를 결정하는 것은 아니다.
② 단백질에 의해 유전자가 발현하는 경우는 있지만 유전자가 단백질을 결정하는 내용은 확인할 수 없다.
③ 핥아주는 성향의 유전자가 어떻게 발현되는지는 제시문에 나타나 있지 않다.
⑤ 핥아주는 성향을 가진 어미 쥐와 안 핥아주는 성향을 가진 어미 쥐를 비교하여 실험한 결과 이러한 성향 차이가 유전자의 영향임이 드러났다. ② 문단에서 유전자 발현에 영향을 미치는 한 요인으로 NGF 단백질이 제시된다. 그러나 유전자의 발현에 관한 지문의 물음과는 무관하다.

7. ③

③ 우리나라에서는 바다거북 · 장수거북 · 남생이 · 자라 등 4종이 알려져 있지만 이들이 우리나라에만 서식하는 고유종으로 보기는 어렵다.

8. ③

③ 대나무를 의인화하여 절개 있는 부인을 비유한 작품이다.
① 판소리계 소설인 토끼전의 근원설화가 되는 작품으로 거북과 토끼가 지혜를 겨루는 내용이다.
② 거북을 의인화하여 어진 사람의 행적을 기린 작품이다.
④ 판소리계 소설로 「토끼전」이라고도 한다.
⑤ 별주부전의 다른 이름이다.

9. ②

십장생은 민간신앙 및 도교에서 불로장생을 상징하는 열 가지의 사물로 보통 '해 · 달 · 산 · 내 · 대나무 · 소나무 · 거북 · 학 · 사슴 · 불로초' 또는 '해 · 돌 · 물 · 구름 · 대나무 · 소나무 · 불로초 · 거북 · 학 · 산'을 이른다.

10. ②

다른 내용들은 주어진 행사 보고서를 통해 확인할 수 없다. 하지만 행사를 진행했을 때 얻을 수 있는 기대효과는 '이 운동을 알리고, 기후변화에 대한 인식을 확산하며 탄소 배출량을 감축시키기 위해'라고 본문에 제시되어 있다.

11. ③

ⓑ 원할한 → 원활한
ⓒ 공고이 → 공고히

12. ①

실천(實踐) : 생각한 바를 실제로 행함
실천(實薦) : 조선 시대에, 승정원의 주서를 천거하던 일

13. ④

각 대기오염물질의 연도별 증감 추이는 다음과 같다.

- 황산화물 : 증가 → 감소 → 감소 → 감소
- 일산화탄소 : 감소 → 감소 → 감소 → 감소
- 질소산화물 : 감소 → 증가 → 증가 → 증가
- 미세먼지 : 증가 → 감소 → 감소 → 감소
- 유기화합물질 : 증가 → 증가 → 증가 → 감소

따라서 연도별 증감 추이가 같은 대기오염물질은 황산화물과 미세먼지이다.

14. ⑤

A에서 B로 변동된 수치의 증감률은 (B−A)÷A×100의 산식에 의해 구할 수 있다. 따라서 2017년과 2021년의 총 대기오염물질 배출량을 계산해 보면 2017년이 3,212,386톤, 2021년이 3,077,079톤이므로 계산식에 의해 (3,077,079−3,212,386)÷3,212,386×100=약 −4.2(%)가 된다.

15. ④

색이 칠해진 9개의 날짜 중 정중앙의 화요일을 x라 하고, 색이 칠해진 9개의 날짜의 합을 구하면
$(x-8)+(x-7)+\cdots+(x-1)+x+(x+1)+\cdots+(x+8)=9x$
이 값이 135라고 했으므로 정중앙의 화요일은 $9x=135 \rightarrow x=15$
15일이 화요일이므로 2주 후 29일이 화요일이 되고, 따라서 31일은 목요일이 된다.

16. ①

한 달 동안의 통화 시간 t $(t=0, 1, 2, \cdots)$에 따른

• 요금제 A 의 요금

$y=10{,}000+150t \quad (t=0,\ 1,\ 2,\ \cdots)$

• 요금제 B 의 요금

$\begin{cases} y=20{,}200 & (t=0,\ 1,\ 2,\ \cdots,\ 60) \\ y=20{,}200+120(t-60) & (t=61,\ 62,\ 63,\ \cdots) \end{cases}$

• 요금제 C 의 요금

$\begin{cases} y=28{,}900 & (t=0,\ 1,\ 2,\ \cdots,\ 120) \\ y=28{,}900+90(t-120) & (t=121,\ 122,\ 123,\ \cdots) \end{cases}$

㉠ B 의 요금이 A 의 요금보다 저렴한 시간 t 의 구간은 $20{,}200+120(t-60)<10{,}000+150t$ 이므로 $t>100$

㉡ B 의 요금이 C 의 요금보다 저렴한 시간 t 의 구간은 $20{,}200+120(t-60)<28{,}900+90(t-120)$ 이므로 $t<170$

따라서 $100<t<170$ 이므로, $b-a$ 의 최댓값은 70

17. ②

조건 ㈎에서 R석의 티켓의 수를 a, S석의 티켓의 수를 b, A석의 티켓의 수를 c라 놓으면

$a+b+c=1{,}500$ …… ㉠

조건 ㈏에서 R석, S석, A석 티켓의 가격은 각각 10만 원, 5만 원, 2만 원이므로

$10a+5b+2c=6{,}000$ …… ㉡

A석의 티켓의 수는 R석과 S석 티켓의 수의 합과 같으므로

$a+b=c$ …… ㉢

세 방정식 ㉠, ㉡, ㉢을 연립하여 풀면

㉠, ㉢에서 $2c=1{,}500$ 이므로 $c=750$

㉠, ㉡에서 연립방정식

$\begin{cases} a+b=750 \\ 2a+b=900 \end{cases}$ 을 풀면 $a=150$, $b=600$ 이다.

따라서 구하는 S석의 티켓의 수는 600장이다.

18. ④

㉠ 주어진 기간 동안 강풍 피해금액과 풍랑 피해금액의 합계를 각각 계산하여 비교하기 보다는 소거법을 이용하여 비교하는 것이 좋다. 비슷한 크기의 값들을 서로 비교하여 소거한 뒤 남은 값들의 크기를 비교해주는 것으로 2017년 강풍과 2018년 풍랑 피해금액이 70억 원으로 동일하고 2013, 2014, 2016년 강풍 피해금액의 합 244억 원과 2017년 풍랑 피해금액 241억 원이 비슷하다. 또한 2015, 2020년 강풍 피해금액의 합 336억 원과 2015년 풍랑 피해금액 331억 원이 비슷하다. 이 값들을 소거한 뒤 남은 값들을 비교해보면 강풍 피해금액의 합계가 풍랑 피해금액의 합계보다 더 작다는 것을 알 수 있다.

㉡ 2020년 태풍 피해금액이 2020년 5개 자연재해 유형 전체 피해금액의 90% 이상이라는 것은 즉, 태풍을 제외한 나머지 4개 유형 피해금액의 합이 전체 피해금액의 10% 미만이라는 것을 의미한다. 2020년 태풍을 제외한 나머지 4개 유형 피해금액의 합을 계산하면 전체 피해금액의 10% 밖에 미치지 못함을 알 수 있다.

㉢ 피해금액이 매년 10억 원보다 큰 자연재해 유형은 호우, 대설이 있다.

㉣ 피해금액이 큰 자연재해 유형부터 순서대로 나열하면 2018년은 호우, 태풍, 대설, 풍랑, 강풍이며, 이 순서는 2019년의 순서와 동일하다.

19. ③

㉠ 2019 ~ 2021년 동안의 유형별 최종에너지 소비량 비중이므로 전력 소비량의 수치는 알 수 없다.

㉡ 2021년의 산업부문의 최종에너지 소비량은 115,155천TOE으로, 전체 최종 에너지 소비량인 193,832천TOE의 50%인 96,916천TOE보다 많으므로 50% 이상을 차지한다고 볼 수 있다.

㉢ 2019 ~ 2021년 동안 석유제품 소비량 대비 전력 소비량의 비율은 $\frac{\text{전력}}{\text{석유제품}}$으로 계산한다.

2019년 $\frac{18.2}{53.3}\times 100 = 34.1(\%)$, 2020년 $\frac{18.6}{54}\times 100 = 34.4(\%)$, 2021년 $\frac{19.1}{51.9}\times 100 = 36.8(\%)$이므로 매년 증가함을 알 수 있다.

㉣ 2021년 산업부문과 가정 · 상업부문에서 $\frac{\text{무연탄}}{\text{유연탄}}$을 구하면 산업부문의 경우 $\frac{4,750}{15,317}\times 100 = 31(\%)$, 가정 · 상업부문의 경우 $\frac{901}{4,636}\times 100 = 19.4(\%)$이므로 모두 25% 이하인 것은 아니다.

20. ①

㉠ 2020년의 총사용량은 전년대비 46,478m^3 증가하여 약 19%의 증가율을 보이며, 2021년의 총사용량은 전년대비 35,280m^3 증가하여 약 12.2%의 증가율을 보여 모두 전년대비 15% 이상 증가한 것은 아니다.

㉡ 1명당 생활용수 사용량을 보면 2019년 0.36m^3/명$\left(\frac{136,762}{379,300}\right)$, 2020년은 0.38$m^3$/명$\left(\frac{162,790}{430,400}\right)$, 2021년은 0.34$m^3$/명$\left(\frac{182,490}{531,250}\right)$이 되어 매년 증가하는 것은 아니다.

㉢ 45,000 → 49,050 → 52,230으로 농업용수 사용량은 매년 증가함을 알 수 있다.

㉣ 가정용수와 영업용수 사용량의 합은 업무용수와 욕탕용수의 사용량의 합보다 매년 크다는 것을 알 수 있다.

- 2019년 $65,100+11,000=76,100>39,662+21,000=60,662$
- 2020년 $72,400+19,930=92,330>45,220+25,240=70,460$
- 2021년 $84,400+23,100=107,500>47,250+27,740=74,990$

21. ③

주어진 조건에 따라 선택지의 날짜에 해당하는 당직 근무표를 정리해 보면 다음과 같다.

구분	갑	을	병	정
A	2일, 14일		8일	
B		3일		9일
C	10일		4일	
D		11일		5일
E	6일		12일	
F		7일		13일

따라서 A와 갑이 2일 날 당직 근무를 섰다면 E와 병은 12일 날 당직 근무를 서게 된다.

22. ②

② 시제품 B는 C에 비해 독창성 점수가 2점 높지만 총점은 같다. 따라서 옳지 않은 발언이다.

23. ①

㉠ 성인 4명(28,800×4)+청소년 3명(18,800×3)=171,600(원)
5인 입장권 구매 시=162,600원

㉡ 성인 6명(25,800×6)+청소년 2명(17,800×2)×평일 10% 할인=171,360(원)
5인 입장권 구매 시=186,400원

㉢ 성인 5명(28,800×5)+청소년 2명(18,800×2)×주말 통신사 15% 할인=154,360(원)
5인 입장권 구매 시=162,600원

㉣ 성인 5명(25,800×5명)+어린이 1명(13,800)×평일 10% 할인=128,520(원)
5인 입장권 구매 시=138,800원

24. ②

실제 전투능력을 정리하면 경찰(3), 헌터(4), 의사(2), 사무라이(8), 폭파전문가(2)이다.
이를 토대로 탈출 통로의 좀비수와 처치 가능 좀비수를 계산해 보면

① 폭파전문가(2), 사무라이(8) → 10마리의 좀비를 처치 가능
② 헌터(4), 경찰(3) → 7마리의 좀비 모두 처치 가능
③ 헌터(4), 폭파전문가(2) → 6마리의 좀비 처치 가능
④ 경찰(3), 의사(2)-전투력 강화제(1) → 6마리의 좀비 처치 가능
⑤ 폭파전문가가 없기 때문에 탈출 불가

25. ③

① 19일 수요일 오후 1시 울릉도 도착, 20일 목요일 독도 방문, 22일 토요일은 복귀하는 날인데, 종아는 매주 금요일에 술을 마시므로 멀미로 인해 선박을 이용하지 못한다. 또한 금요일 오후 6시 호박엿 만들기 체험도 해야 한다.
② 20일 목요일 오후 1시 울릉도 도착, 독도는 화요일과 목요일만 출발하므로 불가능
③ 23일 일요일 오후 1시 울릉도 도착, 24일 월요일 호박엿 만들기 체험, 25일 화요일 독도 방문, 26일 수요일 포항 도착
④ 25일 화요일 오후 1시 울릉도 도착, 27일 목요일 독도 방문, 28일 금요일 호박엿 만들기 체험은 오후 6시인데, 복귀하는 선박은 오후 3시 출발이라 불가능
⑤ 26일 수요일 오후 1시 울릉도 도착, 27일 목요일 독도 방문, 28일 금요일 호박엿 만들기 체험, 매주 금요일은 술을 마시므로 다음날 선박을 이용하지 못하며, 29일은 파고가 3m를 넘어 선박이 운항하지 않아 불가능

26. ④

④ A지역에는 (4 × 400호)+(2 × 250호) = 2,100이므로 440개의 심사 농가 수에 추가의 인증심사원이 필요하다. 그런데 모두 상근으로 고용할 것이고 400호 이상을 심사할 수 없으므로 추가로 2명의 인증심사원이 필요하다. 그리고 같은 원리로 B지역도 2명, D지역에서는 3명의 추가의 상근 인증심사원이 필요하다. 따라서 총 7명을 고용해야 하며 1인당 지급되는 보조금이 연간 600만 원이라고 했으므로 보조금 액수는 4,200만 원이 된다.

27. ④

C거래처 사원(9시~10시) – A거래처 과장(10시~12시) – B거래처 대리(12시~14시) – F은행(14시~15시) – G미술관(15시~16시) – E서점(16~18시) – D거래처 부장(18시~)

① E서점까지 들리면 16시가 되는데, 그 이후에 G미술관을 관람할 수 없다.
② F은행까지 들리면 13시가 되는데, B거래처 대리 약속은 18시에 가능하다.
③ G미술관 관람을 마치고 나면 11시가 되는데 F은행은 12시에 가야 한다. 1시간 기다려서 F은행 일이 끝나면 13시가 되는데, B거래처 대리 약속은 18시에 가능하다.
⑤ A거래처 과장을 만나고 나면 1시간 기다려서 G미술관 관람을 하여야 하며, 관람을 마치면 14시가 되어 B거래처 대리를 18시에 만나게 될 수밖에 없는데 그렇게 되면 D거래처 부장은 만날 수 없다.

28. ②

주어진 점수표를 통해 甲 ~ 丙이 4, 5회에 받은 점수를 구하면 甲은 7, 乙은 6, 丙은 5가 된다. '한 회의 점수가 모두 동점이고 다른 회에서 한 사람이 자유투를 한 번에 성공하여 1점을 받았다'에 의해 만약 甲이나 乙이 1점을 받는다면 점수가 동점인 회의 점수가 6점이나 5점이 되어 丙의 점수표가 완성될 수 없으므로 자유투를 한 번에 성공한 사람은 丙이다. 丙이 자유투를 1회를 성공하면 다음과 같은 점수표가 완성된다.

	1회	2회	3회	4회	5회	합계
甲	2	4	3	3	4	16
乙	5	4	2	2	4	17
丙	5	2	6	1	4	18

29. ⑤

휴리스틱 기법은 여러 가지 요인을 체계적으로 고려하지 않고 경험, 직관에 의해서 문제해결과정을 단순화시키는 규칙을 만들어 평가하는 것을 의미한다. 다시 말해, 어떠한 문제를 해결하거나 또는 불확실한 상황에서 판단을 내려야 할 때 정확한 실마리가 없는 경우에 사용하는 방법이다.

30. ②

Jeep류의 차종인 경우(문이 2개)에는 운전석의 옆자리가 상석이 된다.

31. ①

통상적으로 직위를 모르는 면접관을 지칭할 때는 "면접위원님"이 무난하고 직위 뒤에는 "님"자를 사용한다.

※ 경어의 구분

㉠ **겸양어** : 상대나 화제의 인물에 대해서 경의를 표하기 위해 사람에게 관계가 되는 자신의 행위나 또는 동작 등을 낮추어서 하는 말을 의미한다.

예 저희, 저희들, 우리들

예 기다리실 줄 알았는데…

예 설명해 드리겠습니다.

예 여쭈어 본다, 모시고 간다, 말씀 드린다.

㉡ **존경어** : 상대나 화제의 인물에 대해서 경의를 표하기 위해 그 사람의 행위나 동작 등을 높여서 하는 말을 의미한다.

예 안녕하세요(×) ⇒ 안녕하십니까(○)

예 사용하세요(×) ⇒ 사용하십시오(○)

㉢ **공손어** : 상대방에게 공손한 마음을 표현할 때나 자신의 품위를 지키기 위하여 사용하는 말이다.

32. ④

영어의 경우에는 대소문자를 명확히 구분해서 표기해야 한다.

33. ③

A는 주택소유자로서 소득인정액이 중위소득의 40%이므로 중위소득 35% 이상 43% 미만에 해당하여 총 보수비용의 80%를 지원받는다. A주택은 지붕의 수선이 필요하므로 주택보수비용 지원 내용에 따라 950만 원이 지원된다. 따라서 A가 지원받을 수 있는 주택보수비용의 최대 액수는 950만 원의 80%인 760만 원이 된다.

34. ⑤

- 갑 사원에게 주어진 예산은 월 4천만 원이며, 이를 초과할 경우 광고수단은 선택하지 않는다. 따라서 월 광고비용이 4,500만 원인 KTX는 배제된다.
- 조건에 따라 광고수단은 한 달 단위로 선택되며 5월의 광고비용을 계산해야 하므로 모든 광고수단은 31일을 기준으로 한다. 조건에 따른 광고 효과 공식을 대입하면 아래와 같이 광고 효과를 산출할 수 있다.

광고수단	광고횟수(회/월)	회당 광고노출자 수(만 명)	월 광고비용(천 원)	광고효과
TV	3	100	40,000	0.08
버스	31	10	30,000	0.10
~~KTX~~	~~2,170~~	~~1~~	~~45,000~~	~~0.48~~
지하철	1,860	0.2	35,000	0.11
포털사이트	1,550	0.5	40,000	0.19

따라서 갑 사원은 예산 초과로 배제된 KTX를 제외하고, 월별 광고효과가 가장 좋은 포털사이트를 선택한다.

35. ①

직원	성공추구 경향성과 실패회피 경향성	성취행동 경향성
갑	성공추구 경향성=4×0.8×0.3=0.96	0.96−0.28=0.68
	실패회피 경향성=2×0.2×0.7=0.28	
을	성공추구 경향성=3×0.4×0.6=0.72	0.72−0.24=0.48
	실패회피 경향성=1×0.6×0.4=0.24	
병	성공추구 경향성=4×0.3×0.8=0.96	0.96−0.42=0.54
	실패회피 경향성=3×0.7×0.2=0.42	

36. ②

㉠ 나무펜션 : 70,000×2×0.9=126,000(원)
㉡ 그늘펜션 : (60,000+10,000)×2×0.8=112,000(원)
㉢ 푸른펜션 : 80,000+(80,000×0.85)=148,000(원)
㉣ 구름펜션 : (55,000+10,000)×2=130,000(원)

37. ②

주어진 자료에 따라 예산 집행 금액을 계산해보면 다음과 같다.

(단위 : 백만 원)

영업2팀	영업3팀	유통팀	물류팀
26×1.154=30	24×0.875=21	32×0.781=25	29×0.879=25.5

따라서 팀별로 예산의 신청 금액과 집행 금액의 차이는 순서대로 각각 +4백만 원, −3백만 원, −7백만 원, −3.5백만 원이 되므로, 2022년에 가장 많은 예산을 분배받을 팀과 가장 적은 예산을 분배받을 팀은 각각 영업3팀과 유통팀이 된다.

38. ③

㉠ 자가물류비=노무비+재료비+전기료+이자+가스 · 수도료+세금
=6,400만 원+3,000만 원+300만 원+250만 원+350만 원+80만 원
=10,380만 원

㉡ 위탁물류비=지급운임+지불포장비+수수료+상 · 하차용역비
=400만 원+70만 원+70만 원+450만 원
=990만 원

39. ②

(다) C의 무게와 음악재생시간은 각각 1.1kg, 16H이다. D의 무게와 음악재생시간은 각각 1.2kg, 14H이다. D의 무게가 C보다 더 무겁지만 음악재생시간은 C가 D보다 더 많다. 그러므로 옳지 않다.

(라) A의 용량과 음악재생시간은 각각 300GB, 15H이다. B의 용량과 음악재생시간은 각각 310GB, 13H이다. B가 용량이 A보다 더 크지만 음악재생시간은 B보다 A가 더 많다. 따라서 용량이 클수록 음악재생시간이 길다는 것은 옳지 않다.

40. ②

- L씨는 노트북 무게에 있어서 1kg까지 괜찮다고 했다. 그러므로 후보는 A와 B이다. 그런데 음악재생시간이 긴 제품을 선호한다 했으므로 A와 B중 음악재생시간이 더 많은 A가 가장 적합하다.
- 선물로는 음악재생시간이 16H, 용량이 320GB 이상의 조건을 충족시키는 C가 가장 적합하다.

한국사

1	③	2	①	3	②	4	②	5	⑤	6	②	7	③	8	④	9	①	10	⑤
11	②	12	④	13	②	14	①	15	⑤	16	⑤	17	③	18	①	19	④	20	②

1. ③

제시된 유물은 신석기 시대의 대표적인 유물이다. 신석기시대부터 밭농사와 함께 농경 사회가 시작되었다.

①④ 철기

②⑤ 청동기

2. ①

고구려는 5부족 연맹체를 토대로 발전하였다. 왕 아래 상가, 고추가 등의 대가가 존재하였으며, 이들은 독자적인 세력을 유지하였다. 국가의 중대사는 제가회의를 통해 결정하였으며, 10월에는 추수감사제인 동맹이 열렸고 데릴사위제가 행해졌다.

3. ②

고려 후기 충렬왕이다. 원의 내정 간섭을 받기 시작하면서 고려는 원의 부마국으로 전락하고 왕실 용어도 격하되었다. 기존의 2성 6부체제는 첨의부와 4사 체제로 전환되었고, 중추원은 밀직사로 변경되는 등의 관제에도 변화가 나타났다. 뿐만 아니라 고려 조정을 감시하기 위해 정동행성이 설치되고 감찰관인 다루가치가 상주하였다.

① 충선왕 때 원나라 연경(북경)에 설치한 독서당

③ 충목왕 때 설치된 정치개혁 기구

④ 충선왕 때 정동행성과 별개의 행성을 설치하는 친원세력의 제안

⑤ 고종 때 최우가 본인의 집에 설치하여 인사권을 장악한 기구

4. ②

발해가 건국된 지역은 고구려 부흥운동이 활발하게 일어난 요동지역이었다. 발해의 지배층 대부분은 고구려 유민이었으며 발해의 문화는 고구려적 요소를 많이 포함하고 있었다.

5. ⑤

신문왕의 개혁 내용이다. 신문왕은 전제 왕권 강화를 위해 국학 설립, 관료전 지급, 9주 5소경 체제 등을 추진하였다. 그리고 귀족이 조세를 수취하고 노동력을 징발할 수 있는 녹읍을 폐지함으로써 귀족 세력의 경제적 기반을 약화시켰다.

6. ②

귀주대첩(1018) → 이자겸의 난(1126) → 무신정변(1170) → 개경환도(1270) → 위화도회군(1388)

7. ③

③ 일본과의 무역은 통일 직후에는 일본이 신라를 견제하고, 신라도 일본의 여 · 제 유민을 경계하여 경제교류가 활발하지 못하였으나, 8세기 이후 정치의 안정과 일본의 선진문화에 대한 욕구로 교류가 활발해졌다.

8. ④

④ 이암은 원의 농상집요를 소개 · 보급하였다.

9. ①

㉠ **무오사화**(1498년, 연산군 4) : 김종직의 제자인 김일손이 사관으로 있으면서 김종직이 지은 조의제문을 사초에 올린 일을 빌미로 훈구세력이 사림파 학자들을 죽이거나 귀양보냈다.

㉡ **갑자사화**(1504년, 연산군 10) : 연산군이 그의 생모인 윤씨의 폐출사사사건을 들추어서 자신의 독주를 견제하려는 사림파의 잔존세력을 죽이거나 귀양보냈다.

㉢ **기묘사화**(1519년, 중종 14) : 조광조의 혁신정치에 불만을 품은 훈구세력이 위훈 삭제 사건을 계기로 계략을 써서 중종을 움직여 조광조 일파를 제거하였다. 이로 인하여 사림세력은 다시 한 번 크게 기세가 꺾였다.

㉣ **을사사화**(1545년, 명종 즉위년) : 중종의 배다른 두 아들의 왕위 계승을 에워싼 싸움의 결과로 일어났다. 인종과 명종의 왕위계승문제는 그들 외척의 대립으로 나타났고, 이에 당시의 양반관리들이 또한 부화뇌동하여 파를 이루었다. 인종이 먼저 즉위하였다가 곧 돌아간 뒤를 이어 명종이 즉위하면서 집권한 그의 외척세력이 반대파를 처치하였다. 이 때에도 사림세력이 많은 피해를 입었다.

㉤ **사림의 분열**(1575년, 선조 8) : 사림 세력이 동인과 서인으로 분화되었고, 붕당정치가 시작되었다.

10. ⑤

고려시대에는 상품화폐경제가 발달하지 못하였고, 상업은 촌락이 아니라 도시를 중심으로 발달하였다.

11. ②

균역법의 시행(1751)으로 감소된 재정은 결작(토지 1결당 미곡 2두)을 부과하고 일부 상류층에게 선무군관이라는 칭호를 주어 군포 1필을 납부하게 하였으며 선박세와 어장세, 염전세 등으로 보충하였다.

12. ④

④ 고려시대 향리들은 지방토착세력들로 중앙의 관리를 공급해주는 역할을 하였고 이들에게도 과거(科擧)를 통해 관직으로 진출할 수 있는 신분 상승의 기회가 주어졌다.

13. ②

6두품의 성향

신라 중대	신라 하대
• 진골귀족에 대항하여 왕권과 결탁 • 학문적 식견과 실무능력을 바탕으로 국왕 보좌 • 집사부 시랑(전대등) 등 관직을 맡으며 정치적으로 진출 • 행정실무 담당	• 중앙권력에서 배제 • 호족과 연결 • 합리적인 유교이념을 내세움 • 개혁이 거부되자 反신라적 경향으로 바뀜 • 선종의 등장에 주된 역할을 함

14. ①

농사직설(農事直說)은 조선 세종 때 지어진 농서(農書)로, 서문에서 밝히는 바와 같이 당시까지 간행된 중국의 농서가 우리나라의 풍토와 맞지 않아 농사를 짓는 데 있어 어려움이 있다는 이유로 세종이 각 도 감사에게 명해 각 지역의 농군들에게 직접 물어 땅에 따라 이미 경험한 바를 자세히 듣고 이를 수집하여 편찬, 인쇄, 보급한 것이다. 이 책은 지역에 따라 적절한 농법을 수록하여 우리 실정과 거리가 먼 중국의 농법에서 벗어나는 좋은 계기를 마련했다고 볼 수 있다.

① 안견의 몽유도원도는 1447년(세종 29)에 안평대군이 도원을 거닐며 놀았던 꿈 내용을 당시 도화서 화가였던 안견에게 말해 안견이 그린 것으로 현재 일본 덴리대학(天理大學) 중앙도서관에 소장되어 있다.

② 고려 후기

③ 조선 중기

④⑤ 조선 후기

15. ⑤

이이는 존화주의적 역사의식을 가지고 기자조선을 정통으로 보는 기자실기를 작성하였다.

16. ⑤

㉣ **4 · 19 혁명**(1960) : 3 · 15 부정선거를 원인으로 이승만 독재 정치 타도를 위해 일어난 민주혁명이다.
㉢ **유신헌법 공포**(1972) : 박정희 정부 때 대통령에게 초법적 권한을 부여한 권위주의적 체제이다.
㉠ **5 · 18 민주화 운동**(1980) : 10 · 26 사태 이후 등장한 신군부에 저항한 운동이다.
㉡ **6월 민주 항쟁**(1987) : 전두환 정권 때 대통령 직선제 개헌을 요구하며 일어난 민주화 운동이다.

17. ③

㈎는 을미사변과 단발령에 반발하여 발생한 을미의병(1895)이고 ㈏는 1908년 13도 창의군의 서울 진공 작전에 대한 내용이다. 안중근이 하얼빈에서 이토 히로부미를 저격한 것은 1909년이다.
① 을사늑약(1905)
②④ 헤이그 특사 파견이 발각된 이후 일제는 고종을 강제 퇴위시키고 군대를 강제 해산하였다(1907).
⑤ 을사의병(1905)

18. ①

농지 개혁 … 논과 밭을 대상으로 3정보를 초과하는 농가의 토지나 부재지주의 토지를 국가에서 유상으로 매수하고 이들에게 지가증권을 발급하는 제도이다. 농지의 연 수확량의 150%를 한도로 5년간 보상하고 국가에서 매수한 농지는 영세농민에게 3정보를 한도로 유상분배하며 그 대가로 5년간 수확량의 30%씩 상환곡으로 수납하게 하였다. 그러나 개혁 자체가 농민이 배제된 지주층 중심으로 이루어져 소기의 목적을 달성할 수는 없었다.

19. ④

신간회(1927 결성)…민족주의 진영과 사회주의 진영은 민족유일당, 민족협동전선이라는 표어 아래 이상재, 안재홍 등을 중심으로 신간회를 결성하였다. 노동운동과 농민운동을 지도하였고 광주학생항일운동의 진상단을 파견하였다.

20. ②

제1차 한 · 일협약 체결(1904. 8) … 러 · 일전쟁 중 체결되었으며 일본 정부가 추천하는 외교와 재정고문을 두는 고문정치가 시작되었다.

제 02 회 정답 및 해설

직업능력

1	④	2	⑤	3	⑤	4	⑤	5	③	6	④	7	②	8	④	9	②	10	①
11	③	12	①	13	②	14	②	15	⑤	16	⑤	17	⑤	18	①	19	③	20	⑤
21	③	22	④	23	①	24	①	25	⑤	26	④	27	③	28	⑤	29	④	30	③
31	②	32	④	33	③	34	②	35	④	36	④	37	⑤	38	⑤	39	①	40	④

1. ④

임직원행동강령에서는 '그 밖에 지역관할 행동강령책임관이 공정한 직무수행이 어려운 관계에 있다고 정한 자가 직무관련자인 경우'라고 규정하고 있으므로 지역관할 행동강령책임관의 판단으로 결정할 수 있다.

① 이전 직장 퇴직 후 2년이 경과하지 않으면 직무관련성이 남아 있는 것으로 간주한다.

② '지역관할 행동강령책임관이 그 권한의 범위에서 그 임직원의 직무를 일시적으로 재배정할 수 있는 경우에는 그 직무를 재배정하고 본사 행동강령책임관에게 보고하지 아니할 수 있다.'고 규정하고 있다.

③ 규정되어 있는 '사적인 접촉'은 어떠한 경우에도 사전에 보고되어야 하며, 보고받는 자가 부재 시에는 사후에 반드시 보고하도록 규정하고 있다.

⑤ 여행을 가는 경우는 사적인 접촉에 해당되며, 직무관련자가 대학 동창인 것은 부득이한 사유에 해당한다. 따라서 이 경우 사무소장에게 보고를 한 후 여행에 참여할 수 있으며 정보 누설 등의 금지 원칙을 준수하여야 한다.

2. ⑤

오 대리가 들러야 하는 조직과 업무 내용은 다음과 같이 정리할 수 있다.

보고 서류 전달 – 비서실

계약서 검토 확인 – 법무팀

배차 현황 확인 – 총무팀

통관 작업 확인 – 물류팀

정답 문항 수 : / 60개
회 독 수 : ○○○○○

3. ⑤

경영전략을 수립하고 각종 경영정보를 수집/분석하는 업무를 하는 기획팀에서 요구되는 자질은 재무/회계/경제/경영 지식, 창의력, 분석력, 전략적 사고 등이다.

4. ⑤

지원본부의 역할은 생산이나 영업 등 자체의 활동보다 출장이나 교육 등 타 팀이나 전사 공통의 업무 활동에 있어 해당 조직 자체적인 역량으로 해결하기 어렵거나 곤란한 업무를 원활히 지원해 주는 일이 주된 업무 내용이 된다.

제시된 팀은 지원본부(기획, 총무, 인사/교육, 홍보/광고), 사업본부(마케팅, 영업, 영업관리), 생산본부(생산관리, 생산기술, 연구개발) 등으로 구분하여 볼 수 있다.

5. ③

국가자격 취득은 누적 1,200만 명을 목표로 하고 있다.

6. ④

㉠㉡㉢㉤은 새로운 자연과학 이론을 받아들이는 것이고, ㉣은 새로운 이론을 받아들이기를 바라는 마음이다.

7. ②

문맥으로 보아 '방조'는 '협조'로 바뀌야 한다.

8. ④

④ 봉수제도는 조선 초기에 여러 제도를 참고하여 그 면모를 새롭게 하였지만 시간이 지날수록 점점 유명무실하게 되었고 결국 임진왜란이 일어나자 이에 대한 대비책으로 파발제가 등장하게 되었다.

9. ②

오늘날 데프콘 4는 조선시대 봉수의 5거제 중 2거에 가장 가깝다고 볼 수 있다. 참고로 우리나라는 1953년 정전 이래 데프콘 4가 상시 발령되어 있다.

10. ①

② 남의 돈이나 재물을 맡음
③ 봉황의 머리
④ 바둑이나 장기에서 대국이 하루 만에 끝나지 아니할 경우 그 날의 마지막 수를 종이에 써서 봉하여 놓음. 또는 그 마지막 수
⑤ 산봉우리

11. ③

③ 영희가 장갑을 이미 낀 상태인지, 장갑을 끼는 동작을 진행 중인지 의미가 확실치 않은 동사의 상적 속성에 의한 중의성의 사례가 된다.
① 수식어에 의한 중의성의 사례로, 길동이가 나이가 많은 것인지, 길동이와 을순이 모두가 나이가 많은 것인지가 확실치 않은 중의성을 포함하고 있다.
② 접속어에 의한 중의성의 사례로, '그 녀석'이 나와 함께 가서 아버지를 만난 건지, 나와 아버지를 각각 만난 건지, 나와 아버지 둘을 같이 만난 건지가 확실치 않은 중의성을 포함하고 있다.
④ 명사구 사이 동사에 의한 중의성의 사례로, 그녀가 친구들을 보고 싶어 하는 것인지 친구들이 그녀를 보고 싶어 하는 것인지가 확실치 않은 중의성을 포함하고 있다.
⑤ 수식어에 의한 중의성의 사례로, '아끼던'의 수식을 받는 말이 그녀인지 선물인지가 확실치 않은 중의성을 포함하고 있다.

12. ①

교류협력사업은 아시아권 국가 외에 독일, UAE와도 진행 중이다.

13. ②

㉠ 습도가 70%일 때 연간소비전력량은 790으로 A가 가장 적다.

㉡ 60%와 70%를 많은 순서대로 나열하면 60%일 때 D-E-B-C-A, 70%일 때 E-D-B-C-A이다.

㉢ 40%일 때 E=660, 50%일 때 B=640이다.

㉣ 40%일 때의 값에 1.5배를 구하여 80%와 비교해 보면 E는 1.5배 이하가 된다.

$A=550\times1.5=825<840$

$B=560\times1.5=840<890$

$C=580\times1.5=870<880$

$D=600\times1.5=900<950$

$E=660\times1.5=990>970$

14. ②

① 2월은 국내 8,900명, 국외 6,282명이다.

② 톰레이더스는 국외제작영화이다.

③ 월별 개봉편수를 보면 국외제작영화 개봉편수가 매달 많다.

④ 7월의 국외제작영화 개봉작은 어벤져스팀, 빨간 스페로 2편이다.

⑤ 1위의 관객 수는 12,100천 명

국내제작영화 전체 관객 수는 12,100+8,540+7,817+6,851+6,592+5,636+5,316+4,018+4,013+3,823+3,279=67,985(천명)

15. ⑤

㉠ 200달러인 스마트폰 중 종합품질점수가 가장 높은 스마트폰은 g이다.

㉡ 소매가격이 가장 낮은 스마트폰은 h이며, 종합품질점수가 가장 낮은 스마트폰은 f이다.

㉢ A : $\frac{1+2+1}{3}=\frac{4}{3}$, B : $\frac{1+1+1}{3}=1$, C : $\frac{2+1+2}{3}=\frac{5}{3}$

㉣ 화질 : $3+2+3+3+2+2+3+3+3=24$

내비게이션 : $3+2+3+3+3+1+3+2+2=22$

멀티미디어 : $3+3+3+3+3+3+3+3+2=26$

배터리 수명 : $3+1+1+2+2+2+2+2+3=18$

통화 성능 : $1+2+1+1+1+1+2+1+2=12$

16. ⑤

- 조건을 잘 보면 병의 가방에 담긴 물품 가격의 합이 44,000원이며, 병의 가방에는 B, D, E가 들어 있고 E의 가격은 16,000원이다. 따라서 B와 D의 가격의 합이(㉠+㉢) 44,000 − 16,000 = 28,000(원)이 되어야 한다.
- 가방에 담긴 물품 가격의 합이 높은 사람부터 순서대로 나열하면 갑 > 을 > 병 순이므로, 을은 A와 C를 가지고 있는데 A는 24,000원, 병 44,000원보다 많아야 하므로 C의 가격(㉡)은 적어도 44,000 − 24,000 = 20,000(원) 이상이 되어야 한다.

17. ⑤

① 두류의 증감방향 : 증가 → 증가 → 증가
미곡의 증감방향 : 감소 → 증가 → 증가

② 1962년, 1963년, 1964년은 서류의 생산량이 더 많다.

③ 1964년의 경우 $\frac{208}{138} = 1.5$(배)이다.

④ 재배면적당 생산량을 계산해보면 두류 4, 맥류 7.5, 미곡 15.9, 서류 18.9, 잡곡 3.7로 가장 큰 곡물은 서류이다.

⑤ 미곡과 맥류의 재배면적의 합은 2,081이고, 곡물 재배면적 전체는 2,714이므로, $\frac{2,081}{2,714} \times 100 = 76.6(\%)$

18. ①

㉠ 한국 2,015 − 3,232 = − 1,217, 중국 5,954 − 9,172 = − 3,218, 일본 2,089 − 4,760 = − 2,671 모두 적자이다.

㉡ 소비재는 50% 이상 증가하지 않았다.

	원자재	소비재	자본재
2021	2,015	138	3,444
2018	578	117	1,028

㉢ 자본재 수출경쟁력을 구하면 한국이 일본보다 높다.

한국 $= \frac{3,444 - 1,549}{3,444 + 1,549} = 0.38$, 일본 $= \frac{12,054 - 8,209}{12,054 + 8,209} = 0.19$

19. ③

㉠ 갑국의 평균소득이 각각 1,000달러씩 증가하면 여성 9,000, 남성 17,000

격차지수 $\frac{9,000}{17,000}=0.529=0.53$, 간이 성평등지수 $\frac{0.53+1}{2}=0.765=0.77$

∴ 갑국의 간이 성평등지수는 0.80 이하이다.

㉡ 을국의 여성 대학진학률이 85%이면 격차지수 $\frac{85}{80}=1.0625=1$, 간이 성평등지수 $\frac{0.60+1}{2}=0.8$

∴ 병국의 간이 성평등지수는 0.82, 을국의 간이 성평등지수는 0.8이므로 병국이 더 높다.

㉢ 정국의 여성 대학진학률이 4%p 상승하면 격차지수 $\frac{15}{15}=1$, 간이 성평등지수 $\frac{0.70+1}{2}=0.85$

∴ 정국의 간이 성평등지수는 0.80 이상이 된다.

20. ⑤

① 팀 선수 평균 연봉= $\frac{\text{총 연봉}}{\text{선수 인원수}}$

A : $\frac{15}{5}=3$

B : $\frac{25}{10}=2.5$

C : $\frac{24}{8}=3$

D : $\frac{30}{6}=5$

E : $\frac{24}{6}=4$

② C팀 2017년 선수 인원수 $\frac{8}{1.333}=6$(명), 2021년 선수 인원수 8명

D팀 2017년 선수 인원수 $\frac{6}{1.5}=4$(명), 2021년 선수 인원수 6명

C, D팀은 모두 전년대비 2명씩 증가하였다.

③ A팀의 2020년 총 연봉은 $\frac{15}{1.5}=10$(억 원), 2020년 선수 인원수는 $\frac{5}{1.25}=4$(명)

2020년 팀 선수 평균 연봉은 $\frac{10}{4}=2.5$(억 원), 2021년 팀 선수 평균 연봉은 3억 원

④ 2020년 선수 인원수를 구해보면 'A-4명, B-5명, C-6명, D-4명, E-5명'이므로,
전년대비 증가한 선수 인원수는 A-1명, B-5명, C-2명, D-2명, E-1명
2020년 총 연봉을 구해보면 'A-10억, B-10억, C-20억, D-25억, E-16억'이므로,
전년대비 증가한 총 연봉은 A-5억, B-15억, C-4억, D-5억, E-8억

⑤ 2020년 총 연봉은 A팀이 10억 원, E팀이 16억 원으로 E팀이 더 많다.

21. ③

- 독미는 민희와 같은 종류의 우유를 2개 구매하였고, 영진이와도 같은 종류의 우유를 하나 구매하였다. 따라서 독미는 우유를 3개 이상을 구매하게 되는데, 딸기우유와 바나나우유를 구매하지 않았다고 했으므로 흰우유, 초코우유, 커피우유를 구매했다.
- 독미와 영진이가 구매한 우유 중에 같은 종류가 하나 있다고 하였고, 영진이가 흰우유와 커피우유를 구매하지 않았다고 하였으므로 영진이는 초코우유를 구매했다.
- 이로서 초코우유는 독미와 영진이가 구매하였고, 민희는 4종류의 우유를 구매했다고 했으므로 초코우유를 제외한 흰우유, 바나나우유, 딸기우유, 커피우유를 구매하였다.
- 민희와 영진이가 구매한 우유 중에 같은 종류가 하나 있다고 하였는데 그 우유가 바나나우유이다.

따라서 바나나우유를 구매한 사람은 민희와 영진이다.

22. ④

이웃한 레인끼리는 동일한 수영 방식을 사용할 수 없음을 주의하며 위의 조건에 따라 정리하면 다음과 같다.

레인 / 구간	1번 레인	2번 레인	3번 레인	4번 레인	5번 레인
	을	병	갑	정	무
첫 번째 구간	자유형	접영	배영	접영	평영
두 번째 구간	접영	배영	자유형	평영	접영
세 번째 구간	평영	자유형	평영	자유형	배영
네 번째 구간	배영	평영	접영	배영	자유형

23. ①

할인내역을 정리하면

○ A 신용카드
- 교통비 20,000원
- 외식비 2,500원
- 학원수강료 30,000원
- 연회비 15,000원

∴ 할인합계 37,500원

○ B 신용카드
- 교통비 10,000원
- 온라인 의류구입비 15,000원
- 도서구입비 9,000원

∴ 할인합계 30,000원

○ C 신용카드

- 교통비 10,000원
- 카페 지출액 5,000원
- 재래시장 식료품 구입비 5,000원
- 영화관람료 4,000원

∴ 할인합계 24,000원

24. ①

- 얼굴이 검붉은 사람은 육체적 고생을 한다고 하나 얼굴이 검붉은 사람이 편하게 사는 것을 보았다.
  → ㉠ 관상의 원리는 받아들일 만한 것이 아니다.
- 선입견이 있으면 관상의 원리를 받아들일 만하다.
- 사람의 인상이 평생에 걸쳐 고정되어 있다고 할 수 있는 경우에만 관상의 원리를 받아들일 만하다.
- 관상의 원리가 받아들일 만하지 않다면 관상의 원리에 대한 과학적 근거를 찾으려는 노력은 헛된 것이다.
  → ㉣ 관상의 원리에 대한 과학적 근거를 찾으려는 노력은 헛된 것이다.
- ㉤ 관상의 원리가 과학적 근거를 갖는다고 기대하는 사람들은 우리가 관상의 원리에 의존하면 삶의 위안을 얻을 것이라고 믿는다. → 관상의 원리에 대하여 과학적 근거가 있을 것이라고 기대하는 사람은 우리의 삶에 위안을 얻기 위해 관상의 원리에 의존한다고 믿는다.

25. ⑤

- 블랙은 이 열이 실제로 온도계에 변화를 주지 않기 때문에 이를 '잠열(潛熱)'이라 불렀다.
  → ㉠ A의 온도계로는 잠열을 직접 측정할 수 없었다.
- 눈이 녹는점에 있음에도 불구하고 많은 양의 뜨거운 물은 눈을 조금밖에 녹이지 못했다. 이는 잠열 때문이다.
  → ㉡ 얼음이 녹는점에 이르러도 완전히 녹지 않는 것은 잠열 때문이다.
- A에서는 얼음이 녹으면서 생긴 물과 녹고 있는 얼음의 온도가 녹는점에서 일정하게 유지되었는데 이 상태는 얼음이 완전히 녹을 때까지 지속되었다.
  → ㉢ A의 얼음이 완전히 물로 바뀔 때까지, A의 얼음물 온도는 일정하게 유지된다.

26. ④

乙 항공사의 경우 58kg까지 허용되며 戊 항공사의 경우 화물용 가방 2개의 총 무게가 20×2=40(kg), 기내 반입용 가방 1개의 최대 허용 무게가 16kg이므로 총 56kg까지 허용되어 乙 항공사와 戊 항공사도 이용이 가능하다.

① 기내 반입용 가방의 개수를 2개까지 허용하는 항공사는 甲, 丙 항공사밖에 없다.

② 155cm 2개는 화물용으로, 118cm 1개는 기내 반입용으로 운송 가능한 곳은 무항공사이다.

③ 乙 항공사는 총 허용 무게가 23+23+12=58(kg)이며, 丙 항공사는 20+12+12=44(kg)이다.

⑤ 2개를 기내에 반입할 수 있는 항공사는 甲 항공사와 丙 항공사이나 모두 12kg까지로 제한을 두고 있다.

27. ③

다른 기능은 고려하지 않는다고 했으므로 제시된 세 개 항목에만 가중치를 부여하여 점수화한다. 각 제품의 점수를 환산하여 총점을 구하면 다음과 같다.

구분	A	B	C	D
크기	153.2×76.1×7.6	154.4×76×7.8	154.4×75.8×6.9	139.2×68.5×8.9
무게	171g	181g	165g	150g
RAM	4GB	3GB	4GB	3GB
저장 공간	64GB	64GB	32GB	32GB
카메라	16Mp	16Mp	8Mp	16Mp
배터리	3,000mAh	3,000mAh	3,000mAh	3,000mAh
가격	653,000원	616,000원	599,000원	549,000원
가중치 부여	20×1.3+18×1.2+20×1.1=69.6	20×1.3+16×1.2+20×1.1=67.2	18×1.3+18×1.2+8×1.1=53.8	18×1.3+20×1.2+20×1.1=69.4

28. ⑤

방음벽의 효과를 높이기 위해서는 소음저감장치가 추가로 필요함을 밝히고 있으며, 대표적인 소음저감장치로서 흡음형과 간섭형을 각각 설명하고 있다.

29. ④

직장에서의 소개 예절

- 나이 어린 사람을 연장자에게 소개한다.
- 내가 속해 있는 회사의 관계자를 타 회사의 관계자에게 소개한다.
- 신참자를 고참자에게 소개한다.
- 동료임원을 고객, 손님에게 소개한다.
- 비임원을 임원에게 소개한다.
- 소개받는 사람의 별칭은 그 이름이 비즈니스에서 사용되는 것이 아니라면 사용하지 않는다.
- 반드시 성과 이름을 함께 말한다.
- 상대방이 항상 사용하는 경우라면, Dr. 또는 Ph.D. 등의 칭호를 함께 언급한다.
- 정부 고관의 직급명은 퇴직한 경우라도 항상 사용한다.
- 천천히 그리고 명확하게 말한다.
- 각각의 관심사와 최근의 성과에 대하여 간단한 언급을 한다.

30. ③

악수 예절

- 악수를 하는 동안에는 상대에게 집중하는 의미로 반드시 눈을 맞추고 미소를 짓는다.
- 악수를 할 때는 오른손을 사용하고, 너무 강하게 쥐어짜듯이 잡지 않는다.
- 악수는 힘 있게 해야 하지만 상대의 뼈를 부수듯이 손을 잡지 말아야 한다.
- 악수는 서로의 이름을 말하고 간단한 인사 몇 마디를 주고받는 정도의 시간 안에 끝내야 한다.

31. ②

전화걸기

- 전화를 걸기 전에 먼저 준비를 한다. 정보를 얻기 위해 전화를 하는 경우라면 얻고자 하는 내용을 미리 메모하도록 한다.
- 전화를 건 이유를 숙지하고 이와 관련하여 대화를 나눌 수 있도록 준비한다.
- 전화는 정상적인 업무가 이루어지고 있는 근무 시간에 걸도록 한다.
- 당신이 통화를 원하는 상대와 통화할 수 없을 경우에 대비하여 비서나 다른 사람에게 메시지를 남길 수 있도록 준비한다.
- 전화는 직접 걸도록 한다.
- 전화를 해달라는 메시지를 받았다면 가능한 한 48시간 안에 답해주도록 한다.

32. ④

악수는 반드시 오른손으로 해야 한다. 또한, 악수는 기본적으로 오른손으로 해야 하며, 거리에서 아는 사람을 만났다 하더라도 들고 있던 짐이나 또는 물건 등은 왼손으로 옮겨서 악수를 해야 함에 주의해야 한다.

33. ③

• 서부지사 : 영어 능통자 → 미국에 5년 동안 거주한 丁
　　대인관계 원만한 자 → 폭넓은 대인관계를 가진 乙
• 남부지사 : 논리 활용 프로그램 사용 적합자 → 컴퓨터 활용능력 2급 자격증을 보유하고 논리적 · 수학적 사고력이 우수한 丙
• 강남지사 : 홍보 관련 업무 적합자, 외향적 성격 소유자 → 광고학을 전공하고 융통성 있는 사고를 하는 戊, 서비스업 관련 아르바이트 경험이 많은 甲

따라서 보기 ③과 같은 인력 배치가 자질과 능력에 따른 적재적소에 인력을 배치한 것이 된다.

34. ②

6월 초에는 4월 재고분과 5월 입고분이 함께 창고에 있게 된다. 따라서 수량은 SS 품목이 4,295장으로 2,385장인 FW 품목보다 많지만, 재고 금액은 FW 품목이 더 큰 것을 알 수 있다.

① 각각 380, 195, 210장이 입고되어 모두 SS 품목의 수량보다 많다.
③ SS와 FW 모두 Apparel, Footwear, Equipment의 순으로 평균 단가가 높다.
④ 재고와 입고 수량 간의 비례 또는 반비례 관계가 성립하지 않으므로 입고 수량이 많거나 적은 것이 재고 수량의 많고 적음에 의해 결정된 것이 아님을 알 수 있다.
⑤ 4월 재고분과 5월 입고분 모두 전 품목에서 FW의 평균 단가가 SS보다 더 높은 것을 알 수 있다.

35. ④

직접비에는 인건비, 재료비, 원료와 장비비, 여행(출장) 및 잡비, 시설비 등이 포함되며, 간접비에는 보험료, 건물관리비, 광고비, 통신비, 사무비품비, 각종 공과금 등이 포함된다. 이에 따라 제시된 예산 집행 및 배정 현황을 직접비와 간접비를 구분하여 다음과 같이 나누어 볼 수 있다.

항목	2분기		3분기	
	직접비	간접비	직접비	간접비
직원급여	200,850,000		195,000,000	
상여금	6,700,000		5,700,000	
보험료		1,850,000		1,850,000
세금과 공과금		1,500,000		1,350,000
수도광열비		750,000		800,000
잡비	1,000,000		1,250,000	
사무용품비		230,000		180,000
출장여비 및 교통비	7,650,000		5,350,000	
퇴직급여충당금	15,300,000		13,500,000	
통신비		460,000		620,000
광고선전비		530,000		770,000
합계	231,500,000	5,320,000	220,800,000	5,570,000

따라서 2분기보다 3분기에 직접비의 배정 금액은 더 감소하였으며, 간접비의 배정 금액은 더 증가하였음을 알 수 있다.

⑤ 인건비를 구성하는 항목인 직원급여, 상여금, 퇴직급여충당금이 모두 감소하였으므로 이것이 직접비 배정액 감소의 가장 큰 요인이라고 볼 수 있다.

36. ④

대외거래 결과, 예금취급기관의 대외자산은 수출대금이 100달러, 뱅크론이 50달러 늘어났으나, 수입대금으로 50달러, 차입금상환으로 20달러를 매도함으로써 총 80달러가 늘어나게 되어 총 대외수지는 80달러 흑자가 된 경우이다.

37. ⑤

보기 ⑤의 패스워드는 권장규칙에 어긋나는 패턴이 없으므로 가장 적절하다고 볼 수 있다.

① CVBN은 키보드 상에서 연속한 위치에 존재하는 문자들의 집합이다.

② 숫자가 제일 앞이나 제일 뒤에 오며 연속되어 나타나는 패스워드이다.

③ 영단어 'school'과 숫자 567890이 교차되어 나타나는 패턴의 패스워드이다.

④ 'BOOK'라는 흔한 영단어의 'O'를 숫자 '0'으로 바꾼 경우에 해당된다.

38. ⑤

임대료는 선불 계산이므로 이번 달 임대료인 (540,000+350,000)×1.1=979,000(원)은 이미 지불한 것으로 볼 수 있다. 오늘까지의 이번 달 사무실 사용일이 10일이므로 사용하지 않은 임대기간인 20일에 대한 금액인 $979,000 \times \frac{2}{3} = 652,667$(원)을 돌려받아야 한다. 또한 부가세를 포함하지 않은 1개월 치 임대료인 보증금 540,000+350,000=890,000(원)도 돌려받아야 하므로, 총 652,667+890,000=1,542,667(원)을 사무실 주인으로부터 돌려받아야 한다.

39. ①

국제 유가가 상승하면 대체 에너지인 바이오 에탄올의 수요가 늘면서 이것의 원료인 옥수수의 수요가 늘어 옥수수 가격은 상승한다. 옥수수 가격의 상승에 대응하여 농부들은 다른 작물의 경작지를 옥수수 경작지로 바꿀 것이다. 결국 밀을 포함한 다른 농작물은 공급이 줄어 가격이 상승하게 된다(이와 같은 이유로 유가가 상승할 때 국제 농산물 가격도 상승하였다). 밀 가격의 상승은 이를 주원료로 하는 라면의 생산비용을 높여 라면 가격이 상승한다.

40. ④

㈎ 토목공사이므로 150억 원 이상 규모인 경우에 안전관리자를 선임해야 하므로 별도의 안전관리자를 선임하지 않은 것은 잘못된 조치로 볼 수 없다.

㈏ 일반공사로서 120억 원 이상 800억 원 미만의 규모이므로 안전관리자를 1명 선임해야 하며, 자격증이 없는 산업안전 관련학과 전공자도 안전관리자의 자격에 부합되므로 적절한 선임 조치로 볼 수 있다.

㈐ 1,500억 원 규모의 공사이므로 800억 원을 초과하였으며, 매 700억 원 증가 시마다 1명의 안전관리자가 추가되어야 하므로 모두 3명의 안전관리자를 두어야 한다. 또한, 전체 공사 기간의 앞뒤 15%의 기간에는 건설안전기사, 건설안전산업기사, 건설업 안전관리자 경험자 중 건설업 안전관리자 경력이 3년 이상인 사람 1명이 포함되어야 한다. 그런데 C공사에서 선임한 3명은 모두 이에 해당되지 않는다. 따라서 법에 정해진 규정을 준수하지 못한 경우에 해당된다.

㈑ 1,600억 원 규모이므로 3명의 안전관리자가 필요한 공사이다. 1년 차에 100억 원 규모의 공사가 진행된다면 총 공사 금액의 5%인 80억 원을 초과하므로 1명을 줄여서 선임할 수 있는 기준에 충족되지 못하므로 3명을 선임하여야 하는 경우가 된다.

한국사

1	⑤	2	③	3	①	4	②	5	③	6	①	7	④	8	②	9	①	10	⑤
11	③	12	①	13	②	14	③	15	⑤	16	⑤	17	①	18	③	19	①	20	②

1. ⑤

제시된 사상은 영혼불멸사상과 샤머니즘으로 신석기시대의 신앙의 형태이다.
①④ 청동기
②③ 구석기

2. ③

㈎는 구석기 시대이다. 함경북도 구석기 시대 유적지로는 동과진, 굴포리가 있으며 거주지는 주로 강가의 막집이나 동굴을 이용하였다. 무리를 지어 이동하며 사냥이나 물고기잡이, 채집 등을 통해 경제생활을 영위했다. 구석기 시대를 대표하는 도구로는 뗀석기가 있다.
① 청동기 시대
②④⑤ 신석기 시대

3. ①

① 군역 부담을 줄이기 위하여 균역법을 시행한 것은 영조의 치적이다.
※ 정조의 개혁정치
㉠ 규장각의 육성
㉡ 초계문신제의 시행
㉢ 장용영의 설치
㉣ 수원 육성
㉤ 수령의 권한 강화
㉥ 서얼과 노비의 차별을 완화
㉦ 통공정책으로 금난전권을 폐지
㉧ 대전통편, 동문휘고, 탁지지 등을 편찬

4. ②

㈏ 서희(942~998)는 거란의 침입(993) 때 활약했던 인물이다.
㈎ 윤관(1040~1111)은 1107년 20만 대군을 이끌고 여진을 정복하고 고려의 동북 9성을 설치하여 고려의 영토를 확장시킨 인물이다.
㈐ 유승단(1168~1232)은 1232년 최우가 재추회의를 소집하여 강화도로 천도를 논의할 때 반대했던 인물이다.

5. ③

신진사대부 … 권문세족에 도전하는 고려 후기의 새로운 사회세력으로, 유교적 소양이 높고 행정실무에도 밝은 학자 출신의 관료이다.

6. ①

고려의 대외관계 주요 사건 순서
서희의 외교담판 → 귀주대첩 → 천리장성 축조 → 별무반 편성 → 동북 9성 축조 → 몽골 침입 → 강화도 천도 → 삼별초 항쟁 → 쌍성총관부 수복

7. ④

서문은 영조시대 백성에게 큰 부담이 된 군포제도를 개혁한 균역법에 대한 설명이다. 1730년을 전후하여 서울인구가 급증하고 겨울용 땔감의 사용량이 증가하면서 서울 주변 산이 헐벗게 되고 이로 인하여 청계천에 토사가 퇴적되어 청계천이 범람하는 사건이 발생하였고, 도성의 중앙을 흐르는 청계천을 준설하는 준천사업을 추진하였다.

8. ②

경덕왕 때 귀족의 반발로 녹읍제가 부활되어 국가경제가 어렵게 되었다.

9. ①

초기에는 기술이 뛰어난 노비에게 국가가 필요로 하는 물품을 생산하게 하였으나, 국가체제가 정비되면서 수공업 제품을 생산하는 관청을 두고 수공업자를 배치하여 물품을 생산하였다.

10. ⑤

귀족들의 화폐 사용은 저조하였다.

11. ③

해의 대외 무역에 있어 가장 비중이 큰 나라는 당이었다. 발해 건국 초기에는 일본과 교류하며 신라를 견제하고자 하였다. 하지만 이후 발해는 신라도를 통해 신라와 교류하였다.

12. ①

① 고구려 ② 옥저 ③ 동예 ④ 고조선 ⑤ 삼한

13. ②

①③④⑤ 조선 후기의 상업 활동에 대한 설명이다.

※ 조선 전기의 상업 활동

㉠ 통제 경제와 시장 경제를 혼합한 형태로 장시의 전국적 확산과 대외무역에서 사무역이 발달하였다.

㉡ 지주제의 발달, 군역의 포납화, 농민층의 분화와 상인 증가, 방납의 성행 등으로 장시와 장문이 발달하게 되었다.

㉢ 시정세, 궁중과 부중의 관수품조달 등의 국역을 담당하는 대가로 90여종의 전문적인 특정 상품에 대한 독점적 특권을 차지한 어용상인인 시전이 발달하였다.

㉣ 5일 마다 열리는 장시에서 농산물, 수공업제품, 수산물, 약제 같은 것을 종 · 횡적으로 유통시키는 보부상이 등장하였다.

14. ③

조선 후기에 이르러 경제상황의 변동으로 부를 축적한 상민들이 신분을 매매하여 양반이 되는 등 신분제의 동요가 발생하였다.

15. ⑤

㉠ 제시된 글은 노론 내부에서 펼쳐진 호락논쟁으로 서울지역의 인물성동론은 북학파에, 충청지역의 인물성이론은 위정척사에 영향을 주었다(18세기).

㉡ 예송 논쟁이란 예법에 대한 송사와 논쟁으로 제1차는 1659년에 기해예송, 제2차는 1674년 갑인예송으로 나타났다(17세기).

㉢ 이황은 주리론의 입장에서 학문의 본원적 연구에 치중하였고, 이이는 주기론의 입장에서 현실세계의 개혁에 깊이 관여하였다. 그러나 두 학파 모두 도덕세계의 구현이라는 점에서는 입장이 같다(16세기).

16. ⑤

전라도 삼례집회에서는 교주 최제우의 명예회복 및 동학 박해의 중지를 요구하였다.

17. ①

① 김구는 「삼천만 동포에게 읍고함」이란 글을 통해 통일 정부 수립을 위한 남북 협상을 추진하였다.

② 한국 민주당은 처음에는 조선인민공화국의 타도와 충칭의 대한민국임시정부를 우리의 정부로 맞아들이겠다는 것을 당면한 대방침으로 삼고 임시정부 환국 후에도 그것으로 일관하였으나 1946년 제1차 미 · 소공동위원회가 결렬되는 무렵부터 이승만의 남한단독정부 수립운동에 동조하여 김구의 임시정부와 정치노선을 달리하게 되었다.

③ 독립 촉성 중앙 협의회는 1945년 10월 23일 이승만을 중심으로 좌 · 우익을 망라한 민족통일기관 형성을 위해 조직된 정치단체이다.

④ 조선 건국 준비 위원회를 조직하고 위원장으로 활동한 사람은 여운형이다.

⑤ 토지개혁으로 유상몰수 · 유상분배를 시행한 것은 이승만이다.

18. ③

부 설치 후 일제는 1907년 8월 23일에 간도용정에 간도통감부 출장소를 설치하고, 간도는 조선의 영토이며 출장소를 설치한 것은 간도조선인을 보호하기 위한 것이라 천명하고 청과 외교교섭을 시작했다.

19. ①

'브나로드'는 '민중 속으로'라는 러시아 말에서 유래된 것으로 일제강점기에 동아일보사가 주축이 되어 전국적 문맹퇴치운동으로 전개되었다. 브나로드 운동은 문자교육과 계몽활동(미신 타파, 구습 제거, 근검절약 등)을 병행한 대표적인 농촌계몽운동이다.

20. ②

㉠ 한국광복군은 1940년 중국 충칭에서 조직되었다.

㉡ 대한광복군정부는 1914년 러시아 블라디보스토크에 세워졌던 망명 정부이다.

㉢ 봉오동 전투는 1920년 6월 7일 만주 봉오동에서 홍범도의 독립군 연합 부대가 일본 정규군을 대패시킨 전투이다.

㉣ 영릉가 전투는 1932년 4월 남만주 일대에서 활동하던 조선혁명군과 중국 의용군이 중국 요령성 신빈현 영릉가에서 일본 관동군과 만주국군을 물리친 전투이다.

제 03 회 정답 및 해설

직업능력

1	⑤	2	⑤	3	①	4	⑤	5	⑤	6	⑤	7	①	8	③	9	④	10	①
11	②	12	④	13	④	14	④	15	③	16	②	17	①	18	⑤	19	④	20	①
21	③	22	②	23	④	24	②	25	④	26	④	27	④	28	③	29	③	30	③
31	⑤	32	②	33	⑤	34	②	35	⑤	36	④	37	③	38	④	39	④	40	④

1. ⑤

일반적으로 기자들을 상대하는 업무는 홍보실, 사장의 동선 및 일정 관리는 비서실, 퇴직 및 퇴직금 관련 업무는 인사부, 사원증 제작은 총무부에서 관장하는 업무로 분류된다.

2. ⑤

집단의사결정은 한 사람이 가진 지식보다 집단이 가지고 있는 지식과 정보가 더 많아 효과적인 결정을 할 수 있다. 또한 다양한 집단구성원이 갖고 있는 능력은 각기 다르므로 각자 다른 시각으로 문제를 바라봄에 따라 다양한 견해를 가지고 접근할 수 있다. 집단의사결정을 할 경우 결정된 사항에 대하여 의사결정에 참여한 사람들이 해결책을 수월하게 수용하고, 의사소통의 기회도 향상되는 장점이 있다. 반면에 의견이 불일치하는 경우 의사결정을 내리는 데 시간이 많이 소요되며, 특정 구성원에 의해 의사결정이 독점될 가능성이 있다.

3. ①

100만 원을 초과하는 금액을 법인카드로 결제할 경우, 대표이사를 최종결재권자로 하는 법인카드신청서를 작성해야 한다. 따라서 문서의 제목은 법인카드신청서가 되며, 대표이사가 최종결재권자이므로 결재란에 '전결' 또는 상향대각선 등 별다른 표기 없이 작성하면 된다.

정답 문항 수 : /60개
회 독 수 : ○○○○○

4. ⑤

50만 원 이하의 출장비신청서가 필요한 경우이므로 전결규정에 의해 본부장을 최종 결재권자로 하는 출장비신청서가 필요하다. 따라서 본부장 결재란에는 '전결'이라고 표시하고 최종 결재권자란에 본부장이 결재를 하게 된다.

5. ⑤

글로벌 경쟁력을 강화하고 청년실업률 완화에 기여하는 것이 사업목표이므로, 기대해 볼 수 있다.

6. ⑤

⑤의 '가급적'은 '할 수 있는 대로'의 뜻으로 문맥에 맞지 않기 때문에 '오히려'가 더 적절한 표현이다.
② '검은 색 옷을 입는다'와 '흰색 옷'을 비교할 수 없으므로 '흰색 옷을 입는다'와 비교하여야 한다.
③ '그런데'는 문맥의 흐름상 '그리고'로 수정해야 한다.
④ '공기의 순환은'이 주어이고 '돌다'가 서술어인데, 둘 사이의 호응이 자연스럽지 못하므로 주어를 '공기가'로 고쳐야 한다.

7. ①

1월 10일 월요일 (서울에서 뉴욕)

오전 9:00 JFK 공항행 OZ902편으로 인천 공항에서 출발
오전 9:25 JFK 공항 도착
오후 1:00 Garden Grill에서 ACF Corporation 사장 Roger Harpers와 미팅
오후 7:00 Stewart's Restaurant에서 American Business System 고문 Joyce Pitt와 저녁식사 미팅

1월 11일 화요일 (뉴욕)

오전 9:30 City Conference Center에서 열리는 National Office Systems Conference에서 프레젠테이션 "사무환경-네트워킹"
오후 12:00 Oakdale City Club에서 Wilson Automation, Inc. 부사장 Raymond Bernard와 오찬

8. ③

③ 해독 불능 암호로 평가받은 것은 16세기 프랑스의 비지넬이 고안한 비지넬 암호이다.

9. ④

④ 감각에 의하여 획득한 현상이 마음 속에서 재생된 것.
① 적군과 아군을 분간할 수 없는 야간에 아군 여부를 확인하기 위하여 정하여 놓은 말
② 몸짓이나 눈짓 따위로 어떤 의사를 전달하는 일. 또는 그런 동작.
③ 특정한 시스템에 로그인을 할 때에 사용자의 신원을 확인하기 위하여 입력하는 문자열
⑤ 한 단어나 어구에 있는 단어 철자들의 순서를 바꾸어 원래의 의미와 논리적인 연관에 있는 다른 단어 또는 어구를 만드는 일

10. ①

보기의 약속을 보면 모든 암호문은 전달하고자 하는 본래 문자의 두 번째 뒤의 문자로 바꿔 기록한다고 되어 있으므로 이를 표로 나타내면 다음과 같다.

본래 문자	ㄱ	ㄴ	ㄷ	ㄹ	ㅁ	ㅂ	ㅅ	ㅇ	ㅈ	ㅊ	ㅋ	ㅌ	ㅍ	ㅎ	ㅏ	ㅑ	ㅓ	ㅕ	ㅗ	ㅛ	ㅜ	ㅠ	ㅡ	ㅣ
↓	↓	↓	↓	↓	↓	↓	↓	↓	↓	↓	↓	↓	↓	↓	↓	↓	↓	↓	↓	↓	↓	↓	↓	↓
기록 문자	ㄷ	ㄹ	ㅁ	ㅂ	ㅅ	ㅇ	ㅈ	ㅊ	ㅋ	ㅌ	ㅍ	ㅎ	ㄱ	ㄴ	ㅓ	ㅕ	ㅗ	ㅛ	ㅜ	ㅠ	ㅡ	ㅣ	ㅏ	ㅑ

따라서 암호문의 본래 의미는 '집으로 가고 싶다.'로 ①이 정답이다.

11. ②

LID에 대한 설명을 주 내용으로 하는 글이므로 용어의 소개와 주요 국가별 기술 적용 방식을 언급하고 있는 (나) 단락이 가장 먼저 놓여야 할 것이다. 국가별 간략한 소개에 이어 (가)에서와 같이 우리나라의 LID 기법 적용 사례를 소개하는 것이 자연스러운 소개의 방식으로 볼 수 있다. (다)와 (라)에서는 논지가 전환되며 앞서 제시된 LID 기법에 대한 활용 방안에 대하여 소개하고 있는 바, (라)에서 시급히 보완해야 할 문제점이 제시되며 한국 그린인프라 · 저영향 개발 센터를 소개하였고, 이곳에서의 활동 내역과 계획을 (다)에서 구체적으로 제시하고 있다. 따라서 (나) – (가) – (라) – (다)의 순서가 가장 자연스러운 문맥의 흐름으로 볼 수 있다.

12. ④

㉠ 증진 ㉣ 확산

13. ④

• 갑=(145×3)+(72×4)=723
• 을=(170×3×0.8)+(72×4×1.2)=753.6
• 병=(110×3)+(60×5×1.2)=690
• 정=(100×4×0.8)+(45×6)=590
• 무=(75×5)+(35×6×1.2)=627

14. ④

$$\text{교육비 증가율} = \frac{\text{해당연도 교육비} - \text{전년도 교육비}}{\text{전년도 교육비}} \times 100$$

① 2018년 대비 2019년도의 전체 교육비 증가율은 0.13, 2019년 대비 2020년도의 전체 교육비 증가율은 0.09이다. 따라서 전체교육비의 전년대비 증가율이 하락했다.
② 기타 교육비/전체 교육비를 계산해보면 가장 높은 연도는 2021년도이다.
③ 2021년도 중등교육비는 전년도보다 줄었다.
④ 2020년 학원 교육비 전년대비 증가율은 0.04이고, 2019년 증가율은 0.16이다.
⑤ 2019년도 고등교육비는 정규교육비의 57%이다.

15. ③

기타(무직 등)의 경우, (29,323−26,475)÷26,475×100=10.8(%)로 가장 높은 증가율을 보이는 종사상 지위임을 알 수 있다.
① 임시 · 일용근로자의 평균 가구당 순자산 보유액을 통하여 이들의 연령대를 파악할 수는 없다.
② 50대는 39,419−37,026=2,393(만 원) 증가한 반면, 40대는 이보다 큰 34,426−31,246= 3,180(만 원)이 증가하였다.
④ (34,042−31,572)÷31,572×100=7.8(%)가 되어 10%를 넘지 않는다.
⑤ 전체 순자산 보유액, 자영업자 전체의 순자산 보유액 등의 자료가 제시되어 있지 않으므로 알 수 없는 내용이다. 주어진 자료는 평균 순자산 보유액을 나타내고 있으며, 해당 종사자가 몇 명인지를 알 수는 없다.

16. ②

금융보험업의 경우는 52÷327×100=15.9(%)이며, 전기가스업은 9÷59×100=15.3(%)이다.
① 각 업종의 기업이 어떤 분야의 4차 산업 기술을 활용하고 있는지를 알 근거는 없다.
③ 1,014개로 제시되어 있으며, 1,993개와의 차이는 복수응답에 의한 차이이다.
④ 5G 모바일, 빅데이터, 클라우드이다.
⑤ 부동산업이 3÷246×100=1.2(%)로 가장 낮은 비중을 보이며, 운수 · 창고업은 22÷715×100=3.1(%)이다.

17. ①

- A가 지급받는 탄소 포인트=0+2,500+5,000=7,500
- B가 지급받는 탄소 포인트=10,000+2,500+5,000=17,500
- C가 지급받는 탄소 포인트=10,000+1,250+5,000=16,250
- D가 지급받는 탄소 포인트=5,000+2,500+2,500=10,000

18. ⑤

㉠ ㈎ : 774, ㈏ : 737
㉡ E지방법원의 실질출석률=약 27%, C지방법원의 실질출석률=약 26%
㉢ D지방법원의 출석률=약 30%
㉣ A~E지방법원 전체 소환인원에서 A지방법원의 소환인원이 차지하는 비율=약 38%

19. ④

④ 1930년에 비해 1931년에 소작쟁의 발생건수가 증가한 지역은 충청도 한 곳 뿐이다.

20. ①

① 1930년 : $\frac{13,011}{726}=17.92$

② 1933년 : $\frac{10,337}{1,977}=5.22$

③ 1934년 : $\frac{22,454}{7,544}=2.97$

④ 1935년 : $\frac{59,019}{25,834}=2.28$

⑤ 1936년 : $\frac{72,453}{29,948}=2.42$

21. ③

연가는 재직기간에 따라 3 ~ 21일로 휴가 일수가 달라지며, 수업휴가 역시 연가일수를 초과하는 출석수업 일수가 되므로 재직기간에 따라 휴가 일수가 달라진다. 장기재직 특별휴가 역시 재직기간에 따라 달리 적용된다.
① 언급된 2가지 휴가는 출산한 여성이 사용하는 휴가이다.

② 자녀돌봄 휴가는 자녀가 고등학생인 경우까지 해당되므로 15세 이상 자녀가 있는 경우에도 자녀돌봄 휴가를 사용할 수 있게 된다.

④ '직접 필요한 시간'이라고 규정되어 있으므로 고정된 시간이 없는 것이 된다.

⑤ 10 ~ 19년, 20 ~ 29년, 30년 이상 재직자가 10 ~ 20일의 휴가일수를 사용하게 되므로 최대 20일이 된다.

22. ②

㉠ A와 C는 취미가 운동이기 때문에 반드시 수출 업무를 좋아하는 B와 함께 TF팀이 구성되어야 함을 알 수 있다.

㉡ A, B, D는 짝수 연차이므로 홀수 인원으로 TF팀이 구성될 수 없다.

㉢ A, B는 남직원이므로 둘만으로 TF팀이 구성될 수 없다.

따라서 정답은 ②이다.

23. ③

팀장별 순위에 대한 가중치는 모두 동일하다고 했으므로 1 ~ 4순위까지를 각각 4, 3, 2, 1점씩 부여하여 점수를 산정해 보면 다음과 같다.

갑 : 2+4+1+2=9

을 : 4+3+4+1=12

병 : 1+1+3+4=9

정 : 3+2+2+3=10

이에 따라 〈보기〉의 설명을 살펴보면 다음과 같다.

㉠ '을' 또는 '정' 중 한 명이 입사를 포기하면 '갑'과 '병'이 동점자이나 A팀장이 부여한 순위가 높은 '갑'이 채용되게 된다.

㉡ A팀장이 '을'과 '정'의 순위를 바꿨다면, 네 명의 순위에 따른 점수는 다음과 같아지므로 바뀌기 전과 동일하게 '을'과 '정'이 채용된다.

갑 : 2+4+1+2=9

을 : 3+3+4+1=11

병 : 1+1+3+4=9

정 : 4+2+2+3=11

㉢ 네 명의 순위에 따른 점수는 다음과 같아지므로 '정'은 채용되지 못한다.

갑 : 2+1+1+2=6

을 : 4+3+4+1=12

병 : 1+4+3+4=12

정 : 3+2+2+3=10

24. ②

텔레비전 속에서 보이는 폭력이 아동과 청소년의 범죄행위를 유발시킬 가능성이 크다는 연구결과로 보아 ②가 직접적 근거가 될 수 있다.

25. ④

자기 공명 방식의 효율을 높이는 방법은 위 글에 나타나 있지 않다.

26. ④

- A에서 丁이 1등을 했다는 게 참이고, 丙이 3등을 했다는 게 거짓이라면, B에서 乙이가 2등 했다는 것은 참이고, 丁이 3등 했다는 것은 거짓이 된다. 또한 C에서 甲이가 1등이 된다는 것은 참이 되고, 乙이 4등이 된다는 것은 거짓이 된다. 하지만 1등이 丁과 甲이 되므로 모순이 된다. 따라서 A에서 丁이 1등을 했다는 게 거짓이고, 丙이 3등을 했다는 게 참이 된다.
- B에서 乙이 2등 했다는 게 참이 되고, 丁이 3등이라는 게 거짓, C에서 乙이 4등이라는 게 거짓, 甲이 1등이라는 게 참이 되므로 1등 甲, 2등 乙, 3등 丙, 4등 丁 순이다.

27. ④

④ 하나의 전략만으로 2번의 대결에서 모두 패배할 확률이 가장 낮은, 승리 전략의 여사건은 A(40, 50), B(30, 70), C(10, 60)이므로 각 전략의 패배율을 곱한 수가 가장 작은 C전략을 사용해야 한다.

① 총 3번의 대결을 하면서 승리할 확률이 가장 높은 전략부터 사용할 시 C → B → A전략 순으로 사용하게 되므로 세 가지 전략을 모두 사용한다.

② 甲이 오직 하나의 전략을 사용하여 승리할 확률을 구하면 각 전략의 1회 ~ 3회의 승률을 모두 곱한 값이 가장 큰 것을 구하면 된다. 따라서 A전략을 사용해야 한다.

③ 4번의 대결을 하면서 승리할 확률이 높은 전략부터 사용하면 4번째 대결에서 A전략을 사용해야 한다.

⑤ 甲이 6번의 대결을 하면서 승률이 가장 높은 전략을 순서대로 사용한다면 C → B → A → A → C → A 순으로 사용하므로 B전략은 1회 사용된다.

28. ③

주어진 평가 방법에 의해 각 팀별 총점을 산출해 보면 다음과 같다.

평가 항목(가중치)	A팀	B팀	C팀	D팀
팀 성적(0.3)	65	80	75	85
연간 경기 횟수(0.2)	90	95	85	90
사회공헌활동(0.3)	95	75	85	80
지역 인지도(0.2)	95	85	95	85
총점	84.5+108+123.5+114=430(점)	104+114+97.5+102=417.5(점)	97.5+102+110.5+114=424(점)	110.5+108+104+102=424.5(점)

따라서 총점은 A – D – C – B 순이다.

㉠ 내년에는 A팀과 D팀이 매주 일요일 시립 야구장을 사용하게 된다.

㉢ 상위 3개 팀에게만 주어지는 자격이므로 올바른 설명이다.

㉡㉣ 다음 표에서와 같이 총점이 달라지므로 ㉣만 올바른 설명이 된다.

〈팀 성적과 연간 경기 횟수 가중치 상호 변경〉

평가 항목(가중치)	A팀	B팀	C팀	D팀
팀 성적(0.3)	65	80	75	85
연간 경기 횟수(0.2)	90	95	85	90
사회공헌활동(0.3)	95	75	85	80
지역 인지도(0.2)	95	85	95	85
총점	78+117+123.5+114=432.5(점)	96+123.5+97.5+102=419(점)	90+110.5+110.5+114=425(점)	102+117+104+102=425(점)

지원금이 삭감되는 4위는 B팀으로 바뀌지 않는다.

〈지역 인지도 점수가 모두 동일할 경우〉

평가 항목(가중치)	A팀	B팀	C팀	D팀
팀 성적(0.3)	65	80	75	85
연간 경기 횟수(0.2)	90	95	85	90
사회공헌활동(0.3)	95	75	85	80
지역 인지도(0.2)	95	85	95	85
총점	84.5+108+123.5=316(점)	104+114+97.5=315.5(점)	97.5+102+110.5=310(점)	110.5+108+104=322.5(점)

네 개 팀의 총점은 D – A – B – C 순으로 4개 팀의 순위가 모두 바뀌게 된다.

29. ③

타협하거나 부정직을 눈감아 주지 말아야 한다.

30. ③

① **소명의식** : 자신이 맡은 일은 하늘에 의해 맡겨진 일이라고 생각하는 태도
② **직분의식** : 자신이 하고 있는 일이 사회나 기업을 위해 중요한 역할을 하고 있다고 믿고 자신의 활동을 수행하는 태도
③ **천직의식** : 자신의 일이 자신의 능력과 적성에 꼭 맞는다 여기고 그 일에 열성을 가지고 성실히 임하는 태도
④ **봉사의식** : 직업 활동을 통해 다른 사람과 공동체에 대해 봉사하는 정신을 갖추고 실천하는 태도

31. ⑤

아무리 빠른 정보화 사회이고 업무 효율성을 높인다 하더라도 상사에게 주요 내용을 보고할 시에는 직접 찾아가서 보고하는 것이 좋다. 더불어 상사의 입장에서는 부하 직원이 예의 없어 보일 수도 있다.

32. ②

사전에 초대받지 않은 사람과의 동행은 매너에 어긋나는 행동이 된다.

33. ⑤

- 첫 번째는 직계존속으로부터 증여받은 경우로, 10년 이내의 증여재산가액을 합한 금액에서 5,000만 원만 공제하게 된다.
- 두 번째 역시 직계존속으로부터 증여받은 경우로, 아버지로부터 증여받은 재산가액과 어머니로부터 증여받은 재산가액의 합계액에서 5,000만 원을 공제하게 된다.
- 세 번째는 직계존속과 기타친족으로부터 증여받은 경우로, 아버지로부터 증여받은 재산가액에서 5,000만 원을, 삼촌으로부터 증여받은 재산가액에서 1,000만 원을 공제하게 된다.

따라서 세 가지 경우의 증여재산 공제액의 합은 5,000+5,000+6,000=1억 6천(만 원)이 된다.

34. ②

주어진 자료를 근거로, 다음과 같은 계산 과정을 거쳐 증여세액이 산출될 수 있다.

• 증여재산 공제 : 5천만 원

• 과세표준 : 1억 7천만 원 − 5천만 원 = 1억 2천만 원

• 산출세액 : 1억 2천만 원 × 20% − 1천만 원 = 1,400만 원

∴ 납부할 세액 : 1,400만 원 × 93% = 1,302만 원(∵ 자진신고 시 산출세액의 7% 공제)

35. ⑤

자원을 적절하게 관리하기 위해서 거쳐야 하는 4단계의 자원관리 과정과 순서는 다음과 같다.

어떤 자원이 얼마나 필요한지를 확인하기 → 이용 가능한 자원을 수집(확보)하기 → 자원 활용 계획 세우기 → 계획에 따라 수행하기

따라서 각 단계를 설명하고 있는 내용은 ㈑ − ㈐ − ㈏ − ㈎의 순이 된다.

36. ④

물품출납 및 운영카드를 활용하면 보유하고 있는 물품의 상태 및 활용이 쉽고, 물품의 상태를 지속해서 점검함으로써 효과적으로 관리할 수 있으며, 보유하고 있는 물품의 종류 및 양을 확인함으로써 활용하는 참고할 수 있다. 그리고 분실의 위험을 줄일 수 있다는 장점이 있다. 하지만 운영카드를 활용하면 수기로 작성하여야 하므로 번거롭고 일이 많아진다는 단점이 있다. 반면 물품관리 프로그램을 이용할 경우 자료를 쉽고 빠르게 입력할 수 있다는 장점이 있다.

37. ③

㈎ 수당 시작 전에는 전액 환급이 된다.

㈏ 수강료 징수기간이 3개월이고 절반을 수강하였다면 첫째, 둘째 달에 대한 수강료는 환급이 안 되며, 마지막 달의 수강료가 환급된다.

㈐ 센터의 사유로 인해 수강이 중단된 경우에는 중단일 이후 잔여기간에 대한 수강료가 환급된다.

㈑ 월 4회 강좌를 2회 수강한 것이므로 잔여일수 기준이 아닌 '반환사유가 발생한 날까지 경과된 수강시간을 기준'으로 한다는 규정에 의해 1/2이 경과한 것으로 간주된다.

38. ④

규정에 의해 다음과 같이 계산할 수 있다.

① 수강료 징수기간이 1개월을 초과하는 경우이므로 마지막 달의 수강료 5만 원이 환급된다.

② 수강료 징수기간이 1개월을 초과하는 경우이므로 마지막 달의 수강료 약 7만 원 가까이가 환급된다.

③ 첫째와 둘째 달의 수강료는 환급이 안 되며, 셋째 달은 총 수강시간의 1/3 경과 전이므로 월 금액의 2/3이 환급된다. 따라서 월 평균금액인 9만 원의 2/3인 6만 원이 환급된다.

④ 월 평균금액이 8만 원이며 둘째 달의 1/2를 수강한 것이 된다. 따라서 둘째 달까지 수강을 완료한 것으로 간주되며, 나머지 두 달의 수강료인 16만 원이 환급된다.

⑤ 총 수강시간의 1/3 경과 전이므로 수강료의 2/3인 14만 원이 환급된다.

39. ④

우선순위를 정하는 시간 관리 및 예산관리 매트릭스 등 도구는 일의 양과 질이 아니라, 일의 중요성과 시급성이라는 두 가지 척도를 가진다.

40. ④

계속근로연수 3년인 직원이므로 16일의 연차휴가가 발생되며, 반일 연차 6회 사용은 3일 연차 사용이 되므로 13일의 잔여 휴가 일수가 발생하게 된다.

① 계속근로연수가 1년 미만인 직원이 3일의 연차를 사용하였으므로 1년 후 받게 되는 15일 연차휴가에서 3일만큼을 공제하게 되어 12일의 연차휴가가 발생한다.

② 3년이 지난 후부터 매 2년마다 1일씩 추가되어 3년 후 16일, 5년 후 17일, 7년 후 18일의 연차휴가 일수가 발생한다. 8년 후에는 여전히 18일이 된다.

③ 서면 통보를 받은 잔여 휴가를 사용하지 않을 경우 연차수당이 지급되지 않으며, 1년이 지나면 소멸되므로 만일 서면 통보를 받지 못하였다면 소멸된 휴가에 대하여 연차수당을 받을 수 있는 것으로 판단할 수 있다.

⑤ 질병으로 인한 병가는 계속 출근한 것으로 인정되어 5년 차 17일 휴가가 소멸된다.

한국사

1	②	2	③	3	③	4	⑤	5	③	6	①	7	①	8	④	9	②	10	①
11	③	12	④	13	④	14	⑤	15	④	16	③	17	③	18	①	19	①	20	③

1. ②

- **공주 석장리 유적** : 공주시 석장리동에 있는 구석기 시대 유적으로 사적 제334호이다. 이곳은 1964년~2010년까지 13차례 발굴 조사된 곳으로 남한에서 최초로 발견된 최대 규모의 구석기 유적지이다. 이곳의 구석기 유적은 선사시대 전기, 중기, 후기의 다양한 문화층으로 형성되어 있으며 집터, 불에 탄 곡식낟알 등 주거지와 긁개, 찌르개, 주먹도끼 등의 도구가 여러 점 출토되어 선사문화 연구에 귀중한 자료가 되었다.
- **웅기 굴포리 유적** : 이곳은 해방 이후 한반도에서 최초로 발견(1963년)된 구석기 시대 유적지로 함경북도 웅기군 굴포리에 있다. 중기, 후기 구석기 시대 유적들로 이루어져 있으며 여기서 발견된 석기로는 찍개, 긁개, 뾰족개 등이 있다.

2. ③

삼한에서는 벼농사를 중심으로 한 농업이 발달하였으며, 저수지가 풍부하였다.

3. ③

신라 말기 진성여왕 대 발생한 원종과 애노의 난(889)이다. 신라 말기는 진골귀족 간의 왕위쟁탈전이 치열해지면서 지방에 대한 중앙통제력이 약화되고, 자연재해와 조세 수탈로 인한 백성들의 삶은 더욱 어려워져 원종과 애노의 난을 비롯한 민란이 각 지방에서 발생하였다. 당시 6두품 출신이었던 최치원은 당의 빈공과에 급제하였고 신라로 귀국 후 신라 사회 문제를 해결하기 위한 방안으로 '시무 10여조'를 진성여왕에게 건의하였다.

① **발해 멸망**(926) : 거란의 침입으로 멸망하였다.
② **국학 설치**(682) : 신라 신문왕 대에 설치되었다.
④ **청해진 설치**(828) : 신라 흥덕왕 대에 설치되었다.
⑤ **분황사 모전석탑**(634) : 신라 선덕여왕 대에 건립되었다.

4. ⑤

삼국통일 이후 신라의 9서당은 중앙군사조직에 신라인뿐만 아니라 고구려·백제인·말갈인 등 다른 국민까지 포함시켜 조직함으로써 다른 국민에 대한 우환을 경감시키고 중앙병력을 강화할 수 있었다. 그러나 가장 궁극적인 목적은 민족융합에 있었다고 할 수 있다.

5. ③

공민왕의 개혁정치 … 공민왕은 반원자주정책과 왕권 강화를 위하여 개혁정치를 펼쳤다. 친원세력을 숙청하고 정동행성을 폐지하였으며 관제를 복구하였다. 몽고풍을 금지하고 쌍성총관부를 수복하고 요동을 공격하였다. 그리고 정방을 폐지하고 전민변정도감을 설치하였으며 성균관을 설치하여 유학을 발달시키고 신진사대부를 등용하였다.

③ 정치도감을 통한 개혁정치는 충목왕이었다.

6. ①

제시된 내용은 원효에 대한 내용으로 원효는 정토신앙을 널리 전파시켜 불교의 대중화에 기여하였다.

7. ①

② ㉢시기에 북벌론이 주장되었다.

③ ㉡시기에 예송논쟁이 있었다.

④ 임진왜란 이전에 분화되었다.

⑤ ㉣시기에 서인이 집권하였다.

8. ④

④ 통일 이후 일본과의 교류를 제한하여 무역이 활발하지 못하였으며, 8세기 이후부터 다시 교역이 이루어졌다.

9. ②

② 고려는 국가에 봉사하는 대가로 관료에게 전지와 시지를 차등 있게 지급한 전시과와 개인 소유지인 민전을 토지제도의 기본으로 하였다.

10. ①

토지제도의 변천

- **통일신라시대 :** 전제왕권이 강화되면서 녹읍이 폐지되고 관료전이 지급(신문왕 7년, 687)되었다.
- **고려시대 :** 역분전(태조) → 시정전시과(경종) → 개정전시과(목종) → 경정전시과(문종) → 녹과전(원종) → 과전법(공양왕)의 순으로 토지제도가 변천되었다.
- **조선시대 :** ㉠ 과전법(공양왕) → ㉡ 직전법(세조) → ㉢ 관수관급제(성종) → ㉣ 직전법의 폐지, 녹봉제 시행(명종)과 지주제의 확산 등으로 이루어졌다.

11. ③

이인좌의 난은 1728년(영조 4)에 일어났고 규장각은 1776년(정조 즉위년)에 설치되었다.

③ 균역법은 영조 26년(1750)에 실시한 부세제도로 종래까지 군포 2필씩 징수하던 것을 1필로 감하고 그 세수의 감액분을 결미(結米) · 결전(結錢), 어(漁) · 염(鹽) · 선세(船稅), 병무군관포, 은 · 여결세, 이획 등으로 충당하였다.

① 당백전은 1866년(고종 3) 11월에 주조되어 약 6개월여 동안 유통되었던 화폐이다.

② 금난전권은 1791년 폐지(금지)되었다.

④ 대동법은 1608년(광해군 즉위년) 경기도에 처음 실시되었다.

⑤ 서북인 차별과 조정의 부패로 홍경래의 난(1811년)이 일어났다.

12. ④

신진사대부…경제력을 토대로 과거를 통해 관계에 진출한 향리출신자들이다. 사전의 폐단을 지적하고, 권문세족과 대립하였으며 구질서와 여러 가지 모순을 비판하고 전반적인 사회개혁과 문화혁신을 추구하였다.

① 신흥무인세력 ② 권문세족 ③ 문벌귀족 ④ 신진사대부 ⑤ 호족

13. ④

㉡ **유향소 :** 수령을 보좌하고 향리를 감찰하며, 향촌사회의 풍속을 교정하기 위한 기구이다.

㉣ **경재소 :** 중앙정부가 현직 관료로 하여금 연고지의 유향소를 통제하게 하는 제도로서, 중앙과 지방의 연락업무를 맡거나 수령을 견제하는 역할을 하였다.

14. ⑤

원효는 정토신앙을 널리 전파시켜 불교의 대중화에 기여하였다.

15. ④

① 이익은 중농주의 실학자로 토지소유의 상한선을 정하여 대토지소유를 막는 한전론을 주장하였다.
② 박제가는 소비와 생산의 관계를 우물물에 비교하면서 검약보다 소비를 권장하였다.
③ 유수원에 관한 설명이다.
⑤ 유형원에 관한 설명이다.

16. ③

무오사화(1498) → 갑자사화(1504) → 기묘사화(1519) → 을사사화(1545)

17. ③

제시문은 서원 철폐를 단행한 흥선대원군의 개혁조치이다. 흥선대원군이 개혁을 펼치던 시기에 미국 상선 제너럴셔먼호가 평양에서 소각되는 사건을 계기로 신미양요(1871)가 벌어졌다. 또한 두 차례에 걸쳐 통상요구를 거부당한 독일 상인 오페르트가 남연군의 묘를 도굴하려다 실패한 오페르트 도굴사건(1868)이 있었다.

㉠ **갑신정변**(1884) : 우정국 개국 축하연을 이용하여 김옥균, 박영호, 서재필 등의 급진 개화파들이 거사를 일으킨 것으로 삼일 만에 실패로 끝나게 되었다.
㉢ **임술농민봉기**(1862) : 경상도 단성에서 시작된 진주 민란(백건당의 난)을 계기로 북쪽의 함흥으로부터 남쪽의 제주까지 전국적으로 확대된 것이다.

18. ①

일제의 화폐 정리 및 금융 지배에 대해 1907년 국채보상운동을 전개하여 일제의 침략정책에 맞섰으나 일제의 방해로 중단되었다.

※ **신민회**(1907~1911) … 비밀결사조직으로 국권 회복과 공화정체의 국민국가 건설을 목표로 하였다. 국내적으로 문화적 · 경제적 실력양성운동을 펼쳤으며, 국외로 독립군기지 건설에 의한 군사적인 실력양성운동에 힘쓰다가 105인 사건으로 해체되었다.

19. ①

문화통치(1919 ~ 1931)

㉠ 발단 : 3 · 1운동과 국제 여론의 악화로 제기되었다.

㉡ 내용

- 문관총독의 임명을 약속하였으나 임명되지 않았다.
- 헌병경찰제를 보통경찰제로 바꾸었지만 경찰 수나 장비는 증가하였다.
- 교육은 초급의 학문과 기술교육만 허용되었다.

㉢ 본질 : 소수의 친일분자를 키워 우리 민족을 이간질하여 분열시켰다.

20. ③

1894년 2차 갑오개혁 당시 고종이 반포한 '홍범 14조'이다. 2차 갑오개혁은 김홍집, 박영효 연립내각이 수립되어 정치적으로는 내각제도 실시(의정부), 8아문을 7부로 개편, 지방 행정 체계 개편(8도 → 23부), 지방관 권한 축소, 재판소 설치(사법권을 행정권에서 분리) 등이 이루어졌다.

③ 6조를 8아문으로 개편한 것은 1차 갑오개혁에서 이루어졌다.

① 대한제국 수립 직후(1899)

②④ 을미개혁(1895)

⑤ 헌의 6조(1898)

제 04 회 정답 및 해설

직업능력

1	⑤	2	①	3	④	4	③	5	②	6	③	7	④	8	③	9	①	10	④
11	①	12	④	13	②	14	①	15	⑤	16	②	17	③	18	⑤	19	②	20	④
21	③	22	⑤	23	②	24	⑤	25	②	26	③	27	④	28	②	29	⑤	30	②
31	⑤	32	①	33	③	34	②	35	⑤	36	③	37	⑤	38	④	39	④	40	①

1. ⑤

4대 사회보험료 징수업무 통합 수행에 관한 내용으로 이를 담당하는 '통합징수실'에서는 4대 사회보험 통합징수 기획 및 지원, 수납 및 수납정산에 관한 업무를 담당하게 된다. 따라서 통합징수실의 상위 조직에 위치한 징수 상임이사는 4대 사회보험료 징수 총괄업무를 관장하여야 한다.

☞ 4대 사회보험료 통합징수는 2011년 1월부터 국민건강보험공단, 국민연금공단, 근로복지공단에서 각각 수행하였던 건강보험, 국민연금, 고용보험, 산재보험의 업무 중 유사·중복성이 높은 보험료 징수업무(고지, 수납, 체납)를 국민건강보험공단이 통합하여 운영하는 제도이다.

④ 징수업무 일원화는 사회보험료의 고지와 수납의 업무만을 H공단으로 일원화시킨 것이므로 평가액 재산정 등의 업무가 추가되는 것은 아니라고 보아야 한다.

2. ①

인사노무처는 인력을 관리하고, 급여, 노사관리 등의 지원 업무가 주 활동이므로 지원본부, 자원기술처는 생산기술이나 자원 개발 등에 관한 기술적 노하우 등 자원 활용기술 업무가 주 활동이라고 판단할 수 있으므로 기술본부에 속하는 것이 가장 합리적인 조직 배치라고 할 수 있다.

정답 문항 수 :   / 60개
회 독 수 : ○○○○○

3. ④

제시된 그림의 조직구조는 기능적 조직구조의 형태를 갖는다. 환경이 안정적이거나 일상적인 기술, 조직의 내부 효율성을 중요시하며 기업의 규모가 작을 때에는 업무의 내용이 유사하고 관련성이 있는 것들을 결합해서 제시된 그림과 같이 '기능적 조직구조' 형태를 이룬다. 또한, 급변하는 환경변화에 효과적으로 대응하고 제품, 지역, 고객별 차이에 신속하게 적응하기 위해서는 분권화된 의사결정이 가능한 '사업별 조직구조' 형태를 이룰 필요가 있다. 사업별 조직구조는 개별 제품, 서비스, 제품그룹, 주요 프로젝트나 프로그램 등에 따라 조직화되며 제품에 따라 조직이 구성되고 각 사업별 구조 아래 생산, 판매, 회계 등의 역할이 이루어진다.
한편, 업무적 중요도나 경영의 방향 등의 요소를 배제하고 단순히 산하 조직 수의 많고 적음으로 해당 조직의 장(長)의 권한과 파워가 결정된다고 볼 수는 없다.

4. ③

차상위자가 전결권자가 되어야 하므로 이사장의 차상위자인 이사가 전결권자가 되어야 한다.
① 차상위자가 전결권을 갖게 되므로 팀장이 전결권자가 되며, 국장이 업무 복귀 시 반드시 사후 결재를 득하여야 한다.

5. ②

NCS 활용 · 확산을 위한 컨설팅 지원은 중견 · 중소기업을 대상으로 한다.

6. ③

ⓐ와 ⓑ는 반의어 관계이다. 따라서 정답은 ③이다.

7. ④

④ 의학이 발달하여 미친개에게 물리고 난 뒤에도 예방접종을 실시하면 대개는 공수병을 예방할 수 있지만 그렇다고 병이 완전히 사라진 것은 아니다.

8. ③

③ 공수병은 심한 갈증에 빠지지만 물 마시는 것을 피할 수밖에 없다는 뜻에서 유래했으므로 恐水病이 옳은 한자표기이다.

9. ①

공통으로 들어갈 단어의 기본형은 '어긋나다'이다. ㉠에서는 '서로 마음에 간극이 생기다', ㉡은 '오고가는 길이 서로 달라 만나지 못하다', ㉢은 '약속, 기대 따위에 틀리거나 어그러지다'라는 의미로 쓰였다.

10. ④

2 문단에서는 벌금이 형사적 수단이라고 언급되어 있으므로 행정적 제재 수단으로 규정한 것은 적절하지 않다.

11. ①

〈보기〉는 징벌적 손해 배상 제도를 설명하고 있는데, 4 문단에서는 피해자에게 배상금을 지급한다고 설명되어 있으므로 박 사원의 '배상금을 국가에 귀속'한다는 것은 적절하지 않다.

12. ④

가입 가능한 계좌의 수는 언급되지 않았다.

13. ②

② A, B, C 3개 회사의 '갑' 제품 점유율 총합은 2017년부터 순서대로 38.4%, 39.9%, 39.6%, 40.8%, 43.0%이다. 2019년도에는 전년도에 비해 3개 회사의 점유율이 감소하였으므로, 반대로 3개 회사를 제외한 나머지 회사의 점유율은 증가하였음을 알 수 있다. 따라서 나머지 회사의 점유율이 2017년 이후 매년 감소했다고 할 수 없다.

① A사는 지속 증가, B사는 지속 감소, C사는 증가 후 감소하는 추이를 보인다.

③ C사는 $\frac{7.8-9.0}{9.0}\times 100 ≒ -13.3(\%)$이며, B사는 $\frac{10.5-12.0}{12.0}\times 100 ≒ -12.5(\%)$로 C사의 감소율이 B사보다 더 크다.

④ 2021년에 3개 회사의 점유율은 43%로 가장 큰 해가 된다.

⑤ 2020년은 점유율의 합이 40.8%이며, 2021년에는 43%이므로 점유율의 증가율은 $\frac{43.0-40.8}{40.8}\times 100 \fallingdotseq 5.4(\%)$에 이른다.

14. ①

① 분기별 판매량의 평균은 두 제품 모두 약 50이다. 편차는 A제품의 경우 1/4분기와 2/4분기에서 약 10으로 가장 크고, B제품의 경우 1/4분기에서 약 30으로 가장 크다. 따라서 동일한 시기에 두 제품의 편차가 모두 가장 크다고 할 수 없다.

② 4/4분기 A, B 각 제품의 판매량을 a, b라고 할 때, A제품의 연간 판매량은 $60+40+50+a=150+a$이고, B제품의 연간 판매량은 $20+70+60+b=150+b$이다. 막대그래프에서 '$a<b$'이므로 B제품이 A제품보다 연간 판매량이 더 많다.

③ 세 분기 동안(1/4분기, 2/4분기, 3/4분기) 두 제품의 평균을 구해보면, A 평균 판매량$=\frac{60+40+50}{3}=50$, B 평균 판매량$=\frac{20+70+60}{3}=50$으로, 두 제품의 평균 판매량은 동일하다.

④ 1/4분기에는 40, 2/4분기에는 30, 3/4분기에는 10, 4/4분기에는 10미만의 판매량 차이를 보이며 연말이 다가올수록 점점 감소한다.

⑤ 3/4분기의 변화율은 $\frac{60-70}{70}\times 100 \fallingdotseq -14.3(\%)$이며, 4/4분기의 변화율은 $\frac{51-60}{60}\times 100 = -15(\%)$가 된다. 둘 다 음수이므로 변화율은 곧 감소율을 나타내며, 감소율의 크고 작음은 수치의 절댓값으로 알 수 있으므로 감소율의 크기는 3/4분기가 더 작다.

15. ⑤

• 〈보기〉 1에 의해 ㉠과 ㉡ 중 하나는 암이고, 다른 하나는 심장질환임을 알 수 있다.

• 〈보기〉 2에 의해 ㉣이 당뇨병이 되며, 따라서 남는 하나인 ㉢은 보기에 제시된 뇌혈관 질환이 된다.

• 〈보기〉 3에 의하면 2011년 대비 2021년의 사망자 증감률은 심장질환이 암보다 더 크다고 하였다. ㉠의 증감률은 $\frac{153.0-134.0}{134.0}\times 100 \fallingdotseq 14.2(\%)$이며, ㉡의 증감률은 $\frac{58.2-41.1}{41.1}\times 100 \fallingdotseq 41.6(\%)$으로, '㉠ 〈 ㉡'이 되어 ㉡이 심장질환, ㉠이 암이 된다.

따라서 ㉠ ~ ㉣에 들어갈 병명을 순서대로 나열하면, '암 – 심장질환 – 뇌혈관 질환 – 당뇨병'이 된다.

16. ②

㉠ A의 최대보상금액 : 3,800만 원 + 1,500만 원 = 5,300만 원
  E의 최대보상금액 : 1,000만 원 + 700만 원 = 1,700만 원

㉡ B의 최대보상금액 : 1억 1,300만 원 + 300만 원 = 1억 1,600만 원
  B의 최소보상금액 : 1억 1,600만 원 × 50% = 5,800만 원 → 감액된 경우 가정

㉢ C의 최소보상금액 : (1,000만 원 + 2,100만 원) × 50% = 1,550만 원 → 감액된 경우 가정

㉣ B의 최대보상금액은 1억 1,600만 원이고, 다른 4명의 최소보상금액의 합은 1억 200만 원(A 2,650만 원, C 1,550만 원, D 4,300만 원, E 1,700만 원)이다.

17. ③

감면액이 50%일 경우 최소보상금액은 5,800만 원이고,
감면액이 30%일 경우 최소보상금액은 8,120만 원이므로 2,320만 원이 증가한다.

18. ⑤

⑤ 2018년의 이익에 임의의 수치를 대입하여 도표를 만들어 보면 선택지의 내용들을 확인할 수 있다. 2018년의 이익 금액을 100으로 가정한 연도별 이익 금액은 다음과 같다.

	2018	2019	2020	2021
이익 금액	100	130	143	171.6
이익증가율	–	30 %	10 %	20 %

따라서 2019년의 전년대비 이익증가액(130 − 100 = 30)은 2020년의 전년대비 이익증가액(143 − 130 = 13)보다 더 큰 것을 알 수 있다.

① $\frac{171.6-100}{100} \times 100 = 71.6(\%)$이므로 2021년도 이익이 2018년에 비해 71.6% 증가했음을 알 수 있다.

② 전년대비 이익증가액을 연도별로 구해보면, 2019년에는 30, 2020년에는 13, 2021년에는 28.6이다. 따라서 2019년이 가장 크다.

③ 매년 증가하였으므로 증가율이 작아질 수 있을 뿐 이익 자체는 더 크다.

④ $\frac{171.6-130}{130} \times 100 = 32(\%)$이므로 2019년 대비 2021년 이익은 30%보다 높은 비율로 증가했다.

19. ②

(가) A직업의 경우는 200명 중 35%이므로 $200\times0.35=70$(명), C직업의 경우는 400명 중 25%이므로 $400\times0.25=100$(명)이 부모와 동일한 직업을 갖는 자녀의 수가 된다.

(나) B와 C직업 모두 75%(=100−25)로 동일함을 알 수 있다.

(다) A직업을 가진 자녀는 $(200\times0.35)+(300\times0.25)+(400\times0.25)=245$(명)이며, B직업을 가진 자녀는 $(200\times0.2)+(300\times0.25)+(400\times0.4)=275$(명)이다.

(라) 기타 직업을 가진 자녀의 수는 각각 $200\times0.05=10$(명), $300\times0.15=45$(명), $400\times0.1=40$(명)으로 B직업을 가진 부모가 가장 많다.

20. ④

㉠ 총 투입시간 = 투입인원 × 개인별 투입시간

㉡ 개인별 투입시간 = 개인별 업무시간 + 회의 소요시간

㉢ 회의 소요시간 = 횟수(회) × 소요시간(시간/회)

∴ 총 투입시간 = 투입인원 × (개인별 업무시간 + 횟수 × 소요시간)

각각 대입해서 총 투입시간을 구하면,

$A = 2\times(41+3\times1)=88$,　　$B = 3\times(30+2\times2)=102$

$C = 4\times(22+1\times4)=104$,　　$D = 3\times(27+2\times1)=87$

업무효율 $=\frac{\text{표준 업무시간}}{\text{총 투입시간}}$이므로, 총 투입시간이 적을수록 업무효율이 높다. D의 총 투입시간이 87로 가장 적으므로 업무효율이 가장 높은 부서는 D이다.

21. ③

㉠ "옆에 범인이 있다."고 진술한 경우를 ○, "옆에 범인이 없다."고 진술한 경우를 ×라고 하면

1	2	3	4	5	6	7	8	9
○	×	×	○	×	○	○	○	×
							시민	

• 9번이 범인이라고 가정하면

9번은 "옆에 범인이 없다.'고 진술하였으므로 8번과 1번 중에 범인이 있어야 한다. 그러나 8번이 시민이므로 1번이 범인이 된다. 1번은 "옆에 범인이 있다."라고 진술하였으므로 2번과 9번에 범인이 없어야 한다. 그러나 9번이 범인이므로 모순이 되어 9번은 범인일 수 없다.

• 9번이 시민이라고 가정하면

9번은 "옆에 범인이 없다."라고 진술하였으므로 1번도 시민이 된다. 1번은 "옆에 범인이 있다."라고 진술하였으므로 2번은 범인이 된다. 2번은 "옆에 범인이 없다."라고 진술하였으므로 3번도 범인이 된다. 8번은 시민인데 "옆에 범인이 있다."라고 진술하였으므로 9번은 시민이므로 7번은 범인이 된다. 그러므로 범인은 2, 3, 7번이고 나머지는 모두 시민이 된다.

㉡ 모두가 "옆에 범인이 있다."라고 진술하면 시민 2명, 범인 1명의 순으로 반복해서 배치되므로 옳은 설명이다.

㉢ 다음과 같은 경우가 있음으로 틀린 설명이다.

1	2	3	4	5	6	7	8	9
○	○	○	○	○	○	○	×	○
범인	시민	시민	범인	시민	범인	시민	시민	시민

22. ⑤

사원과 근무부서를 표로 나타내면

배정부서	기획팀	영업팀	총무팀	홍보팀
처음 배정 부서	갑	을	병	정
2번째 배정 부서				
3번째 배정 부서				병

㉠ 규칙 1을 2번째 배정에 적용하고 규칙 2를 3번째 배정에 적용하면

기획팀 ↔ 총무팀 / 영업팀 ↔ 홍보팀이므로

갑 ↔ 병 / 을 ↔ 정

규칙 2까지 적용하면 다음과 같다.

배정부서	기획팀	영업팀	총무팀	홍보팀
처음 배정 부서	갑	을	병	정
2번째 배정 부서	병	정	갑	을
3번째 배정 부서			을	갑

㉡ 규칙 3을 먼저 적용하고 규칙 2를 적용하면

배정부서	기획팀	영업팀	총무팀	홍보팀
처음 배정 부서	갑	을	병	정
2번째 배정 부서	을	갑	병	정
3번째 배정 부서	을	갑	정	병

23. ②

남자사원의 경우 ㉡, ㉥, ㉧에 의해 다음과 같은 두 가지 경우가 가능하다.

	월요일	화요일	수요일	목요일
경우 1	치호	영호	철호	길호
경우 2	치호	철호	길호	영호

• 경우 1

옥숙은 수요일에 보낼 수 없고, 철호와 영숙은 같이 보낼 수 없으므로 옥숙과 영숙은 수요일에 보낼 수 없다. 또한 영숙은 지숙과 미숙 이후에 보내야 하고, 옥숙은 지숙 이후에 보내야 하므로 조건에 따르면 다음과 같다.

	월요일	화요일	수요일	목요일
남	치호	영호	철호	길호
여	지숙	옥숙	미숙	영숙

• 경우 2

		월요일	화요일	수요일	목요일
	남	치호	철호	길호	영호
경우 2-1	여	미숙	지숙	영숙	옥숙
경우 2-2	여	지숙	미숙	영숙	옥숙
경우 2-3	여	지숙	옥숙	미숙	영숙

문제에서 영호와 옥숙을 같이 보낼 수 없다고 했으므로, '경우 1, 경우 2-1, 경우 2-2'는 해당하지 않는다. 따라서 '경우 2-3'에 의해 목요일에 보내야 하는 남녀사원은 영호와 영숙이다.

24. ⑤

• 출발지와 도착지는 경도가 다른 지역이므로 주어진 설명의 3번에 해당된다. 따라서 두 지점의 시차를 계산해 보면 (135+120)÷15=17(시간)이 된다.

• 또한, 인천이 로스앤젤레스보다 더 동쪽에 위치하므로 인천이 로스앤젤레스보다 17시간이 빠르게 된다. 다시 말해, 로스앤젤레스가 인천보다 17시간이 느리다. 따라서 최 과장이 도착지에 7월 10일 오전 11시까지 도착하기 위해서는 비행시간이 12시간이므로 도착지 시간 기준 늦어도 7월 9일 오후 11시에는 출발지에서의 탑승이 이루어져야 한다. 그러므로 7월 9일 오후 11시를 출발지 시간으로 환산하면, 7월 10일 오후 4시가 된다.

따라서 최 과장이 탑승할 수 있는 가장 늦은 항공편은 KR204임을 알 수 있다.

25. ②

연면적 5,000제곱미터의 절반이면 100분의 50인 2,500제곱미터를 증축하는 것이며, 이것은 2,000제곱미터 이상이 되므로 적용예외 규정에 해당되지 않는다고 명시하고 있다.

④ 연면적의 합계가 500제곱미터 이상이고 2,000제곱미터 미만인 단독 건축물의 개별 동 연면적이 500제곱미터 미만인 경우에 해당하므로 적용예외 대상이 된다.

26. ③

① A 단체는 자유무역협정을 체결한 필리핀에 드라마 콘텐츠를 수출하고 있지만 올림픽과 관련된 사업은 하지 않는다. 최종 선정 시 올림픽 관련 단체를 엔터테인먼트 사업 단체보다 우선하므로 B, C와 같이 최종 후보가 된다면 A는 선정될 수 없다.

② 올림픽의 개막식 행사를 주관하는 모든 단체는 이미 보건복지부로부터 지원을 받고 있다. B 단체는 올림픽의 개막식 행사를 주관하는 단체이다. → B 단체는 선정될 수 없다.

③ A와 C 단체 중 적어도 한 단체가 최종 후보가 되지 못한다면, 대신 B와 E 중 적어도 한 단체는 최종 후보가 된다. 보기 ②⑤를 통해 B, E 단체를 후보가 될 수 없다. 후보는 A와 C가 된다.

④ D가 최종 후보가 된다면, 한국과 자유무역협정을 체결한 국가와 교역을 하는 단체는 모두 최종 후보가 될 수 없다. D가 최종 후보가 되면 A가 될 수 없고 A가 된다면 D는 될 수 없다.

⑤ 후보 단체들 중 가장 적은 부가가치를 창출한 단체는 최종 후보가 될 수 없고, 한국 음식문화 보급과 관련된 단체의 부가가치 창출이 가장 저조하였다. E 단체는 오랫동안 한국 음식문화를 세계에 보급해 온 단체이다. → E 단체는 선정될 수 없다.

27. ④

양적완화를 실시하면 달러화 가치가 하락하고 달러 환율이 하락하면 우리나라의 수출이 감소하고 경제지표가 악화된다.

양적완화를 중단하면 미국의 금리가 상승하고 우리나라의 금리도 상승하며 외국인의 투자가 증가한다. 또한 우리나라의 금리가 상승하면 가계부채 문제가 심화되고 이는 국내 소비를 감소시키며 경제 침체를 유발한다.

① 수출이 증가하면 달러화 가치는 상승한다.

② 우리나라의 가계부채가 미국의 양적완화에 영향을 미치지는 않는다.

③⑤ 외국인 투자가 우리나라 경제에 미치는 영향은 알 수 없다.

28. ②

A와 D의 면접 점수(x로 치환)가 동일하므로 $14+18+19+16+2x=17.5\times6=105$가 된다. 따라서 A와 D의 면접 점수는 19점이 된다. 이를 통해 문제의 표를 정리하면 다음과 같다.

응시자 \ 분야	어학	컴퓨터	실무	NCS	면접	평균
A	16	14	13	15	19	15.4
B	12	14	10	10	14	12.0
C	10	12	9	10	18	11.8
D	14	14	20	17	19	16.8
E	18	20	19	17	19	18.6
F	10	13	16	15	16	14
계	80	87	87	84	105	( )
평균	13.3	14.5	14.5	14	17.5	( )

따라서 2명의 최종 채용자는 D와 E가 된다. 그러므로 ②와 같은 조건의 경우에는 A와 D의 평균 점수가 각각 16.8점과 15.4점이 되어 최종 채용자가 A와 E로 바뀌게 된다.

① E의 평균 점수가 17.6점이 되어 여전히 1위의 성적이므로 채용자는 변경되지 않는다.
③ F의 평균 점수가 16점이 되므로 채용자는 변경되지 않는다.
④ B의 평균 점수가 16점이 되므로 채용자는 변경되지 않는다.
⑤ C의 평균 점수가 14점이 되므로 채용자는 변경되지 않는다.

29. ⑤

타 직원들보다 먼저 퇴근을 할 경우에는 잔무처리를 하는 사람들에게 "먼저 들어가 보겠습니다."라고 인사를 건네야 한다.

30. ②

업무가 끝나면 즉각적으로 보고하고 경우에 따라 중간보고를 해야 한다. 그럼으로써 업무의 진행 상황을 파악할 수 있으며 수정을 할 수 있기 때문이다. 또한 긍정적인 자세로 지시받고 기한 및 수량 등을 정확히 파악해야 한다.

31. ⑤

상제에게 맞절을 하고 위로의 인사말을 한다. 이 때 절은 상제가 먼저 시작하고 늦게 일어나야 한다.

32. ①

①번은 전화 응대 중에 전화가 걸려온 경우에 해당하는 응대방법이다.

33. ③

출발시각을 한국 시간으로 먼저 바꾼 다음 소요시간을 더해서 도착 시간을 확인해 보면 다음과 같다.

구분	출발시각(현지시간)	출발시각(한국시간)	소요시간	도착시간
H상무	12월 12일 17:20	12월 13일 01:20	13시간	12월 13일 14:20
P전무	12월 12일 08:30	12월 12일 22:30	14시간	12월 13일 12:30
E전무	12월 12일 09:15	12월 13일 01:15	11시간	12월 13일 12:15
M이사	12월 12일 22:30	12월 13일 04:30	9시간	12월 13일 13:30

따라서 도착 시간이 빠른 순서는 E전무 – P전무 – M이사 – H상무가 된다.

34. ②

각 공급처로부터 두 물품을 개별 구매할 경우(㉠)와 함께 구매할 경우(㉡)의 총 구매가격을 표로 정리해 보면 다음과 같다. 구매 수량은 각각 400개 이상이어야 한다.

공급처	물품	세트 당 포함 수량(개)	세트 가격	㉠	㉡
A업체	경품 1	100	85만 원	340만 원	5,025,500원 (5% 할인)
	경품 2	60	27만 원	189만 원	
B업체	경품 1	110	90만 원	360만 원	5,082,500원 (5% 할인)
	경품 2	80	35만 원	175만 원	
C업체	경품 1	90	80만 원	400만 원	5,120,000원 (20% 할인)
	경품 2	130	60만 원	240만 원	

35. ⑤

경품 1의 세트당 가격을 5만 원 인하하면 총 판매가격이 4,920,000원이 되어 가장 낮은 공급가가 된다.

① 경품 1의 세트당 포함 수량이 100개가 되면 세트 수량이 5개에서 4개로 줄어들어 판매가격이 80만 원 낮아지나, 할인 적용이 되지 않아 최종 판매가는 오히려 비싸진다.

② 경품 2의 세트당 가격을 2만 원 인하하면 총 판매가격이 5,056,000원이 되어 A업체보다 여전히 비싸다.

36. ③

한 달 평균 이동전화 사용 시간을 x라 하면 다음과 같은 공식이 성립한다.

$15{,}000+180x>18{,}000+120x$

$60x>3{,}000$

$x>50$

따라서 50분 초과일 때부터 B요금제가 유리하다고 할 수 있다.

37. ⑤

주어진 산식을 이용해 각 기업의 금융비용부담률과 이자보상비율을 계산해 보면 다음과 같다.

구분		내용(천만 원/%)
A기업	영업이익	98−90−2=6
	금융비용부담률	1.5÷98×100=약 1.53
	이자보상비율	6÷1.5×100=400
B기업	영업이익	105−93−3=9
	금융비용부담률	1÷105×100=약 0.95
	이자보상비율	9÷1×100=900
C기업	영업이익	95−82−3=10
	금융비용부담률	2÷95×100=약 2.11
	이자보상비율	10÷2×100=500
D기업	영업이익	112−100−5=7
	금융비용부담률	2÷112×100=약 1.79
	이자보상비율	7÷2×100=350

따라서 금융비용부담률이 가장 낮은 기업과 이자보상비율이 가장 높은 기업은 모두 B기업임을 알 수 있으며, B기업이 가장 우수한 건전성을 나타낸다고 할 수 있다.

38. ④

A사를 먼저 방문하고 중간에 회사로 한 번 돌아와야 하며, 거래처에서 바로 퇴근하는 경우의 수와 그에 따른 이동 거리는 다음과 같다.

- 회사 − A − 회사 − C − B : 20+20+14+16=70(km)
- 회사 − A − 회사 − B − C : 20+20+26+16=82(km)
- 회사 − A − C − 회사 − B : 20+8+14+26=68(km)
- 회사 − A − B − 회사 − C : 20+12+26+14=72(km)

따라서 68km가 최단 거리 이동 경로가 된다.

●

39. ④

최장 거리 이동 경로는 회사 – A – 회사 – B – C이며, 최단 거리 이동 경로는 회사 – A – C – 회사 – B이므로 각각의 연료비를 계산하면 다음과 같다.

• 최장 거리 : 3,000 + 3,000 + 3,900 + 3,000 = 12,900(원)

• 최단 거리 : 3,000 + 600 + 2,100 + 3,900 = 9,600(원)

따라서 두 연료비의 차이는 12,900 – 9,600 = 3,300(원)이 된다.

40. ①

① 남자의 1차 테스트 평균 항목 당 우수자는 (67+39+54+42+62) ÷ 5 = 52.8(명)이며, 2차의 경우는 (39+51+45+55+65) ÷ 5 = 51(명)으로 1차가 2차보다 근소하게 많다.

② 1, 2차 항목을 합한 각 분야의 우수자는 의사소통능력 187명, 문제해결능력 221명, 자원관리 179명, 정보능력 201명, 조직이해 212명으로 우수자가 가장 적은 분야는 자원관리 분야이다.

③ 체제이해 항목의 남녀 비율은 각각 65 ÷ 106 × 100 = 약 61.3(%), 41 ÷ 106 × 100 = 약 38.7(%)이며, 문서이해 항목의 남녀 비율은 각각 67 ÷ 105 × 100 = 약 63.8(%), 38 ÷ 105 × 100 = 약 36.2(%)이므로 남녀 우수자의 비율 차이가 가장 큰 항목은 문서이해 항목이다.

④ 문서작성 항복에서는 여성 우수자의 비중이 43 ÷ 82 × 100 = 약 52.3(%)이다. 체제이해 항목의 경우 41 ÷ 106 × 100 = 약 38.7(%)로 여성 우수자의 비중이 가장 낮다.

⑤ 1차 테스트보다 2차 테스트에서 남자 우수자의 비율이 높아진 분야는 정보능력(40.7→56.1), 조직이해(58.4 → 61.2)로 2개이다.

한국사

1	⑤	2	①	3	①	4	③	5	②	6	②	7	②	8	④	9	⑤	10	①
11	②	12	②	13	③	14	④	15	②	16	③	17	①	18	⑤	19	④	20	④

1. ⑤

요령지방에서 출토된 비파형동검을 조형으로 한 세형동검이 B.C. 3C 초부터 대동강 일대에서 나타나는 사실로서 알 수 있으며, 고인돌과 비파형동검, 미송리식 토기 등이 대표적인 고조선의 유물에 해당한다.

2. ①

부여의 사회 모습을 보여주는 사료이다. 부여는 왕 아래에 가축의 이름을 딴 마가, 우가, 저가, 구가라는 부족장이 존재하였으며 이들은 사출도를 다스렸다. 이들은 왕을 선출하기도 하고 흉년이 들면 왕에게 책임을 묻기도 하였다.

3. ①

발해 문왕(737 ~ 793)은 스스로를 황제라 칭하였으며, 이 시기 통일신라에서는 757년 경덕왕 시절 내외관의 월봉인 관료전이 폐지되고 녹읍이 부활하였다.

②③ 7C

④ 신라 하대

⑤ 성덕왕(702~737)

4. ③

신라 하대는 왕위쟁탈전이 심해, 왕권은 불안정하고 지방의 반란은 지속되었다. 이에 호족세력은 스스로 성주나 장군으로 자처하며 반독립적인 세력으로 성장하게 되었는데, 지방의 행정과 군사권을 장악하고 경제적 지배력도 행사하였다.

5. ②

지눌 … 무신 정권 성립 이후 불교계가 타락하자 지눌은 정혜결사(수선사)를 조직하여 신앙 결사 운동을 전개하였고, 이러한 결사 운동은 이후 조계종으로 발전하였다. 교종의 입장에서 선종을 통합한 의천과 달리, 지눌은 선종을 중심으로 교종을 포용하는 선 · 교 일치의 사상 체계를 정립하였다.

①⑤ 의천

③ 혜초

④ 의상

6. ②

기묘사화 … 1519년(중종 14)에 일어났는데, 조광조의 혁신정치에 불만을 품은 훈구세력이 위훈 삭제 사건을 계기로 계략을 써서 중종을 움직여 조광조 일파를 제거하였다. 이로 인하여 사림세력은 다시 한 번 크게 기세가 꺾였다.

7. ②

녹읍 … 신라 및 고려 초기 관리들에게 관직 복무의 대가로 경제적 수취를 허용해 준 특정 지역이다.

8. ④

제시된 내용은 관료전을 지급하는 대신 녹읍을 폐지한 조치(신문왕 7년, 687)에 대한 설명이다. 녹읍은 토지세와 공물은 물론 농민의 노동력까지 동원할 수 있었으나 관료전은 토지세만 수취할 수 있었다.

9. ⑤

㉠ 발해의 농업은 기후가 찬 관계로 콩, 조 등의 곡물 생산이 중심을 이루었고 밭농사가 중심이 되었다.

10. ①

중농학파(경세치용)

㉠ 농촌 거주의 남인학자들에 의해 발달

㉡ 국가제도의 개편으로 유교적 이상국가의 건설을 주장

㉢ 토지제도의 개혁을 강조하여 자영농의 육성과 농촌경제의 안정을 도모

㉣ 대원군의 개혁정치, 한말의 애국계몽사상, 일제강점기의 국학자들에게 영향

11. ②

박제가 … 18세기 후기의 대표적인 조선 실학자로, 북학의를 저술하여 청나라 문물의 적극적 수용을 주장하였다. 또한 절약보다 소비를 권장하여 생산의 자극을 유도하였으며 수레와 선박의 이용, 상공업의 발달을 주장하였다.

12. ②

제시문은 1811년(순조 11) 12월부터 이듬해 4월까지 약 5개월 동안 일어난 홍경래의 난에 대한 내용으로, 순조는 1801년(순조 1)에 궁방과 관아에 예속되어 있던 공노비를 혁파하였다.

13. ③

조선의 신분제 … 법제적으로 양천제를 채택하였지만, 실제로는 양반, 중인, 상민, 노비의 네 계층으로 분화되어 있었다. 양인은 직업에 따른 권리와 의무에 차등이 있었다. 농민은 과거응시권이 있었으나, 공인과 상인은 불가능 하였다. 과거의 응시제한계층은 공인, 상인, 승려, 천민, 재가녀의 자, 탐관오리의 자손, 국사범의 자손, 전과자 등이었다.

14. ④

①②③⑤ 중류층

※ 고려시대 신분제도

㉠ 지배층

- 귀족 : 왕족, 공신, 5품 이상 고위 관료
- 중류층 : 잡류, 남반, 향리, 군반, 역리, 서리, 기술관

㉡ 피지배층

- 양민 : 백정, 상인, 수공업자, 화척, 진척, 재인, 향 · 소 · 부곡민
- 천민 : 공노비, 사노비

15. ②

제시된 글의 사상은 신라 하대에 유행한 선종(禪宗)에 관한 것이다.

선종 … 선종은 문자에 의존하지 않고 오직 좌선만을 통해 부처의 깨달음에 이르려는 종파이다. 6세기 초에 인도에서 중국으로 건너 온 보리달마를 초조(初祖)로 한다. 선종사상은 절대적인 존재인 부처에 귀의하려는 것이 아니라 각자가 가지고 있는 불성(佛性)의 개발을 중요시하는 성향을 지녔기에 신라 하대 당시 중앙정부의 간섭을 배제하면서 지방에서 독자적인 세력을 구축하려 한 호족들의 의식구조와 부합하였다. 이로 인해 신라 말 지방호족의 도움으로 선종은 크게 세력을 떨치며 새로운 사회의 사상적 토대를 마련하였다.

16. ③

제너럴셔먼호 사건(1866) → 병인양요(1866) → 오페르트 남연군묘 도굴사건(1868) → 신미양요(1871) → 척화비 건립

17. ①

해당 조약은 1876년 체결된 강화도 조약이다. 운요호 사건을 계기로 체결된 강화도 조약은 우리나라 최초의 근대적 조약이자 영사재판권(치외법권), 해안 측량의 자유권 등을 인정한 불평등 조약이었다.

① 흥선대원군이 왕권강화를 위해 서원철폐와 더불어 실시(1865)한 것으로 강화도 조약 체결 이전이다.
② 대한제국 시기에 이루어졌다(1902).
③ 강화도 조약 체결 이후 개화 정책을 관장하는 기구로 설치되었다(1880).
④ 2차 수신사로 일본에 파견된 김홍집이 황준헌의 〈조선책략〉을 가지고 들어온 이후 이에 반대하며 일어난 사건이다(1881).
⑤ 함경도 관찰사 조병식은 1889년, 원산항을 통하여 해외로 수출되는 곡물의 수출을 금지하는 방곡령을 실시하였다.

18. ⑤

파리평화회의 … 제1차 세계대전 종료 후, 전쟁에 대한 책임과 유럽 각국의 영토 조정, 전후의 평화를 유지하기 위한 조치 등을 협의한 1919~1920년 동안의 일련의 회의 일체를 말한다. 이 회의에서 국제문제를 풀어나갈 원칙으로 미국의 윌슨 대통령이 14개 조항을 제시하였는데 각 민족은 정치적 운명을 스스로 결정할 권리가 있다는 민족자결주의와 다른 민족의 간섭을 받을 수 없다는 집단안전보장원칙을 핵심으로 주장하였고 이는 3 · 1운동에 영향을 주었다.

19. ④

천도교 … 제2의 3 · 1운동을 계획하여 자주독립선언문을 발표하였다. 개벽, 어린이, 학생 등의 잡지를 간행하여 민중의 자각과 근대문물의 보급에 기여하였다.

20. ④

보안회 … 1904년 7월 일본의 조선황무지 개간권 요구에 대항하기 위해 서울에서 조직된 항일단체

제 05 회 정답 및 해설

직업능력

1	③	2	④	3	④	4	②	5	④	6	④	7	②	8	③	9	⑤	10	④
11	④	12	③	13	⑤	14	①	15	④	16	④	17	②	18	⑤	19	③	20	②
21	③	22	⑤	23	④	24	⑤	25	②	26	③	27	③	28	⑤	29	③	30	④
31	③	32	①	33	④	34	④	35	⑤	36	③	37	②	38	②	39	③	40	③

1. ③

직원 교육에 대한 업무는 인사과에서 담당하기 때문에 교육 세미나에 대해 인사과와 협의해야 하지만 영업교육과 프레젠테이션 기술 교육을 인사과 직원이 직접 하는 것은 아니다.

2. ④

임원은 사장에게 결재를 받아야하고 직원은 본부장에게 결재를 받아야한다. 김대리는 본부장에게, 최이사는 사장의 결재를 받는다.

3. ④

전결권자가 자리를 비웠을 경우, '직무 권한'은 차상위자가 아닌 직상급직책자가 수행하게 되며, 차상위자가 전결권자가 되는 경우에도 '직무 권한' 자체의 위임이 되는 것은 아니다.

① 차상위자가 필요한 경우, 최종결재자(전결권자)가 될 수 있다.
② 부재 중 결재사항은 전결권자 업무 복귀 시 사후 결재를 받는 것으로 규정하고 있다.
③ 팀장의 업무 인수인계는 부사장의 전결 사항이다.
⑤ 식비를 접대비로 지출하는 경우에는 본부장의 전결로 이루어질 수 있다.

정답 문항 수 :   / 60개
회 독 수 : ○○○○○

4. ②

교육비용을 신청하고자 하므로 교육비를 지출해야 한다. 따라서 김 대리가 작성해야 할 결재 문서는 교육비집행내역서이다. 예산집행내역서는 부사장 전결 사항이므로 부사장의 결재란이 맨 오른쪽 '전결'란에 위치하도록 하며, 원래의 부사장 란은 대각선 표시를 한다.

5. ④

일학습병행 학습근로자는 평가에 따라 일학습병행자격을 부여받을 수 있다.

6. ④

기원(祈願)

7. ②

간돌도끼는 돌을 갈아서 사용한 것으로 흔히 마제석부라고 부른다. 타제석부는 돌을 깨트려 사용한 것으로 뗀돌도끼가 이에 해당한다.

8. ③

구석기시대 주먹도끼에 대한 설명이다.

9. ⑤

인터넷을 활용하여 다양한 자료 검색 방법을 알려 주는 것은 발표문에 나타나지 않았다.

10. ④

김 씨는 연단에서 발표를 할 때 말하기 불안 증세를 보이고 있다. 이를 극복하기 위해서는 완벽한 준비, 상황에 익숙해지기, 청자 분석 등이 필요하다. 다른 내용과 달리 해당 글에서 신체 비언어적 표현에 관해 언급하는 내용은 확인할 수 없다. 따라서 '몸동작이 부자연스럽다'는 것은 알 수 없다. 또한 발표 시에 목소리가 '작아진다'고 하였으므로 '목소리 톤이 좋다'는 내용도 적절하지 않다.

11. ④

B전자는 세계 스마트폰 시장 1등이며, 최근 중저가폰의 판매량이 40%로 나타났지만 B전자의 주력으로 판매하는 폰이 저가폰인지는 알 수 없다.

12. ③

① 2005년 공단 창립 23주년
② 공단 본부에 사무국을 두고
④ '아름다운 동행'이라는 슬로건과 같이
⑤ 지체장애우, 소년소녀가장 돕기, 양로원 방문, 자연보호 활동 전개 등 다양한 봉사활동

13. ⑤

전체 기업 수의 약 99%에 해당하는 기업은 중소기업이며, 중소기업의 매출액은 1,804조 원으로 전체 매출액의 약 37.9%($=\frac{1,804}{2,285+671+1,804}\times 100$)를 차지하여 40%를 넘지 않는다.

① 대기업이 매출액, 영업이익 모두 가장 높은 동시에, 기업군에 속한 기업 수가 가장 적으므로 1개 기업당 매출액과 영업이익 실적이 가장 높게 나타난다.

② 매출액 대비 영업이익은 $\frac{\text{영업이익}}{\text{매출액}}\times 100$이 될 것이므로 대기업이 $\frac{177}{2,285}\times 100 ≒ 7.7(\%)$로 가장 높고, 그 다음이 중견기업 $\frac{40}{671}\times 100 ≒ 6.0(\%)$, 마지막이 중소기업 $\frac{73}{1,804}\times 100 ≒ 4.0(\%)$가 된다.

③ 대기업은 2,047,000÷2,191=약 934(명)이며, 중견기업은 1,252,000÷3,969=약 315(명)이므로, 3배에 육박한다고 말할 수 있다.

④ 전체 기업 수의 약 1%의 기업은 대기업과 중견기업이며, 이 두 기업집단의 영업이익은 $\frac{177+40}{177+40+73}\times 100 ≒ 74.8(\%)$에 해당한다.

14. ①

우선 2015년과 2021년의 각각의 투자금액 도착률을 구하여, 다시 두 개의 도착률의 증감률을 구하면 된다.

• 2015년 투자금액 도착률(1백만 달러 미만)$=\frac{\text{전체도착기준금액}-(\text{'1백만\$}\sim\text{1억\$이상' 도착기준금액})}{\text{전체신고기준금액}-(\text{'1백만\$}\sim\text{1억\$이상' 신고기준금액})}$

$$=\frac{5{,}443-1{,}142-2{,}652-1{,}328}{13{,}073-1{,}141-4{,}141-7{,}450}\times 100 \fallingdotseq 94.1(\%)$$

• 2021년의 투자금액 도착률(1백만 달러 미만)$=\frac{10{,}569-1{,}461-4{,}915-3{,}797}{21{,}299-1{,}881-7{,}105-11{,}863}\times 100=88(\%)$

따라서 2015년 대비 2021년 증감률은 $\frac{88-94.1}{94.1}\times 100 \fallingdotseq -6.5(\%)$이다.

15. ④

1백만 달러 ~ 1천만 달러의 금액대에서는 대체적으로 100백만 달러 내외의 차이를 보이고 있으나 1억 달러 이상 금액대에서는 확연히 증가한 차액을 확인할 수 있다.

① 1천만 달러 ~ 1억 달러 금액대의 투자 금액이 (7,105−4,141)÷4,141×100=약 71.6(%)로 가장 높은 증가율을 보이고 있다.

② 2015년 7,630백만 달러(=13,073−5,443)에서 2021년 10,730백만 달러(=21,299−10,569)로 더 커졌다.

③ 2020년 도착기준 금액에서는 1억 달러 이상 금액대의 비중이 가장 크다.

⑤ 1백만 달러 미만의 직접투자 신고 기준 금액은 21,299−11,863−7,105−1,881=450(백만 달러)이며, 도착 기준 금액은 10,569−3,797−4,915−1,461=396(백만 달러)로 차액은 100백만 달러보다 적다.

16. ④

㉡ '수확물 총무게 = 면적(m^2) × $1m^2$당 연간 수확물 무게 1/5'은 각각 $20m^2$이므로 20을 먼저 묶는다. 따라서 각 작물별 $1m^2$당 연간 수확물 무게(= $1m^2$당 연간 수확물 개수 × 수확물 개당 무게)를 합산한 값에 20을 곱한다.

$20(40\times 20+100\times 15+30\times 30+10\times 60+20\times 50)$

$=20(800+1{,}500+900+600+1{,}000)$

$=20\times 4{,}800=96{,}000(g)\rightarrow 96(kg)$

㉢ $1m^2$당 A~E의 연간 수확물 무게를 각각 계산하면 800g, 1,500g, 900g, 600g, 1,000g이다. 여기에 각각 어떤 수를 곱해야 3,000g을 만드는 지 순서대로 써보면 3.xx, 2, 3.xx, 5, 3이다. 따라서 이것을 합하면 $16m^2$를 초과하게 된다.

㉠ $20m^2$ × 50개 × 0.2 = 200(개)

17. ②

② 1997년 총투자를 알아보기 위해서는 먼저 총투자율을 구해야 한다. 총투자율은 국내총투자율(30)과 국외투자율(10)을 더한 값으로 40이다. 총투자율 공식을 통해 총투자를 구해 보면

$40=\left(\frac{\text{총투자}}{110}\right)\times 100$이므로 총투자는 44조 원이다.

① 2007년의 총저축을 알아보기 위해서는 총저축률 공식에 대입해 본다.

$30=\left(\frac{\text{총저축}}{18}\right)\times 100$이므로 총저축은 5.4조 원이다.

③ 2007년의 국내총투자를 알아보기 위해서는 국내총투자율 공식에 대입해 본다.

$20=\left(\frac{\text{국내총투자}}{450}\right)\times 100$이므로 국내총투자는 90조 원이다.

다음으로 국외투자를 알아보면 $5=\left(\frac{\text{국외투자}}{450}\right)\times 100$이므로 국외투자는 22.5조 원이다.

따라서 국내총투자와 국외투자의 합은 112.5조 원이다.

④ $30=\left(\frac{\text{국내총투자}}{216}\right)\times 100$이므로 64.8조 원이다. 그러나 1995년 국외투자를 알아보기 위해 국외투자율 공식에 대입해 보면 $-5=\left(\frac{\text{국외투자}}{80}\right)\times 100$이므로 국외투자는 −4조 원이다.

⑤ 국내총투자율과 국외투자율이 같으면 국내총투자와 국외투자도 같다는 사실을 알 수 있다.

18. ⑤

⑤ A매장은 1,900만 원에 20대를 구매할 수 있다. B매장은 20대를 구매하면 2대를 50% 할인 받을 수 있어 1,900만 원에 구매할 수 있다. C매장은 20대를 구매하면 1대를 추가로 증정 받아 1,980만 원에 구매할 수 있다. 그러므로 저렴하게 구입할 수 있는 매장은 A매장과 B매장이다.

① C매장에서는 50대를 구매하면, 총 가격이 4,950만 원이며 2대를 추가로 받을 수 있다.

② A매장에서는 30대를 구매하면 3대를 추가로 증정하므로, 3,000만 원에 33대를 구매할 수 있다.

③ B매장에서는 10대를 구매하면 1대를 50% 할인 받아 950만 원이고, C매장에서는 모두 정가로 구매하여 990만 원이다.

④ C매장에서는 40대를 구매하면 2대를 추가로 증정 받아 3,960만 원에 구매할 수 있다.

19. ③

'과학'의 실시기관 수는 어린이집의 경우 6.0×42,527÷100=약 2,552(개), 유치원의 경우 27.9×8,443÷100=약 2,356(개)로 어린이집이 유치원보다 더 많다.

① 특별활동프로그램 실시율이 40% 이상인 특별활동프로그램은 어린이집과 유치원 모두 음악, 체육, 영어로 같다.

② 실시기관 수 대비 파견강사 수의 비율은 음악이 1,059÷5,294×100=20(%), 영어가 1,492÷5,968×100=25(%)로 영어가 더 높다.

④ 파견강사 수가 가장 많은 프로그램은 어린이집과 유치원 모두 '영어'이다.

⑤ 어린이집 특별활동프로그램 중 실시기관 수가 1,000개도 안 되는 프로그램은 컴퓨터, 한자, 서예로 총 3가지이다.

20. ②

일본의 수출액은 (약)691,144→(약)599.754→(약)823,296천$로 20020년에 가장 많다.

① 2019년 북미의 수출액은 3,277,346의 10.9%이므로 357,230,714달러로 3억 달러를 넘는다.

③ 게임 산업 수출액은 3,214,627→3,277,346→5,922,998(천$)로 증가하고 있으며 특히 2020년에 급증했다.

④ 게임 산업 지역별 수출액 비중에서 북미는 2018년에는 3위, 2019년에는 4위, 20020년에는 4위로 매년 4위 이상을 차지하고 있다.

⑤ 매년 총 비중은 100%가 되므로 ( ) = 100 − (21.5 + 11.2 + 17.2 + 10.8 + 6.4) = 32.9이다.

21. ③

문법반은 월, 화, 목요일에 강좌 개설이 가능하므로 월요일에도 가능 표시가 되어야 한다.

22. ⑤

3 ~ 4월에 문법반은 월, 수, 금 밤 8시에 중급반 강좌가 개설되었었다. 따라서 5 ~ 6월에는 월, 화, 목 밤 9시로 시간을 옮겨 고급반으로 진행되어야 한다.

① 회화반B는 화, 목, 금요일 개설 가능하므로 수정될 필요가 없다.

② 3 ~ 4월에 독해반이 고급이었으므로 입문반이 올바른 강좌이다.

③ 3 ~ 4월에 한자반은 초급이었으므로 5 ~ 6월에는 중급 강좌가 적절하며 월, 수, 금이 가능한 요일이다.

④ 비즈니스반은 월, 목이 가능하며, 회화반A는 매일 가능하므로 적절하다.

23. ④

평가대상기관의 내진성능평지수와 내진성능평가점수를 정리하면 다음과 같다.

	A	B	C	D
내진성능평가지수	82(3점)	90(5점)	80(1점)	83(3점)
내진보강공사지수	91(3점)	95(3점)	90(1점)	96(5점)
합산 점수	6점	8점	2점	8점

합산 점수가 높은 1위, 2위는 B와 D로 두 기관 다 8점으로 동점이다. 이럴 경우 내진보강대산건수가 많은 기관을 높은 순위로 한다고 했으므로 1위는 D, 2위는 B이다.

24. ⑤

광역버스는 광역버스의 1자리의 고유숫자→출발지 권역→1 ~ 2자리 일련번호(0 ~ 99)로 구성되어 있고, 총 3 ~ 4자리이다.

⑤ 버스 번호가 1553이므로 광역버스의 고유번호는 1, 출발지 권역 5, 일련번호 53이므로 강북구가 아닌 동작, 관악, 금천에서 출발하는 53번 버스라는 것이다.

① 출발지 권역이 1이므로 서울은 도봉, 강북, 성북, 노원이 가능하고, 경기도는 의정부, 양주, 포천 등이 가능하다. 도착지 권역은 2이므로 동대문, 중랑, 성동, 광진이 가능하고, 경기도는 구리와 남양주가 가능하다. 일련번호는 0 이므로 0번 버스이다.

② 출발지 권역이 1이므로 서울은 도봉, 강북, 성북, 노원이 가능하고, 경기도는 의정부, 양주, 포천 등이 가능하다. 도착지 권역 역시 1이므로 출발지 권역과 같다. 일련번호는 28 이므로 28번 버스이다.

③ 출발지 권역이 7이므로 서울은 은평, 마포, 서대문이 가능하고, 경기도는 파주, 고양 등이 가능하다. 도착지 권역은 1이므로 1이므로 서울은 도봉, 강북, 성북, 노원이 가능하고, 경기도는 의정부, 양주, 포천이 가능하다. 일련번호는 0 이므로 0번 버스이다.

④ 순환하는 권역 번호는 0이므로 종로, 용산, 중구 안에서 순환하여야 한다. 일련번호는 2이므로 2번 버스이다.

25. ②

A국과 B국은 관세 철폐로 인해 수입품의 가격이 하락하게 되므로 양국 간 교역량이 증가하고 소비자들의 혜택은 증가한다. 그러나 수입품과 경쟁하던 A국과 B국의 공급자들은 가격 하락으로 인해 혜택이 감소할 수 있다. 한편 A국과 B국이 C국으로부터 수입하던 재화의 일부분은 A국과 B국간의 교역으로 대체될 수 있다.

26. ③

일부 구간에서는 B지역의 어른 요금이 더 싸다. 예를 들어 15km 거리를 이용할 경우, A지역은 2구간 적용으로 1,400원, B지역은 1,350원의 운임이 발생한다.

① A지역은 다자녀가정의 승객을 어린이 요금 대상에 포함하고 있다.

② A지역은 1~3급 장애인의 보호자 1인도 운임 감면 대상에 포함하고 있다.

④ 10km 시작 요금에 추가 20% 할인까지 적용하고 있어 매우 싸다고 볼 수 있다.

⑤ 1회용 교통카드를 이용하는 어린이는 교통카드를 이용하는 것과 동일한 수준으로까지 혜택을 부여하고 있으나, 1회용 교통카드를 이용하는 청소년에게는 어른과 같은 요금을 적용하고 있어 상이한 대우를 한다고 볼 수 있다.

27. ③

- 주어진 보기에서 모두 일본이 같은 위치에 있으므로 ㉣이 일본임을 알 수 있다.
- ㈎와 ㈏를 근거로, 일본의 좌측 ㉠~㉢은 스웨덴, 미국, 한국이, 우측 ㉤~㉦은 칠레, 멕시코, 독일이 해당된다는 것을 알 수 있다.
- ㈐에서 20%p의 차이가 날 수 있으려면, 한국이나 멕시코 중 어느 한 나라는 ㉠이 되어야 한다. 따라서 한국이 ㉠이 된다.
- 일본과 한국을 제외한 나머지 ㉡, ㉢, ㉤, ㉥, ㉦ 국가의 진학률 일의 자리를 보고, 한국의 68%와 함께 20%p의 차이를 나타낼 수 있는 조합을 찾아야 한다. 따라서 일본을 중앙으로 한 양 쪽의 진학률 수치의 일의 자리들로 보아 68+25와 46+27 이외에는 정확히 20의 차이를 만들 수 있는 수치가 없음을 알 수 있다.

따라서 한국이 ㉠, 멕시코가 ㉦이 되며, 스웨덴과 칠레가 각각 ㉢과 ㉥이 되고, 남은 두 국가는 ㈎와 ㈏에 의하여 ㉡이 미국, ㉤이 독일이 된다.

28. ⑤

주어진 〈보기〉의 내용을 정리하면 다음과 같다.

- ㈎에 의해서 ㉡을 제외한 나머지 세 곳 중 두 곳이 K은행과 J은행임을 알 수 있다. 동시에 ㉡은 N은행과 W은행 중 한 곳이 되어야 한다는 것도 알 수 있다.
- ㈏에 의해서 ㉠과 ㉣ 중 한 곳이 N은행임을 알 수 있다. 그런데 N은행이 ㉠과 ㉣ 중 한 곳이라면 ㉡이 될 수 있는 두 개의 기관 중 하나가 없어지게 되므로 ㉡은 남게 되는 W은행이 된다는 것을 알 수 있다.
- ㈐에 의해서 매년 대출금 순위가 4위와 5위인 곳은 ㉣과 ㉡이며, ㈏에서 ㉡은 W은행임이 밝혀졌으므로 나머지 ㉣이 J은행임을 알 수 있다. 또한 ㉣이 J은행이면, ㈏에 의해서 ㉠은 N은행이 되고 나머지 ㉢은 K은행이 된다.

29. ③

외출한 곳에서 퇴근시간을 넘길 시에는 상사에게 현지퇴근 보고를 해야 한다.

30. ④

겉으로 보이는 용모도 인격의 일부분이다. 더불어서 옷차림은 사람의 이미지 형성에 있어서 영향을 미친다. 그러므로 직업, 상황 등에 맞는 옷차림이 중요하다.

31. ③

상급자에게 그 하급자이면서 자기에게는 상급자를 말할 때는 "님"을 붙이지 않고 직책과 직급명만을 말해야 한다.

32. ①

명함을 줄 때에는 서열이 낮은 사람이 먼저 건네는 것이 원칙이다.

※ 명함 교환의 기본원칙

㉠ 명함을 줄 때

- 서열이 낮은 사람이 먼저 건넨다.
- 서서 주고받는다.
- 상대가 읽기 쉽도록 돌려 잡고 전달하면서 자신을 소개한다.
- 전달 시에 시선을 교환한다.

㉡ 명함을 받을 때

- 일어서서 두 손으로 정중하게 받는다.
- 명함을 받아서 이름을 확인하고 관심을 표현한다.
- 받은 명함에 대해서 메모는 가능하지만 상대 앞에서는 하지 않는다.
- 대화를 나누는 동안에 명함을 테이블 오른쪽에 올려놓고 보면서 이야기한다.

33. ④

甲씨의 월 급여액에서 비용을 모두 지출하고 남은 금액은 70만 원이다. 90%를 넘지 않아야 하므로 아파트 입주를 위한 최대 지출 가능 금액은 63만 원이다. 또한, 한도액 내에서 가장 넓어야 하므로 보증금과 월 임대료의 합이 611,000인 D지역의 큰 방이 가장 적절한 곳이 된다.

34. ④

장소별로 계산해 보면 다음과 같다.

- 분수광장 후면 1곳(게시판) : 120,000원
- 주차 구역과 경비초소 주변 각 1곳(게시판) : 120,000 × 2 = 240,000(원)
- 행사동 건물 입구 1곳(단독 입식) : 45,000원
- 분수광장 금연 표지판 옆 1개(벤치 2개 + 쓰레기통 1개) : 155,000원
- 주차 구역과 경비초소 주변 각 1곳(단독) : 25,000 × 2 = 50,000(원)

따라서 총 610,000원의 경비가 소요된다.

35. ⑤

참석인원이 800명이므로 800장을 준비해야 한다. 이 중 400장은 2도 단면, 400장은 5도 양면 인쇄로 진행해야 하므로 총 인쇄비용은 (5,000×4)+(25,000×4)=120,000(원)이다.

36. ③

㉠ 남부지방은 평년 대비 2021년에 장마 기간은 늘어났지만 강수일수와 강수량은 각각 17.1일 → 16.7일, 348.6mm → 254.1mm로 감소하였다.

㉡ 2021년의 장마 기간 1일 당 평균 강수량은 중부지방이 220.9÷35=약 6.3(mm), 남부지방이 254.1÷36=약 7.1(mm), 제주도가 518.8÷30=약 17.3(mm)로 제주도–남부지방–중부지방 순으로 많다.

㉢ 중부지방, 남부지방, 제주도의 2021년 장마 기간 대비 강수일수 비율은 각각 18.5÷35×100=약 52.9(%), 16.7÷36×100=약 46.4(%), 13.5÷30×100=45(%)이므로, 강수일수의 많고 적은 순서(중부지방 18.5일, 남부지방 16.7일, 제주도 13.5일)와 동일하다.

37. ②

달력에 휴가일을 표시하면 다음과 같다.

일	월	화	수	목	금	토
		1	2	3	4	5
6	7	8	9	10	11	12
13	14	15	16	17	18	19
20	21	22	23	24	25	26
27	28	29	30	31		

따라서 武가 31일에 휴가를 사용해도 24일 목요일은 전원이 근무하는 날이 될 수 있다.

38. ②

- **A프로젝트** : 200만원 투자, 수익률 9%로 1년 후 18만 원의 수익이 발생한다.
- **B프로젝트** : 400만원 투자(그 중 200만 원은 연리 5%로 대출받음. 따라서 10만 원의 비용이 발생)

따라서 B프로젝트를 선택하려면, 적어도 28만 원보다 많은 수익이 발생하여야 한다. 400만 원 중 수익이 28만 원보다 많으려면 수익률이 적어도 7%보다 높아야 하므로, 7.1%가 연간 예상 수익률의 최저 수준이 됨을 알 수 있다.

39. ③

A제품의 생산량을 x개라 하면, B제품의 생산량은 $(50-x)$개이므로,

$50x+20(50-x) \le 1{,}600$ ⋯ a

$3x+5(50-x) \le 240$ ⋯⋯⋯ b

a ⋯ $x \le 20$, b ⋯ $x \ge 5$

a와 b를 합치면 $5 \le x \le 20$이므로, x의 최댓값인 20개의 A제품을 생산할 때 이익이 최대가 된다.

40. ③

㉠ 융통성을 제외한 나머지 부분의 점수의 합은 동률을 이루는 상황이므로 B 사원보다 융통성 점수가 높아야 총점에서 C 사원이 B 사원 보다 높은 점수를 받을 수 있다. 따라서 10점을 맞아야 한다.

㉡ D 사원은 작업속도 부분에서 10점을 받더라도 총점이 38점이 나오기 때문에 상여금을 받을 수 있지만 진급하지는 못한다.

㉢ A 사원과 B 사원의 융통성 부분의 점수가 바뀐다면 A 사원은 1점이 증가하고 B 사원은 1점이 감소하기 때문에 A 사원과 B 사원은 동점인 상황이 된다.

㉣ 표에서 괄호부분의 점수를 모두 10점을 준다 하더라도 A 사원(34점), B 사원(36점), C 사원(37점), D 사원(38점), E 사원(39점) 이므로 E 사원이 진급을 하지만 총점이 40점을 넘은 것은 아니다.

한국사

1	①	2	④	3	②	4	⑤	5	①	6	②	7	③	8	③	9	②	10	①
11	⑤	12	⑤	13	①	14	④	15	⑤	16	②	17	④	18	①	19	④	20	⑤

1. ①

고조선의 '범금(犯禁) 8조'에 관한 내용이다. 해당 법 조항을 통해 살펴본 고조선의 사회 모습은 사유재산재의 존재와 계급, 생명 및 노동력을 중시한다는 것을 알 수 있다. 또한 고조선은 상 · 대부 · 장군 등의 관직 체계가 존재했다.

① 영고는 부여의 제천행사이다.

2. ④

반달돌칼, 바퀴날도끼, 토기 파편, 탄화된 볍씨 등은 청동기시대의 유물이다. 당시의 집터 유적은 주로 구릉지나 산간지방에서 발견된다.

3. ②

이인좌의 난(1728년, 영조 4) … 경종이 영조 임금에게 독살되었다는 경종 독살설을 주장하며 소론과 남인의 일부가 영조의 왕통을 부정하여 반정을 시도한 것이다. 영조의 즉위와 함께 실각 당하였던 노론이 다시 집권하고 소론 대신들이 처형을 당하자 이에 불만을 품은 이인좌 등이 소론 · 남인세력과 중소상인, 노비를 규합하여 청주에서 대규모 반란을 일으켜 한성을 점령하려고 북진하다가 안성과 죽산전투에서 오명환이 지휘한 관군에게 패하여 그 목적이 좌절되었다.

4. ⑤

중원고구려비 … 충청북도 충주시에 있는 고구려의 고비(古碑)로서 현재 국보 제205로 지정되어 있다. 이 비는 고구려 비(碑) 중 한반도에서 발견된 유일한 예로 고구려가 당시 신라를 「동이(東夷)」라 칭하면서 신라왕에게 종주국으로서 의복을 하사했다는 내용이 실려 있는데 이는 「삼국사기(三國史記)」를 비롯한 여러 문헌에는 실려 있지 않은 사실이다. 또한 '신라토내당주(新羅土內幢主)'하는 직명으로 미루어 신라 영토 안에 고구려 군대가 주둔하였음을 확인할 수 있는 등의 내용이 담겨 있어 고구려사를 연구하는 데 많은 영향을 주었다.

5. ①

고려 전기의 정세는 고려, 송, 거란 사이에서 세력의 균형이 이루어졌다.

6. ②

제시문은 고려시대 도병마사에 관한 설명이다. 도병마사는 식목도감과 더불어 고려의 독자적 성격으로 만들어진 고관합좌기구였으며 고려 후기에는 도평의사사(도당)로 개편되어 담당 업무가 더욱 확대되어 권문세족의 세력기반 유지에 기여하였다.

① 도병마사 이후 도평의사사의 기능 강화는 오히려 왕권을 약화시켰다.
③ 무신정권의 최고 회의기구는 중방이었고, 최씨 무신정권에서는 교정도감이 있었다.
④ 고려 말 신진사대부는 도평의사사를 혁파하고자 하였다.
⑤ 충렬왕 때 도평의사사로 개칭, 상설화 되었다.

7. ③

구양순체는 고려 전기의 유행서체이며 송설체가 유행한 시기는 고려 후기에 해당한다. 또한 13세기 후반 성리학의 수용으로 대의명분과 정통의식을 고수하는 성리학과 사관이 도입되었는데 이제현의 「사략」은 이 시기의 대표적인 역사서이다. 따라서 고려 후기의 농업 기술 발달에 관한 내용을 선택하여야 하며 상품작물이 광범위하게 재배된 것은 조선 후기의 특징에 해당하므로 제외하여야 한다.

※ **고려 후기의 농업 발달**

㉠ 밭농사에 2년 3작의 윤작법이 보급되었다.
㉡ 원의 사농사에서 편찬한 화북지방의 농법 「농상집요」를 전통적인 것을 보다 더 발전시키려는 노력의 일단으로 소개 보급하였다.
㉢ 소를 이용한 심경법이 널리 보급되었다.

8. ③

연령과 성별에 따라 6등급으로, 호는 인구수에 따라 9등급으로 나누어 기록하였다.

9. ②

고리대는 높은 이자로 돈이나 곡물을 빌려 주어 재산을 증식하는 것으로, 고려시대에는 주로 귀족이나 사찰에서 행하였으며, 이로 인해 농민의 생활이 피폐해졌다.

10. ①

대동법 … 농민 집집마다 부과하였던 공물 납부 방식을 토지의 면적에 따라 쌀, 삼베, 무명, 동전 등으로 납부하게 하는 제도

11. ⑤

④ 신라와 관련된 내용으로 옳지 않다.
①②③ 고구려와 관련된 내용으로 위의 제시문(서옥제)에 나와 있는 국가의 사회 모습과 일치한다.

12. ⑤

통일신라 말기에는 지방의 유력자들을 중심으로 무장조직이 결성되었고, 이들을 아우른 큰 세력가들이 호족으로 등장하였다.

13. ①

화랑도는 귀족 출신의 화랑과 평민 출신의 낭도로 구성되어 계급 간의 대립과 갈등을 조절하고 완화하는 기능을 하였다.

14. ④

제시된 글은 노론 내부에서 펼쳐진 호락논쟁이다.

※ 호론과 낙론 키워드 정리

㉠ **호론** : 한원진 / '기'의 차별성 강조(주기파), 인물성이론, 인간의본성≠사물의본성 / 양반중심 신분제, 지주전호제 옹호 / 화이론, 북벌론 주장 / 위정척사 사상에 영향

㉡ **낙론** : 이간 / '이'의 보편성 강조(주리파), 인물성동론, 인간의본성=사물의본성 / 북학론의 바탕 / 북학파(중상학파), 개화사상에 영향

15. ⑤

세도정치의 폐단…세도 가문의 주요 관직의 독점, 과거제도의 문란, 매관매직의 성행, 각종 부정부패의 만연 및 삼정의 문란 등이 있다.

16. ②

신민회는 교육구국운동의 일환으로 정주의 오산학교, 평양의 대성학교, 강화의 보창학교 등을 설립하였고 그 외 여러 계몽 강연이나 학회운동 및 잡지 · 서적 출판운동, 그리고 민족산업진흥운동, 청년운동, 무관학교 설립과 독립군 기지 창건 운동 등에 힘썼다.

17. ④

제시된 지문은 갑신정변 때 개화당 정부의 14개조 혁신 정강의 내용이다.

18. ①

㉠ 1966년 3월 ㉡ 1970년~ ㉢ 1972년 7월 ㉣ 1972년 10월

19. ④

4 · 19혁명(1960) 이후 허정, 장면을 중심으로 한 과도정부가 수립되었고, 1960년 6월 15일에 내각책임제(의원내각제)를 골자로 한 제3차 개헌이 실시되었다.

20. ⑤

ⓔ 1945년 10월
ⓐ 1945년 11월
ⓑ 1946년 3월
ⓒ 1946년 8월

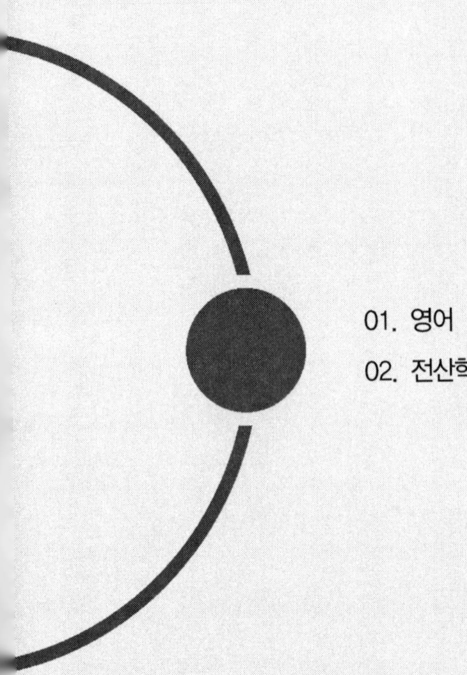

01. 영어

02. 전산학

PART

03

부록

01 영어

| 1~2 | 다음 밑줄 친 부분에 들어갈 단어로 가장 적절한 것을 고르시오.

1

Rather than leaving immediately, they waited for the storm to ___________.

① abrade
② abate
③ abolish
④ abridge
⑤ abjure

해설 immediately 곧, 즉시, 즉각
① 문질러 벗겨지게 하다, 침식하다 ② 완화시키다, 감소시키다 ③ 폐지하다, 파괴하다
④ 요약하다, 단축하다, 줄이다 ⑤ 포기하다, 회피하다
「즉시 떠나기보다 그들은 폭풍우가 가라앉기를 기다렸다.」

2

The White House and congressional leaders worked Monday to align lawmakers from both parties behind their formula for ___________ a financial meltdown and halting the government's prolific spending habits.

① precipitating
② replicating
③ averting
④ contriving
⑤ recovering

해설 ① 촉진시키다
② 복제하다
③ 피하다
④ 고안하다, 궁리하다
⑤ 회복하다
「백악관과 의회 지도자들은 재정 붕괴를 피하고 정부의 엄청난 소비 습관을 막기 위한 방법을 지지하여 양당으로부터의 국회의원들을 정렬시키기 위해 월요일에 근무했다.」

풀이종료시간 : [　　] – [　　]
풀이소요시간 : [　　]분 [　　]초

| 3~4 | 다음 제시된 단어와 반대되는 의미를 가진 단어를 고르시오.

3

loose

① wise ② wide
③ splendid ④ personal
⑤ tight

✔ 해설 loose 풀린, 벗겨진, 느슨한, 한가한 tight 단단한, 팽팽한, 꼭 끼는
① 현명한 ② 넓은 ③ 훌륭한 ④ 개인적인

4

encourage

① discourage ② engage
③ promote ④ courage
⑤ reject

✔ 해설 encourage 용기를 북돋우다, 격려하다, 장려하다 discourage 낙담시키다, ~의 용기를 잃게 하다
② 사로잡다 ③ 촉진하다 ④ 용기 ⑤ 거부하다

Answer 1.② 2.③ 3.⑤ 4.①

❙ 5~6 ❙ 다음 문장에서 밑줄 친 부분과 의미가 가장 가까운 것을 고르시오.

5

It is <u>debatable</u> whether nuclear weapons actually prevent war.

① contradictory ② reconcilable
③ augmentative ④ controversial
⑤ comfortable

해설 contradictory 모순된 reconcilable 화해할 수 있는 augmentative 증가하는 controversial 논쟁의 여지가 있는 debatable 논쟁의 여지가 있는(= disputable) comfortable 편안한
「핵무기가 정말로 전쟁을 막을 것인지 아닌지에 대해서는 논란의 여지가 있다.」

6

I was so <u>gullible</u> that he had little difficulty in selling the property to me.

① easily deceived ② excitable
③ extremely hungry ④ so pleased
⑤ too young

해설 gullible 잘 속는 deceive 속이다, 기만하다, 현혹하다 excitable 흥분하기 쉬운
「나는 너무 쉽게 속기 때문에 그는 내게 그 물건을 파는 데 별 어려움이 없었다.」

|7~8| 다음 문장 중 어법상 옳지 않은 것을 고르시오.

7 ① Only if you can solve this problem will you be admitted.

② They have prepared for the exam so hard, and so I did.

③ I was never aware of what was going on in that meeting.

④ Never did I dream that I could see her again.

⑤ Brad had known the story long before he received the book.

✔해설 ② so I did→so did I, 'so I did'는 앞의 문장과 긍정하는 주어가 동일할 때 쓰고, 앞 문장의 주어와 뒷 문장의 주어가 다를 때는 'so did I'문장을 쓴다.

① only를 포함한 부사절이 문두에 나왔으므로, 주어와 동사가 도치됐다.

③ what은 선행사를 포함하는 관계대명사로 여기서는 of의 목적어절을 이끌고 있다.

④ Never가 문두로 나오면서 주어와 동사가 도치된 문장이다.

「① 이 문제만 풀기만 하면, 너는 입학이 허락될 것이다.

② 그들은 시험 준비를 열심히 했고, 나 또한 그랬다.

③ 그 모임에서 어떤 일이 진행되고 있었는지 나는 정말 알지 못했다.

④ 그녀를 다시 보게 되리라고는 절대 꿈도 꾸지 못했다.

⑤ Brad는 그 책을 받기 훨씬 전부터 그 이야기를 알고 있었다.」

8 ① You should not take her help for granted.

② You must borrow that pen if you want to.

③ He might as well call the whole things off.

④ I haven't seen her for ages. I must phone her up.

⑤ I think you should get your blood pressure checked.

✔해설 ② must→can 또는 may

「① 너는 그녀의 도움을 당연한 것으로 여겨서는 안 된다.

② 원한다면 이 펜을 빌려야 한다(→빌려가도 좋다).

③ 그는 모든 일에서 손을 떼는 편이 낫다.

④ 그녀를 못본 지 몇 년 되었다. 그녀를 전화로 불러내야겠다.

⑤ 난 네가 혈압을 꼭 재봐야 한다고 생각해.」

Answer 5.④ 6.① 7.② 8.②

9 다음 글을 읽고 빈칸에 들어갈 가장 적절한 것을 고르시오.

> He is most generous about forgiving a slight, an insult, and an injury. Never does he harbor resentment, store up petty grudges, or waste energy or thought on means of revenge or retaliation. He's much too __________ a person.

① intrepid
② impolite
③ versatile
④ magnanimous
⑤ urbane

해설 generous 관대한, 아량 있는, 풍부한 slight 경멸, 무례 insult 모욕, 무례 injury 명예훼손, 모욕 harbor 품다, 숨겨주다 resentment 적의, 분노 store up 쌓아 두다 grudge 원한, 악의, 유감 revenge 복수, 앙갚음, 보복
① 대담한
② 무례한
③ 다재다능한
④ 도량이 큰
⑤ 점잖은
「그는 경멸, 무례, 모욕 등을 용서하는 데 매우 관대하다. 그는 절대 적의를 품지 않았고, 약간의 원한도 쌓아 두지 않았으며, 복수나 앙갚음할 방법에 대하여 정력이나 생각을 낭비하지 않는다. 그는 너무 관대한 사람이다.」

10 다음 글을 읽고 밑줄 친 부분 중 어법상 틀린 것을 고르시오.

> Although the origins of dances like the waltz and polka in Austrian and Czech folk music ① <u>are clear</u>, it is less easy to see ② <u>that</u> elements the Strausses added—apart, of course, from their genius. The music of Johann I may now seem to us less inspired ③ <u>than that</u> of Johann II or Josef, but it still shows all the distinguishing marks of the later style. Although the only piece of his ④ <u>which</u> is now a household word is the famous Radetsky March, his waltzes and gallops and polkas are still enjoyable listening, and it is very hard ⑤ <u>to discern</u> any influence from contemporary composers such as Beethoven or even Schubert.

✔ 해설 elements가 복수형이므로 수의 일치를 위해 that이 아니라 those가 와야 한다.
distinguishing 현저한 waltze, gallop, polka 춤곡의 일종 discern 알아차리다
contemporary 현대의, 동시대의 composer 작곡가
「오스트리아의 왈츠와 체코의 폴카와 같은 민속춤의 기원은 분명하나, 슈트라우스가 추가한 요소들은 그 천재성과 별개로 둔다고 하더라도 보기 쉽지 않은 것이다. 요한 슈트라우스 1세의 음악은 지금 우리에게는 요한 슈트라우스 2세나 요세프보다 덜 영감적일 수 있으나, 여전히 후기 형태의 독창적인 특징을 모두 보여준다. '라데츠키 행진곡'으로 불리는 작품이 유일하게 알려진 작품이지만, 그의 왈츠, 갤럽, 폴카는 여전히 듣기 좋고, 베토벤이나 슈베르트와 같은 동시대 작곡가들의 영향을 찾아볼 수 없다.」

11 다음 글을 읽고 글의 흐름으로 보아 밑줄 친 표현의 뜻으로 가장 적절한 것을 고르시오.

> People respond to seat belts as they would to an improvement in road conditions—by driving faster and less carefully. The result of a seat belt law is a larger number of accidents. The decline in safe driving has a clear <u>adverse</u> impact on pedestrians, who are more likely to find themselves in an accident.

① unfavorable
② negligible
③ invariable
④ haphazard
⑤ advantageous

✔ 해설 adverse는 부정적이라는 의미를 가지고 있으므로, 이와 유사한 ①이 적절하다.
improvement 개선 decline 감소, 쇠퇴
「사람들은 안전벨트에 대해 도로 상태가 개선된 것으로 받아들여, 더 빨리 더 부주의하게 운전한다. 안전벨트 법의 결과는 더 많은 수의 교통사고로 귀결된다. 안전운전의 감소는 위험에 처하기 더 쉬운 보행자들에게 명백히 불리한 영향을 준다.」

Answer 9.④ 10.② 11.①

12 다음 글의 제목으로 가장 적절한 것은?

> The digital world offers us many advantages, but if we yield to that world too completely we may lose the privacy we need to develop a self. Activities that require time and careful attention, like serious reading, are at risk; we read less and skim more as the Internet occupies more of our lives. And there's a link between self-hood and reading slowly, rather than scanning for quick information, as the Web encourages us to do. Recent work in sociology and psychology suggests that reading books, a private experience, is an important aspect of coming to know who we are.

① In Praise of Slow Reading
② In Praise of Artificial Memory
③ In Praise of Digital World
④ In Praise of Private Life
⑤ In Praise of Meditation

해설 yield 항복하다, 양도하다 skim 걷어내다, 훑어보다 aspect 측면
이 글에서 필자는 느린 독서의 중요성을 강조한다. 또한 마지막 문장에서 필자는 reading books, a private experience, is an important aspect라고 언급하며 자신의 의견을 밝히고 있으므로 이 부분이 글 전체의 주제문이라 할 수 있다.
① 느린 독서의 찬양
② 기억술의 찬양
③ 디지털 세상의 찬양
④ 사생활의 찬양
⑤ 명상의 찬양
「디지털 세상은 우리에게 많은 이점들을 제공하지만, 만약 우리가 너무 완전히 그러한 세상에 굴복한다면, 우리는 스스로를 발전시키는 데 필요한 사생활을 잃을지도 모른다. 진지한 독서처럼 시간과 세심한 주의력을 요구하는 활동들이 위기에 처해 있다 인터넷이 우리의 삶을 더 많이 차지해 감에 따라, 우리는 덜 읽으며 더 훑어본다. 그리고 웹이 우리로 하여금 그렇게 하도록 부추기는 빠른 정보검색보다는, 천천히 읽는 것과 자아 사이에 더 많은 연관성이 있다. 사회학과 심리학의 최근 연구는 개인적 체험인 책을 읽는 것이 우리가 누구인지 알아가게 되는 중요한 측면임을 시사한다.」

13 다음 글의 요지로 가장 적절한 것은?

Through discoveries and inventions, science has extended life, conquered disease and offered new material freedom. It has pushed aside gods and demons and revealed a cosmos more intricate and awesome than anything produced by pure imagination. But there are new troubles in the peculiar paradise that science has created. It seems that science is losing the popular support to meet the future challenges of pollution, security, energy, education, and food. The public has come to fear the potential consequences of unfettered science and technology in such areas as genetic engineering, global warming, nuclear power, and the proliferation of nuclear arms.

① Science is very helpful in modern society.
② Science and technology are developing quickly.
③ The absolute belief in science is weakening.
④ Scientific research is getting more funds from private sectors.
⑤ It is dangerous to have a blind faith in science.

해설 conquer 정복하다 push aside 밀어 치우다 intricate 복잡한 peculiar 이상한, 독특한 meet the challenge 시련에 잘 대처하다 unfettered 제한받지 않는 proliferation 확산
이 글은 과학의 문제점에 대해 언급하여 대중들이 과학과 기술의 잠재적 결과들을 두려워하게 되었다고 말하고 있다.
① 과학은 현대 사회에서 매우 유용하다.
② 과학과 기술은 빠르게 발전하고 있다.
③ 과학에 대한 전적인 믿음이 약해지고 있다.
④ 과학 연구가 민간 부문들로부터 더 많은 자금을 얻고 있다.
⑤ 과학을 맹신하는 것은 위험하다.
「발견과 발명을 통해, 과학은 생명을 연장했고 질병을 정복했으며 새로운 물질적 자유를 제공했다. 그것은 신과 악마를 한쪽으로 밀어냈고 순수한 상상력에 의해 생산된 그 무엇보다도 더 복잡하고 놀라운 우주를 드러냈다. 하지만 그 독특한 천국에는 과학이 창조한 새로운 문제들이 있다. 과학은 공해, 안보, 에너지, 교육, 그리고 식량이라는 미래의 시련에 잘 대처하기 위한 대중적 지지를 잃는 것처럼 보인다. 대중은 유전공학, 지구온난화, 원자력, 그리고 핵무기의 확산과 같은 영역들에서 제한받지 않는 과학과 기술의 잠재적 결과들을 두려워하게 되었다.」

Answer 12.① 13.③

❙ 14~15 ❙ 글의 흐름상 주어진 문장에 이어질 내용을 순서대로 바르게 배열한 것을 고르시오.

14

ram Stoker's classic horror story, Dracula, was first printed in 1897. Since that time, the novel has been read by many people around the world.

(A) When he first appears in the novel, he is a polite and altogether charming host.
(B) But it is not long before he emerges as the inhuman monster who stays alive by drinking human blood and transforms himself into a bat.
(C) One reason for its popularity is the figure of Count Dracula, who is a strange mixture of the real and the supernatural.

① (A) – (B) – (C)
② (A) – (C) – (B)
③ (B) – (A) – (C)
④ (C) – (A) – (B)
⑤ (C) – (B) – (A)

 horror 공포, 경악 print 인쇄하다, (책 · 신문 등을) 찍다 appear 나타나다 altogether 완전히, 전적으로, 대체적으로 charming 매력적인 emerge 드러나다 (어둠 속에서) 나오다 inhuman 비인간적인, 잔인한 monster 괴물 transform 변화하다, 바꿔놓다 popularity 인기 supernatural 초인간적인

「Bram Stoker의 고전 공포 이야기인 드라큘라는 1897년 처음 인쇄되었다. 그 이래로 소설은 세계 곳곳의 많은 사람들에게 읽히고 있다.
(C) 이 소설이 인기가 있는 한 가지 이유는 실질적이고 초인적인 이상한 혼합체 Count Dracula의 모습에 있다.
(A) 소설에서 그가 처음 등장했을 때, 그는 점잖고 매우 매력적인 주인이었다.
(B) 하지만 그가 사람의 피를 마시며 목숨을 유지하고 그 스스로를 박쥐로 변형시키는 비인간적인 괴물로 나타나기까지 오랜 시간이 걸리지 않았다.」

15

The Red Cross runs a widely Known blood program. A person who wishes to donate blood can do so at a Red Cross center.

(A) Then a pint of blood is taken from each donor's arm.
(B) The donor may feel a little weak afterwards, but a doughnut and a cup of coffee are just what puts them quickly on their feet again.
(C) Trained staff interview each potential donor about his or her health to screen out those whose blood may not be safe for the recipient.

① (C) – (A) – (B)
② (A) – (C) – (B)
③ (C) – (B) – (A)
④ (A) – (B) – (C)
⑤ (B) – (C) – (A)

✔ 해설 헌혈에 관한 내용으로 시간상의 전개 구조를 가지고 있다.

The Red Cross 적십자 donate blood 헌혈하다 potential 잠재적인 donor 기부자, 헌혈자 screen out 차단하다, 거르다 recipient 받는 사람, 수령인 afterwards 나중에

「적십자는 널리 알려진 혈액 프로그램을 운영한다. 헌혈을 원하는 사람은 적십자 센터에서 할 수 있다.

(C) 훈련 된 스태프는 받는 사람이 안전하지 않을지도 모르는 혈액을 차단하기 위해서 각각의 잠재적인 헌혈자들의 건강에 대해 인터뷰를 한다.

(A) 그때 원 파인트의 혈액이 헌혈자의 팔로부터 나온다.

(B) 헌혈자는 나중에 힘이 없는 기분을 느낄지도 모른다. 그러나 도넛이나 커피 한 잔은 그들의 발걸음을 다시 빠르게 만들어 놓는다.」

Answer 14.④ 15.①

16 다음 중 밑줄 친 문장의 의미를 가장 잘 나타낸 것은?

> When the founders of America wrote the great words of the Constitution and the Declaration of Independence, they were promising liberty and justice to every American. <u>It is obvious that America has failed to keep these promises as far as her citizens of color are concerned.</u> We are here to say, "America has denied liberty and justice to African Americans." But we believe that America is fully able to keep these promises and so we are here to demand liberty and justice for all Americans, black or white. We are telling America to give us liberty and justice right now.

① Minorities have nothing to complain about.

② America has always treated all people fairly.

③ America does not have a duty to treat all people equally.

④ America broke the promises stated in the Declaration of Independence and Constitution.

⑤ America is faithfully fulfilling its obligations.

✔ 해설 founder 창설자 Constitution 헌법 declaration 선언 independence 독립 liberty 자유

① 소수파들은 전혀 불평이 없다.

② 미국은 항상 모든 사람들을 공평하게 대해 왔다.

③ 미국은 모든 사람들을 동등하게 대우할 의무가 없다.

④ 미국은 독립선언문과 헌법에서 진술한 약속을 깨뜨렸다.

⑤ 미국은 그들의 의무를 성실히 이행하고 있다.

「미국의 설립자들이 헌법과 독립선언문과 같은 훌륭한 글을 썼을 때 그들은 모든 미국인들에게 자유와 정의를 약속했다. 미국이 국민들 중 유색인에 관한 한 이 약속들을 지키는 데 실패한 것은 확실하다. 우리는 "미국이 흑인들에게 자유와 정의를 부정해 왔다."고 말하기 위해 여기에 왔다. 그러나 우리는 미국이 이 약속들을 지키는 것이 전적으로 가능하다고 믿으며, 그래서 우리는 흑인이든 백인이든 상관없이 모든 미국인들에 대한 자유와 정의를 요구하기 위해 이곳에 왔다. 우리는 미국이 우리에게 당장 자유와 정의를 달라고 말하고 있다.」

17 다음 대화에서 빈칸에 들어가기에 가장 적절한 것은?

A : Even though going out for two years, she and I are still not talking the same language.
B : ________________________________

① You never fail to please me.
② So, do you intend to be through with her?
③ She must have gotten stuck in lots of work.
④ You're right. She doesn't have a liking for English.
⑤ You must be mistaken about it.

해설 talk the same language 말이 통하다, 생각이 일치하다 be through with ~와 끝내다 never fail to do 반드시 ~하다
① 너는 반드시 나를 기쁘게 해야 한다.
③ 그녀는 많은 일로 꼼짝 못하는 것이었음에 틀림이 없다.
④ 네 말이 맞다. 그녀는 영어를 좋아하지 않는다.
⑤ 너는 그것에 대해 오해한 게 틀림없어.
「A : 비록 2년 동안 교제하고 있지만, 그녀와 나는 여전히 생각하는 게 달라.
B : (그래서, 그녀와 끝내려고 하니?)」

Answer 16.④ 17.②

18 다음에서 두 사람의 관계로 가장 적절한 것은?

Like most other human scientific feats, however, it threatens social and industrial relations.

① The decoding of the human genome is a phenomenal development. ② It is a transcendental discovery in humanity's effort to improve miserable health conditions caused by pollution, wars and poverty. ③ It has the potential to throw people out of work and shake up families. ④ Effective laws must be passed to guard against converting this scientific feat into a tool of racism. ⑤

✔ 해설 scientific 과학의, 과학적인, 정확한, 숙련된 feat 위업, 공훈, 묘기, 재주 threaten 위협하다, ~할 우려가 있다 phenomenal 자연 현상의, 인지할 수 있는, 놀랄 만한, 경이적인 transcendental 선험적인, 초월적인, 탁월한, 우월한 miserable 불쌍한, 비참한, 고약한 poverty 빈곤, 가난, 결핍

「인간게놈의 해독은 놀랄 만한 사건이다. 그것은 오염, 전쟁, 그리고 빈곤에 의해 야기된 비참한 보건상태의 증진을 위한 인간의 노력에 있어서 탁월한 발견이다. (그러나 다른 인간의 과학적인 위업과 같이 사회적, 산업적 관계를 위협할 수 있다) 그것은 사람들을 실직시키고 가족을 개편할 잠재성을 가지고 있다. 이러한 과학적인 위업이 인종차별의 도구로 전환되는 것을 막기 위해 효과적인 법이 통과되어야 한다.」

19 다음 중 두 사람이 나눈 대화의 내용이 어색한 것을 고르시오.

① A : I'm going out for a walk. Can I do anything for you while I'm out?
B : Could you pick up some toothpaste at the drugstore?

② A : I'd like to make a reservation for two people for the second week of February.
B : I'm sorry, but there's nothing available that week.

③ A : Have you decided what you're going to major in?
B : Yes, I have. I'm planning to go to Australia during holidays.

④ A : What are you going to do after you graduate, Mr. Anderson?
B : I'm going to start my own business in my hometown.

⑤ A : Would you like to have a dinner with me this weekend?
B : I'm sorry I can't make it. Can you give me a rain check?

✔ 해설 ① A : 밖으로 산책하러 나갈건데, 외출하는 동안 뭐 시킬 것 있어?
B : 약국에서 치약 좀 사다줄 수 있니?
② A : 2월 둘째 주에 2인용으로 예약하고 싶습니다.
B : 죄송합니다만, 그 주에는 이용할 수가 없습니다(예약분이 남아있지 않습니다).
③ A : 뭘 전공할 것인지 결정했니?
B : 응, 나는 휴가 동안 호주에 갈 계획이야.
④ A : Anderson씨, 졸업 후에 무엇을 할 예정입니까?
B : 고향에서 사업을 시작해 보려고요.
⑤ A : 이번 주말에 나랑 같이 저녁 먹을래?
B : 미안하지만 안 될 것 같아. 다음엔 어때?

20 다음 대화에서 A가 연주회장에 도착한 시각은?

> A : Excuse me. How much longer should I wait for the concert? I've been waiting in the line for half an hour.
> B : I'm very sorry. There's been a sudden change in the concert schedule, so we'll be opening the doors in about twenty minutes.
> A : What time will the concert start, then? At about 9:00 tonight?
> B : At about 8:40. I apologize again for the delay.

① at 7:30
② at 7:50
③ at 8:20
④ at 8:40
⑤ at 9:20

✔ 해설 A가 묻는 시간에서 20분 후인 8시 40분에 콘서트를 시작하므로 현재 시각은 8시 20분이고, A가 반시간 동안 기다렸으므로 도착한 시각은 7시 50분이다.
「A : 실례합니다. 콘서트 시작하려면 얼마나 더 기다려야 되나요? 반시간 동안 기다렸어요.
B : 죄송합니다. 콘서트 일정이 갑자기 변경되었습니다. 그래서 약 20분 후에 문을 열겁니다.
A : 그럼 몇 시에 콘서트 시작합니까? 밤 9시?
B : 대략 8시 40분에 시작합니다. 지연 때문에 죄송합니다.」

Answer 18.③ 19.③ 20.②

02 전산학

1 다음 중 데이터베이스의 용어에 대한 설명으로 옳은 것은?

① 자료(Data)란 관찰이나 측정을 통해 얻은 사실을 말한다.
② 정보(Information)는 자료를 목적에 따라 가공하여 만든 것으로, 주관적인 가치 판단이 개입되어서는 안된다.
③ 애트리뷰트(attribute)는 특정한 상황에서 사용하기 위하여 데이터로부터 가공한 상태이다.
④ 투플(tuple)은 테이블의 열을 나타낸다.
⑤ 카디널리티(cardicality)는 하나의 릴레이션에서 속성의 전체 개수를 의미한다.

✔ 해설 데이터베이스의 용어
㉠ 자료(Data) : 발생된 사실 그 자체를 말하며 가공되지 않은 상태이다.
㉡ 정보(Information) : 특정한 상황에서 사용하기 위하여 데이터로부터 가공한 것을 말하며, 주관적인 가치 판단이 개입될 수 있다.
㉢ 애트리뷰트(attribute) : 테이블의 열을 나타내며, 데이터의 항목과 유사한 용어이다.
㉣ 투플(tuple) : 테이블의 행을 나타내며 만약 테이블이 n개의 요소를 가졌다면 n-투플이라고 한다.
㉤ 차수(degree) : 하나의 릴레이션에서 속성의 전체 개수를 말한다.
㉥ 카디널리티(cardicality) : 하나의 릴레이션에서 투플의 전체 개수를 말한다.

2 다음 중 데이터베이스 관리 시스템(DBMS)의 장점으로 옳지 않은 것은?

① 데이터 중복(redundancy)의 최소화
② 데이터의 무결성(integrity) 유지
③ 데이터의 공용성(sharing)
④ 데이터의 종속성(dependency)
⑤ 데이터의 보안성(security)

✔ 해설 데이터베이스 관리 시스템(DBMS)의 장점에는 데이터 중복(redundancy)의 최소화, 데이터의 공용(sharing), 데이터 무결성(integrity) 유지, 데이터의 일관성(consistency) 유지, 데이터 보안(security) 보장, 응용 프로그램과 데이터의 독립성(independence) 유지 등이 있다.

풀이종료시간 : [ ] – [ ]
풀이소요시간 : [ ]분 [ ]초

3 다음 중 데이터베이스 스키마의 종류로 옳지 않은 것은?

① 외부 스키마
② 내부 스키마
③ 종속 스키마
④ 개념 스키마
⑤ 서브 스키마

✔ 해설 데이터베이스 스키마의 종류에는 외부 · 내부 · 개념 스키마가 있다. 외부 스키마는 보통 전체 데이터베이스의 한 논리적 부분이 되기 때문에 서브 스키마라고도 한다.

4 다음은 데이터베이스의 후보키(Candidate key)에 대한 설명이다. ㉠와 ㉡에 들어갈 말로 옳은 것은?

> 데이터베이스에서 후보키(Candidate key)는 각 릴레이션 투플들의 키 값은 모두 다르고 유일하다는 (㉠)과 키를 구성하고 있는 여러 속성 중에서 하나라도 없으면 투플을 유일하게 구별할 수 없는, 각 투플을 유일하게 식별하는데 꼭 필요한 최소한의 속성으로만 구성되어야 한다는 (㉡)을 만족해야 한다.

	㉠	㉡
①	최소성	무결성
②	유일성	최소성
③	무결성	최소성
④	최소성	종속성
⑤	독립성	최소성

✔ 해설 후보키란 유일성과 최소성을 만족하는 속성 또는 속성들의 집합이다.
㉠ 유일성 : 하나의 릴레이션에서 키로 지정된 속성의 값은 투플마다 달라야한다는 의미이다. 즉, 릴레이션 투플들의 키 값은 모두 다르고 유일하다.
㉡ 최소성 : 키를 구성하고 있는 여러 속성 중에서 하나라도 없으면 투플을 유일하게 구별할 수 없는, 각 투플을 유일하게 식별하는데 꼭 필요한 최소한의 속성으로만 구성되어야 하는 성질이다.

Answer 1.① 2.④ 3.③ 4.②

5 다음은 E-R 다이어그램을 그래프로 표현한 표기법과 그 의미를 나타낸 〈표〉이다. ㉠, ㉡에 들어갈 내용으로 옳은 것은?

기호	의미
▭	개체(Entity) 타입
▭(이중 사각형)	약한 개체 타입
◇	㉠
⬭	㉡
───	개체에 속하는 속성을 연결할 때, 개체와 관계를 연결할 때 사용

	㉠	㉡
①	유도속성	부분키
②	기본키	링크
③	링크	기본키
④	속성	관계(relationship) 타입
⑤	관계(relationship) 타입	속성

✔ 해설 E-R 다이어그램 표기법

기호	의미	기호	의미
▭	개체(Entity) 타입	⬭(점선 밑줄)	부분키 속성
▭(이중 사각형)	약한 개체 타입	⬭(이중 타원)	다중값 속성
◇	관계(Relationship) 타입	타원에 연결된 타원들	복합 속성
◇(이중 마름모)	식별 관계 타입	점선 타원	유도 속성
⬭	속성	◇═▭	전체 참여 개체 타입
⬭(밑줄)	기본 키 속성	───	개체에 속하는 속성을 연결할 때, 개체와 관계를 연결할 때 사용

6 (가)의 [학생] 테이블에 (나)의 새로운 투플을 삽입하려고 했으나 삽입되지 않았다. 어떤 무결성 제약 조건의 위반 때문인가?

(가)

[학생]

학번	이름	학년	학과
100	조창수	1	컴퓨터공학과
200	이한범	4	작곡과
300	김한결	3	국문과
400	이한비	3	의상학과

(나)

	김수희	4	컴퓨터공학과

① 관계 무결성
② 개체 무결성
③ 참조 무결성
④ 도메인 무결성
⑤ 애트리뷰트 무결성

해설 개체 무결성이란 기본키를 구성하는 속성은 널(NULL) 값이나 중복값을 가질 수 없다는 것이다. 이 문제에서는 학번이 NULL이므로 개체 무결성을 위반한 경우이다.

Answer 5.⑤ 6.②

7 SQL 명령어 중 DML에 해당하는 것을 〈보기〉에서 모두 고른 것은?

〈보기〉

㉠ create
㉡ commit
㉢ insert
㉣ drop
㉤ select
㉥ delete

① ㉠, ㉡, ㉢
② ㉡, ㉢, ㉣
③ ㉢, ㉣, ㉤
④ ㉢, ㉤, ㉥
⑤ ㉣, ㉤, ㉥

✔ 해설 〈DDL〉

명령어	기능
CREATE	SCHEMA, DOMAIN, TABLE, VIEW, INDEX를 정의한다.
ALTER	Table에 대한 정의를 변경한다.
DROP	SCHEMA, DOMAIN, TABLE, VIEW, INDEX를 삭제한다.

〈DML〉

명령어	기능
SELECT	테이블에서 조건에 맞는 투플을 검색한다.
INSERT	테이블에 새로운 투플을 삽입한다.
UPDATE	테이블에서 조건에 맞는 투플의 내용을 변경한다.
DELETE	테이블에서 조건에 맞는 투플을 삭제한다.

〈DCL〉

명령어	기능
GRANT	사용권한 부여
REVOKE	사용권한 취소
COMMIT	정상적인 완료
ROLLBACK	비정상적인 종료

8 데이터베이스에서 다음의 설명이 의미하는 트랜잭션의 특성은 무엇인가?

> 트랜잭션의 처리가 완전히 끝나지 않았을 경우에는 전혀 이루어지지 않은 것과 같아야 한다는 것이다. 즉, "All or nothing"이어야 한다.

① 원자성(Atomicity)
② 일관성(Consistency)
③ 격리성(Isolation)
④ 지속성(durability)
⑤ 무결성(integrity)

해설 ② 일관성(Consistency) : 트랜잭션이 성공적으로 수행된 후에도 데이터베이스가 일관성 있는 상태를 유지해야 함을 의미한다.
③ 고립성, 격리성(Isolation) : 수행 중인 트랜잭션이 완료될 때까지 다른 트랜잭션들이 중간 연산 결과에 접근할 수 없음을 의미한다.
④ 지속성(durability) : 트랜잭션이 일단 그 실행을 성공적으로 완료하면 그 결과는 영속적이다. 따라서 시스템은 어떤 경우에도 완료된 결과의 영속성을 보장해야 한다.
⑤ 무결성은 트랜잭션의 특성이 아니다.

9 컴퓨터의 발전 과정 중 제3세대의 특징으로 옳은 것은?

① OMR, OCR, MICR 도입
② 프로그램 내장의 개념 도입
③ 개인용 컴퓨터의 개발
④ 운영체제의 개념 도입
⑤ 가상 기억 장치의 개념 도입

해설 제3세대 특징 … 주요 소자로 집적회로(IC)를 사용하였으며 OMR, OCR, MICR이 도입되었으며, 시분할 처리 시스템을 통해 멀티프로그래밍을 지원하였고, 경영정보처리시스템이 확립되었다.

Answer 7.④ 8.① 9.①

10 다음 중 2의 보수로 옳은 것은?

0110111

① 1101100
② 1001001
③ 1111111
④ 1110000
⑤ 0111000

✔ 해설 1의 보수를 구한 다음 자릿수 맨 끝에다 1을 더해주면 1001001이 나온다.
0110111→1의 보수는 1001000이며 2의 보수는 1001001이다.

11 다음 중 불(Boolean) 대수의 정리로 옳지 않은 것은?

① $1+A=A$
② $1 \cdot A=A$
③ $0+A=A$
④ $0 \cdot A=0$
⑤ $A+A=A$

✔ 해설 $1+A=1$이다. 불 대수는 2진수로 표현하기 때문에 모든 것이 0과 1로 표현이 되며, 0은 신호 없음, 1은 신호 있음을 의미하여 1+1은 신호 있음+신호 있음으로 표현하여 결과는 신호 있음으로 1이 나온다.

12 다음 중 두 개의 입력 값이 모두 1일 때만 출력 값이 1이 되는 기본논리회로로 옳은 것은?

① AND
② OR
③ NOT
④ NOR
⑤ NAND

해설 AND 회로는 두 개의 입력 값이 모두 1일 때만 출력 값이 1이 되는 기본 논리 회로이다.

논리함수	논리 게이트 기호	진리표	불 함수 표현	의미
버퍼 NOT (inverter)	A — F 입력 출력 A — F	입력: A / 출력: F, F 0 0 1 1 1 0	F=A F=A	논리 부정
AND NAND	A, B — F 입력 출력 A, B — F	입력: A, B / 출력: F, F 0 0 0 1 0 1 0 1 1 0 0 1 1 1 1 0	F=A · B F=A · B	논리곱 부정논리곱
OR NOR	A, B — F 입력 출력 A, B — F	입력: A, B / 출력: F, F 0 0 0 1 0 1 1 0 1 0 1 0 1 1 1 0	F=A+B F=A+B	논리합 부정논리합
Exclusive OR(XOR) Exclusive NOR(XNOR)	A, B — F 입력 출력 A, B — F	입력: A, B / 출력: F, F 0 0 0 1 0 1 1 0 1 0 1 0 1 1 1 0	F=A⊕B F=A⊕B =A⊙B	배타적 논리합 배타적 부정 논리합

13 다음 중 캐시메모리의 특징으로 옳은 것은?

① 주기억장치와 중앙처리장치 사이에서 데이터와 명령어를 일시적으로 저장하는 소형의 고속기억장치이다.
② 주기억장치와 입출력장치의 중간에 위치하는 임시기억장치이다.
③ 컴퓨터의 주기억장치와 주변장치 사이에서 데이터를 주고받을 때, 둘 사이의 전송속도 차이를 해결하기 위해 전송할 정보를 임시로 저장하는 고속기억장치이다.
④ 컴퓨터에서 임시 저장 공간으로 사용하기 위해 확보된 메모리 영역이다.
⑤ 기억장치 접근 시 주소에 의해 해당 위치에 접근하는 것이 아니라 찾고자 하는 내용 일부를 가지고 원하는 내용을 찾아 그 위치의 내용 모두를 제공하는 원리의 기억장치이다.

해설 캐시메모리는 주기억장치와 중앙처리장치 사이에서 데이터와 명령어를 일시적으로 저장하는 소형의 고속기억장치이다.

Answer 10.② 11.① 12.① 13.①

14 다음 중 셀렉터 채널과 멀티플렉서 채널의 특징으로 옳은 것은?

① 셀렉터 채널은 하나의 채널에 하나의 주변장치를 연결하는 것이다.
② 셀렉터 채널은 속도가 비교적 느리고 빠른 주변장치를 연결한다.
③ 셀럭터 채널은 저속 입출력장치와 고속 입출력 장치를 공용시켜 동시에 동작한다.
④ 멀티플렉서 채널은 여러 개의 채널에 여러 개의 주변장치를 연결하는 것이다.
⑤ 멀티플렉서 채널은 속도가 빠른 주변장치를 연결한다.

✔해설 ㉠ 셀렉터 채널은 하나의 채널에 하나의 주변장치를 연결하는 것으로 속도가 비교적 빠른 주변장치를 연결한다.
㉡ 멀티플렉서 채널은 하나의 채널에 여러 개의 주변장치를 연결하는 것으로 비교적 속도가 느린 주변장치를 연결한다.

15 다음 중 정상적인 프로그램 수행 도중 어떤 예기치 않은 일이 발생했을 때 이에 대응할 수 있도록 미리 정의된 기억장치의 주소로 프로그램이 자동적으로 분기된 후 슈퍼바이저 내의 처리루틴이 상황을 처리한 후 본래의 프로그램을 이어서 수행하는 것으로 옳은 것은?

① 인터럽트
② 명령레지스터
③ 부호기
④ 해독기
⑤ 명령어 파이프라이닝

✔해설 인터럽트(Interrupt)란 정상적인 프로그램 수행 도중 어떤 예기치 않은 일이 발생했을 때 이에 대응할 수 있도록 미리 정의된 기억장치의 주소로 프로그램이 자동적으로 분기된 후 슈퍼바이저 내의 처리루틴이 상황을 처리한 후 본래의 프로그램을 이어서 수행하는 것이다. 인터럽트의 종류로는 외부 인터럽트, 내부 인터럽트, 소프트웨어 인터럽트가 있다.

16 다음 중 컴퓨터의 기억용량 단위를 작은 순서부터 바르게 나열한 것은?

① KB－GB－MB－TB－PB－EB
② KB－MB－GB－TB－PB－EB
③ MB－KB－GB－PB－TB－EB
④ MB－GB－KB－PB－TB－EB
⑤ MB－GB－ KB－PB－EB－TB

해설 KB(1,024(BYTE))－MB(1,024(KB))－GB(1,024(MB))－TB(1,024(GB))－PB(1,024(TB))－EB(1,024(PB))

17 다음 중 연산장치의 구성으로 옳지 않은 것은?

① 가산기
② 누산기
③ 프로그램 계수기
④ 상태 레지스터
⑤ 데이터 레지스터

해설 연산장치(ALU)의 구성은 누산기, 데이터 레지스터, 가산기, 상태 레지스터가 있다. 이러한 연산장치는 제어장치가 해독한 명령의 지시에 따라 데이터의 산술 및 논리연산을 수행하는 장치이다.

18 다음 그림과 같은 논리회로에서 출력 X에 알맞은 것은?

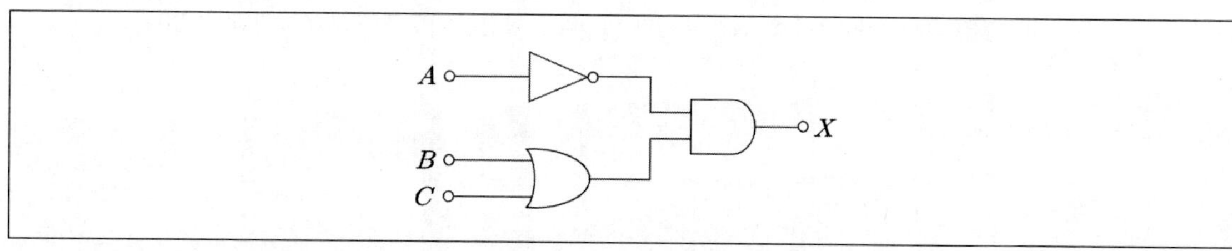

① $\overline{A} \cdot (B+C)$
② $\overline{A} \cdot \overline{(B+C)}$
③ $\overline{A} \cdot B \cdot C$
④ $\overline{A} \cdot \overline{B+C}$
⑤ $A \cdot (B \cdot C)$

해설 A는 NOT게이트, B와 C는 OR게이트이므로 (B+C), 마지막이 AND게이트이므로 $\overline{A} \cdot (B+C)$ 이다.

Answer 14.① 15.① 16.② 17.③ 18.①

19 다음 중 운영체제의 평가기준으로 옳지 않은 것은?

① 처리능력
② 저장시간
③ 사용가능도
④ 신뢰도
⑤ 응답시간

해설 운영체제의 평가기준
㉠ 처리능력
㉡ 응답시간
㉢ 사용가능도
㉣ 신뢰도

20 다음 중 분산 처리 시스템의 설계목적에 대한 설명으로 옳지 않은 것은?

① 자원 공유
② 연산속도 향상
③ 신뢰성 향상
④ 보안성 향상
⑤ 컴퓨터 통신

해설 분산운영체제의 설계목적
㉠ 자원 공유 : 각 시스템이 통신망을 통해 연결되어 있으므로 자원을 공유하여 사용할 수 있다.
㉡ 연산속도 향상 : 하나의 일을 여러 시스템에 분산시켜 처리함으로써 연산 속도가 향상된다.
㉢ 신뢰성 향상 : 여러 시스템 중 하나의 시스템에 오류가 발생하더라도 다른 시스템은 계속 일을 처리할 수 있으므로 신뢰도가 향상된다.
㉣ 컴퓨터 통신 : 지리적으로 멀리 떨어져 있더라도 통신망을 통해 정보를 교환할 수 있다.

21 다음 중 시분할 시스템의 설명으로 옳은 것은?

① 다중 프로그래밍의 변형된 형태로, 각 작업에 CPU에 대한 일정 시간을 할당하여 주어진 시간 동안 직접 컴퓨터와 대화형식으로 프로그램을 수행 할 수 있도록 개발된 시스템이다.

② 지역적으로 분산된 여러 컴퓨터에 기능을 분담시킨 후, 통신망을 통하여 상호 간에 교신하여 처리하는 방식의 시스템이다.

③ 단말기나 제어대상으로부터 처리요구자료가 발생할 때마다 즉시 처리하여 그 요구에 응답하는 방식의 시스템이다.

④ 자료가 발생한 지점에서 단말기를 통하여 직접 입출력되기 때문에 사용자의 노력이 절감된다.

⑤ CPU가 다수 존재하여 다중 작업을 구현한다.

해설 ② 분산처리 시스템 : 지역적으로 분산된 여러 컴퓨터에 기능을 분담시킨 후, 통신망을 통하여 상호 간에 교신하여 처리하는 방식의 시스템이다.

③ 실시간 시스템 : 단말기나 제어대상으로부터 처리요구자료가 발생할 때마다 즉시 처리하여 그 요구에 응답하는 방식의 시스템이다.

④ 자료가 발생한 지점에서 단말기를 통하여 직접 입출력되기 때문에 사용자의 노력이 절감되는 것은 실시간 시스템의 장점이다.

⑤ 다중 처리 시스템 : CPU가 다수 존재하여 다중 작업을 구현한다.

Answer 19.② 20.④ 21.①

22 다음 중 4개의 페이지 프레임으로 구성된 기억장치에서 다음과 같은 순서대로 페이지 요청이 일어날 때, 페이지 교체 알고리즘으로 LFU(Least Frequently Used)를 사용한다면 몇 번의 페이지 부재가 발생하는가? (단, 초기 페이지 프레임은 비어있다고 가정한다.)

요청된 페이지의 순서 : 1, 2, 6, 1, 4, 5, 1, 2, 1, 4, 5, 6, 4, 5

① 4번
② 5번
③ 6번
④ 7번
⑤ 8번

시간	1	2	3	4	5	6	7	8	9	10	11	12	13	14
참조 스트링	1	2	6	1	4	5	1	2	1	4	5	6	4	5
주기억장치 상태	1	1	1	1	1	1	1	1	1	1	1	1	1	1
		2	2	2	2	5	5	5	5	5	5	5	5	5
			6	6	6	6	6	2	2	2	2	6	6	6
					4	4	4	4	4	4	4	4	4	4
페이지부재 발생여부	F	F	F		F	F		F				F		

처음에 참조 스트링에 1이 있고 페이지 프레임도 4개가 존재한다.
모든 프레임에 1이 없고 비어있기 때문에 첫 번째 프레임에 1을 넣어주고 F를 표시한다.
그 다음 2와 6도 마찬가지로 두 번째 세 번째 프레임에 각각 2와 6을 넣어준다.
이 또한 프레임에 데이터가 존재하지 않아 1이 존재하므로 다음으로 넘어간다.
4도 마찬가지로 프레임에 4가 없고 네 번째 프레임이 비었으므로 4를 넣어주고 F를 표시한다. 그 다음 5가 오는데 LFU는 가장 적은 참조횟수를 갖는 페이지를 교체하기 때문에 두 번째 프레임에 5가 들어간다. (첫 번째 프레임은 4초에 한번 더 참조되었다) 2, 3, 4 프레임 모두 한번씩 참조되었기 때문에 2 프레임부터부터 순서대로 들어가게 된다. 따라서 2프레임에 5가 들어간다.
위와 같은 방법으로 가장 적은 참조가 된 순서대로 페이지를 교체한다.
페이지 부재횟수는 총 7번이다.

23 다음 분산 운영체제 구조 중 아래와 같은 특징을 지니는 구조를 고르면?

> • 통신비용이 저렴
> • 모든 사이트는 하나의 호스트로 직접적으로 연결
> • 중앙 컴퓨터 장애 시 모든 사이트 간의 통신 불가

① 링 연결구조(RING)
② 성형 연결구조(STAR)
③ 계층 연결구조(HIERARCHY)
④ 다중접근 버스 연결구조(MULTI ACCESS BUS)
⑤ 트리 연결구조(TREE)

✔ 해설 하나의 중앙 호스트에 모든 단말기에 연결되어 있는 분산 시스템으로 중앙 컴퓨터 장애 시에 모든 사이트(컴퓨터 단말기)의 통신이 중단되는 것은 성형(Star) 연결구조이다.

24 다음 중 UNIX 운영체제의 특징에 대한 내용으로 가장 옳지 않은 것은?

① 높은 이식성 및 확장성이 있다.
② 대부분의 코드가 어셈블리 언어로 기술되어 있다.
③ 다중 사용자 시스템(Multi-user system)이다.
④ 대화식 운영체제이다.
⑤ 소스가 공개된 개방형 시스템이다.

✔ 해설 UNIX는 90%가 C 언어로 10%가 어셈블리 언어로 작성되었다.

Answer 22.④ 23.② 24.②

25 좋은 소프트웨어의 기준과 그것에 대한 설명에 대한 연결로 가장 적절하지 않은 것은?

① 신뢰도(reliability) – 사용자가 소프트웨어를 신뢰하는 정도
② 성능(performance) – 지정된 시간 안에 컴퓨터 시스템이 처리할 수 있는 작업량
③ 상호운영성(interoperability) – 다른 시스템과 공존하며 협력할 수 있는 능력
④ 유지보수성(maintainability) – 소프트웨어의 변경이 용이한 정도
⑤ 이식성(portability) – 요구나 환경의 변화에 따라 적절히 변형시킬 수 있는 능력

✔ 해설 요구나 환경의 변화에 따라 적절히 변형시킬 수 있는 것은 순응성을 말하는 것으로, 순응성은 소프트웨어의 특징이다.
※ 좋은 소프트웨어의 기준
㉠ 신뢰도(reliability) : 사용자가 소프트웨어를 신뢰하는 정도
㉡ 성능(performance) : 지정된 시간 안에 컴퓨터 시스템이 처리할 수 있는 작업량
㉢ 상호운영성(interoperability) : 다른 시스템과 공존하며 협력할 수 있는 능력
㉣ 유지보수성(maintainability) : 소프트웨어의 변경이 용이한 정도
㉤ 이식성(portability) : 다른 환경에서 동작할 수 있는 능력

26 소프트웨어 생명주기의 일반적인 순서로 맞는 것은?

① 타당성 검토 → 계획 → 요구사항 분석 → 설계 → 구현 → 테스트 → 유지보수
② 타당성 검토 → 요구사항 분석 → 계획 → 설계 → 구현 → 테스트 → 유지보수
③ 타당성 검토 → 요구사항 분석 → 계획 → 설계 → 테스트 → 구현 → 유지보수
④ 타당성 검토 → 계획 → 설계 → 요구사항 분석 → 구현 → 테스트 → 유지보수
⑤ 타당성 검토 → 계획 → 요구사항 분석 → 설계 → 테스트 → 구현 → 유지보수

✔ 해설 소프트웨어 생명주기의 일반적인 순서
타당성검토 → 계획 → 요구사항 분석 → 설계 → 구현 → 테스트 → 유지보수

27 다음 그림은 폭포수 모형의 변형인 V모델이다. V모형의 단계를 순서대로 나열한 것으로 옳은 것은?

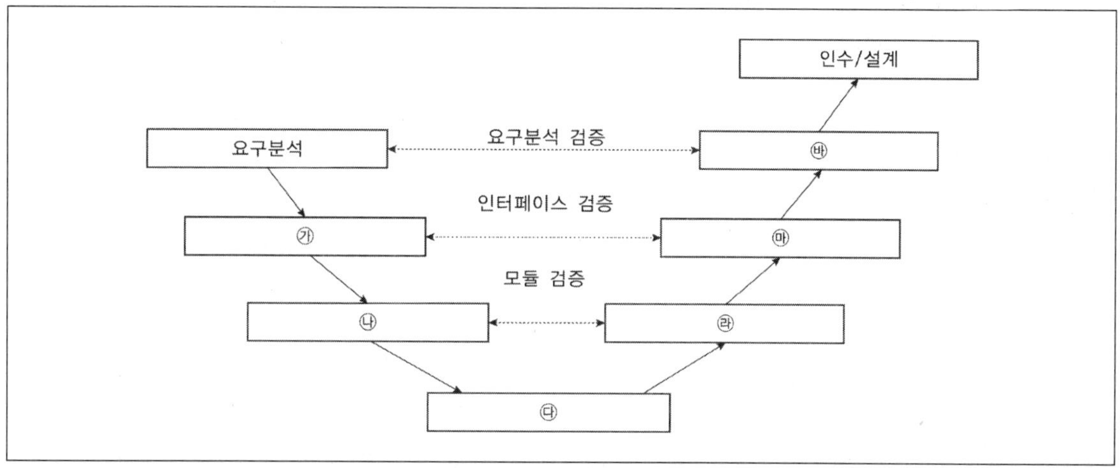

① 시스템 설계→상세 설계→코딩→단위 테스트→시스템 테스트→통합 테스트
② 시스템 설계→시스템 테스트→상세 설계→단위 테스트→통합 테스트→코딩
③ 시스템 설계→상세 설계→코딩→단위 테스트→통합 테스트→시스템 테스트
④ 시스템 테스트→단위 테스트→통합 테스트→코딩→시스템 설계→상세 설계
⑤ 시스템 테스트→시스템 설계→단위 테스트→상세 설계→통합 테스트→코딩

해설 V모델

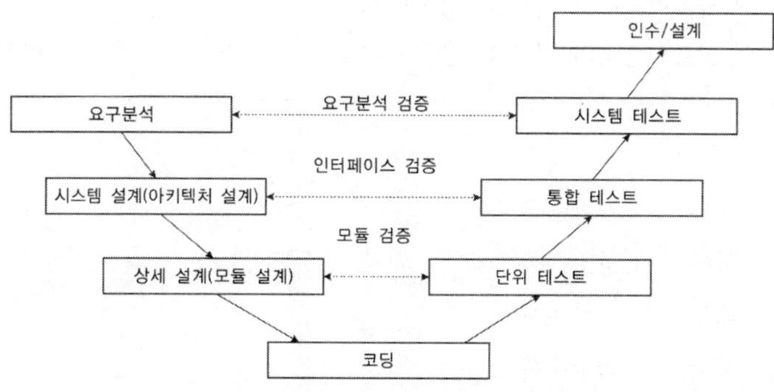

Answer 25.⑤ 26.① 27.③

28 다음 중 LOC 기법에 의해 예측된 모듈의 라인 수가 40,000라인이고 개발에 투입된 프로그래머의 수가 5명, 프로그래머의 월 평균 생산량이 400라인이라고 할 때, 이 소프트웨어를 완성하기 위해 개발에 필요한 기간은 얼마인가?

① 10개월
② 15개월
③ 20개월
④ 25개월
⑤ 30개월

해설 노력(인원) $= \frac{LOC}{\text{1인당 월평균 생산 코드라인수}}$

$= \frac{40,000}{400} = 400$ 명

개발기간 $= \frac{\text{노력(인원)}}{\text{투입인원}}$

$= \frac{100}{5} = 20$ 개월

29 소프트웨어의 설계에서 결합도와 응집도에 대한 개념이다. 빈칸에 들어갈 말을 바르게 나열한 것은?

> ▸ 결합도란 모듈 (㉠)의 상호의존성의 척도로, 결합도가 (㉡) 좋다.
> ▸ 응집도란 모듈 (㉢)의 상호의존성의 척도로, 응집도는 (㉣) 좋다.

	㉠	㉡	㉢	㉣
①	사이	강할수록	내부	약할수록
②	내부	약할수록	사이	강할수록
③	사이	강할수록	내부	강할수록
④	내부	약할수록	사이	약할수록
⑤	사이	약할수록	내부	강할수록

해설 • 결합도란 두 모듈 사이의 상호의존성의 척도로, 결합도가 약할수록 좋다.
• 응집도란 한 모듈 내부의 상호의존성의 척도로, 응집도는 강할수록 좋다.

30 아래의 응집도 중에서 응집도가 약한 것에서 강한 순으로 바르게 나열한 것은?

> ㉠ 순차적 응집도(Sequential Cohesion)
> ㉡ 절차적 응집도(Procedural Cohesion)
> ㉢ 시간적 응집도(Temporal Cohesion)
> ㉣ 교환적 응집도(Communication Cohesion)
> ㉤ 논리적 응집도(Logical Cohesion)

① ㉠ – ㉢ – ㉡ – ㉤ – ㉣
② ㉡ – ㉠ – ㉢ – ㉣ – ㉤
③ ㉤ – ㉢ – ㉡ – ㉣ – ㉠
④ ㉣ – ㉢ – ㉠ – ㉡ – ㉤
⑤ ㉤ – ㉠ – ㉢ – ㉡ – ㉣

해설

기능적 응집도	순차적 응집도	교환적 응집도	절차적 응집도	시간적 응집도	논리적 응집도	우연적 응집도

응집도 강함 ←⋯⋯→ 응집도 약함

31 다음은 무엇에 대한 설명인가?

> • 원시코드의 논리적인 구조를 체계적으로 점검한다.
> • 모듈 안의 작동을 자세히 관찰하는 검사 방법이다.

① 블랙박스 테스트
② 정적 테스트
③ 화이트박스 테스트
④ 동치 분할 테스트
⑤ 오류 예측 테스트

해설 화이트박스 테스트는 프로그램의 제어 구조에 따라 선택, 반복 등의 부분들을 수행함으로써 논리적 경로를 점검하는 등 모듈 안의 작동을 자세히 관찰하는 검사 방법이다.

Answer 28.③ 29.⑤ 30.③ 31.③

32 다음 중 데이터 통신방식과 그 사용 예의 연결로 옳은 것은?

① 전이중 방식 – 라디오
② 전이중 방식 – TV
③ 단방향 방식 – 전화
④ 반이중 방식 – 무전기
⑤ 반이중 방식 – 전용선을 이용한 데이터 통신

해설 데이터통신 전송방식
㉠ 단방향 통신 :이미 정해진 한쪽에서 다른 쪽으로만의 데이터 전송이 가능한 형식으로 TV, 라디오가 있다.
㉡ 반이중 통신 : 데이터를 양방향으로 전송할 수는 있으나 동시에 양방향으로 전송할 수 없으며, 송신할 때에는 수신할 수 없으며 수신할 때에는 송신할 수 없는 방식으로 무전기와 팩시밀리가 있다.
㉢ 전이중 통신 : 데이터를 양쪽 방향으로 동시에 전송할 수 있는 방식으로 데이터 전송 시 사용되며 전화기 등이 있다.

33 다음 중 동기식 전송방식과 비동기식 전송방식의 특징으로 옳은 것은?

① 동기식 전송방식은 미리 정해진 수 만큼의 문자열의 한 묶음을 만들어 일시에 전송하는 것이다.
② 동기식 전송방식은 2400bps 이상의 빠른 속도의 전송이 요구되는 경우에 사용된다.
③ 비동기식 전송방식은 한 번에 여러 문자를 송수신하는 것이다.
④ 동기식 전송방식의 문자의 앞에는 시작비트, 끝에는 정지비트가 있다.
⑤ 비동기식 전송방식은 블록과 블록 사이에 휴지기간(Idle Time)이 없다.

해설 동기식 전송방식과 비동기식 전송방식
㉠ 동기식 전송방식
- 미리 정해진 수만큼의 문자열을 한 블록(프레임)으로 만들어 일시에 전송하는 방식
- 송 · 수신 양쪽의 동기를 유지하기 위해서 타이밍 신호(클럭)을 계속적으로 공급하거나 동기 문자를 전송한다.
- 블록과 블록 사이에 휴지시간(Idle Time)이 없다.
- 비동기식 전송에 비해 고속이다.

㉡ 비동기식 전송방식
- 블록 단위가 아닌 문자 단위로 동기정보를 부여해서 보낸다.
- 각 글자는 앞쪽에 1개의 start 비트, 뒤쪽에 1개 또는 2개의 stop 비트를 갖는다.
- 문자와 문자 사이에 일정하지 않은 휴지 시간(Idle Time)이 있을 수 있다.
- 저속이다.

34 다음은 무엇에 대한 설명인가?

> • 하나의 채널로만 사용하는 아날로그 방식의 문제점을 해결하기 위해 개발된 다중화 방식이다.
> • TDM 방식으로 각 신호를 전송할 시간대역으로 분리한 후 각 시간대역을 FDM 방식으로 전송할 주파수 대역을 분리한다.
> • 여러 사용자가 시간과 주파수를 공유하면서 신호를 송·수신할 수 있는 통신 방식이다.

① TDM(Time Division Multiplexing)
② FDM(Frequency Division Multiplexing)
③ ATDM(Asynchronous Time Division Multiplexing)
④ STDM(Synchronous Time Division Multiplexing)
⑤ CDM(Code Division Multiplexing)

해설 코드분할다중화에 대한 설명이다.

35 다음은 OSI 7계층 중 어느 계층을 설명한 것인가?

> • 종단(End-to-End) 사용자 간에 에러 복구와 흐름 제어를 제공한다.
> • 일관성이 있고 투명한 데이터 전송을 가능하게 한다.

① 물리 계층
② 데이터 링크 계층
③ 네트워크 계층
④ 표현 계층
⑤ 전송 계층

해설 전송 계층에서는 종단(End-to-End) 사용자간의 흐름제어, 오류제어를 하며, 일관성이 있고 투명한 데이터 전송을 가능하게 하는 기능이 있다.

Answer 32.④ 33.① 34.⑤ 35.⑤

36 호스트의 IP 주소를 물리적 주소(MAC Address)로 변환할 때 사용되는 프로토콜은 무엇인가?

① IP
② ARP
③ RARP
④ ICMP
⑤ DHCP

✔ 해설 ARP는 호스트의 IP 주소를 물리적 주소(MAC Address)로 변환한다. ARP에서는 ARP 요청 패킷과 ARP 응답 패킷이라는 두 종류의 패킷을 사용하여 MAC 주소를 알아낸다.

37 다음 전송제어 문자 중 부정적 응답에 해당되는 전송 제어 문자는 무엇인가?

① EOT(End of Transmission)
② SOH(Start of Heading)
③ NAK(Negative Acknowledge)
④ ACK(ACKnowledge)
⑤ SYN(SYNchronous idle)

✔ 해설 ① EOT : 링크 해제 요청
② SOH : 머리말의 시작
③ NAK : 부정적인 응답, 재전송 요구
④ ACK : 긍정적인 응답, 다음 프레임 요구
⑤ SYN : 문자 동기 설정

38 데이터 교환 방식에 대한 설명으로 옳은 것은?

① 회선 교환 방식은 전용 전송로의 설정이 불필요하다.
② 메시지 교환 방식은 메시지에 목적지 주소를 첨부하여 전송한다.
③ 회선 교환 방식은 축적 후 전달(store and forward) 방식을 사용한다.
④ 가상 회선 방식은 패킷들의 전송 순서가 유동적으로 바뀐다.
⑤ 가상 회선 방식은 단말기 상호 간에 물리적인 가상 통신 회선을 미리 실정하여 전송하는 방식이다.

✔ 해설 ① 회선 교환 방식은 전용 통신로를 설정한다.
③ 축적 후 전달(store and forward) 방식은 축적 교환 방식에서 사용된다.
④ 가상 회선 방식은 패킷들을 순서적으로 운반한다.
⑤ 가상 회선 방식은 단말기 상호 간에 논리적인 가상 통신 회선을 미리 설정하여 전송하는 방식이다.

39 다음 중 근거리 통신망의 특징으로 옳지 않은 것은?

① 근거리를 전용선으로 구축한 네트워크로 병원, 대학교, 공장 등에 알맞다.
② 광대역 전송이 가능하다.
③ 전송속도가 느리다.
④ 기기의 배치와 확장이 용이하다.
⑤ 신호 형식과 전송 방식으로 베이스밴드 방식과 브로드밴드 방식이 있다.

✔ 해설 근거리 통신망의 특징
㉠ 근거리를 전용선으로 구축한 네트워크로 병원, 대학교, 공장 등에 알맞다.
㉡ 광대역 전송이 가능하다.
㉢ 전송속도가 빠르다.
㉣ 기기의 배치와 확장이 용이하다.

40 다음 중 인터넷 기반 기술을 이용하여 기업들이 외부보안을 유지한 채 협력 업체 간 효율적인 업무처리를 위해 사용하는 네트워크로 옳은 것은?

① 인트라넷
② 엑스트라넷
③ 스트리밍
④ 블루투스
⑤ VAN

✔ 해설 엑스트라넷은 인터넷 기반 기술을 이용하여 기업들이 외부보안을 유지한 채 협력 업체 간의 효율적인 업무처리를 위해 사용하는 네트워크이다.

Answer 36.② 37.③ 38.② 39.③ 40.②

1 빈출 일반상식

공기업/공공기관 채용시험 일반상식에서 자주 나오는 빈출문항을 정리하여 수록한 교재! 한 권으로 일반상식 시험 준비 마무리 하자!

2 중요한 용어만 한눈에 보는 시사용어사전 1130

매일 접하는 각종 기사와 정보 속에서 현대인이 놓치기 쉬운, 그러나 꼭 알아야 할 최신 시사상식을 쏙쏙 뽑아 이해하기 쉽도록 정리했다!

3 중요한 용어만 한눈에 보는 경제용어사전 961

주요 경제용어는 거의 다 실었다! 경제가 쉬워지는 책, 경제용어사전!

4 중요한 용어만 한눈에 보는 부동산용어사전 1273

부동산에 대한 이해를 높이고 부동산의 개발과 활용, 투자 및 부동산 용어 학습에도 적극적으로 이용할 수 있는 부동산용어사전!

스포츠지도사, 손해사정사, 손해평가사, 농산물품질관리사, 수산물품질관리사, 관광통역안내사, 국내여행안내사, 보세사, 건축기사, 토목기사